トヨタ生産方式のIE的考察

新乡重夫谈丰田生产方式

[日] 新乡重夫 著
Shigeo Shingo

李兆华 周健 罗伟 王劭禹 译

机械工业出版社
CHINA MACHINE PRESS

图书在版编目（CIP）数据

新乡重夫谈丰田生产方式 /（日）新乡重夫（Shigeo Shingo）著；李兆华等译 . —北京：机械工业出版社，2018.10（2025.2 重印）

（精益思想丛书）

ISBN 978-7-111-60954-4

I. 新… II. ①新… ②李… III. 丰田汽车公司 – 工业企业管理 – 生产管理 IV. F431.364

中国版本图书馆 CIP 数据核字（2018）第 215323 号

北京市版权局著作权合同登记　图字：01-2018-2963 号。

Shigeo Shingo. Study of Toyota Production System from Industrial Engineering Viewpoint.

Copyright © 2001 by Shigeo Shingo.

Simplified Chinese Translation Copyright © 2018 by China Machine Press. This edition is authorized for sale in the Chinese mainland (excluding Hong Kong SAR, Macao SAR and Taiwan).

No part of this book may be reproduced or transmitted in any form or by any means, electronic or mechanical, including photocopying, recording or any information storage and retrieval system, without permission, in writing, from the publisher.

All rights reserved.

本书中文简体字版由 Lean Enterprise Institute, Inc. 授权机械工业出版社在中国大陆地区（不包括香港、澳门特别行政区及台湾地区）独家出版发行。未经出版者书面许可，不得以任何方式抄袭、复制或节录本书中的任何部分。

新乡重夫谈丰田生产方式

出版发行：机械工业出版社（北京市西城区百万庄大街 22 号　邮政编码：100037）				
责任编辑：董凤凤			责任校对：殷　虹	
印　　刷：固安县铭成印刷有限公司			版　　次：2025 年 2 月第 1 版第 4 次印刷	
开　　本：170mm×242mm　1/16			印　　张：18.25	
书　　号：ISBN 978-7-111-60954-4			定　　价：69.00 元	

客服电话：（010）88361066　68326294

版权所有 • 侵权必究
封底无防伪标均为盗版

谨以此书中文版发行纪念

新乡梅子（新郷ウメコ）夫人

新乡夫人是作者新乡重夫先生的贤内助，也是最重要的支持者。夫人于 2015 年 11 月病逝于日本，享年 100 岁高龄。福寿双全！

赵克强博士谨识

精益企业中国总裁

感谢博世中国、地尔汉宇公司的赞助,使我们能顺利地将这本跨世纪的制造管理经典著作带给中国的精益同行。

作者简介
推荐序一
推荐序二
推荐序三
译者序一
译者序二

上篇　回归工厂改善的初衷

第1章　生产的结构 // 2

第2章　工序的改善 // 6

工序的内容 // 6

加工的改善 // 8

以真空成型改善质量与生产率（注塑的质量改善）// 13

检验的改善 // 14

  判别检验与反馈检验 // 14

  发现不良品的检验与不制造不良品的检验 // 15

  抽样检验与全数检验 // 17

  不制造不良品的检验方式 // 18

  防错方式 // 21

  质量管理与控制图法 // 27

　　　　搬运的改善 // 30
　　　　停滞（等待）的改善 // 31
　　　　　　工序间停滞（等待）的改善 // 31
　　　　　　批量停滞（等待）的改善 // 41
　　　　　　生产周期时间（P）与接单到交货的周期时间（D）// 43

第 3 章　作业的改善 // 48
　　　　作业的内容 // 48
　　　　准备、收拾作业的改善（更换模具与工具）// 49
　　　　　　逐渐形成的"快速换模（SMED）系统" // 50
　　　　　　"快速换模（SMED）系统"的 8 点想法 // 55
　　　　　　换模技法的步骤 // 61
　　　　　　思考快速换模时的步骤 // 62
　　　　　　发展成"一触换模（OTED）系统" // 63
　　　　改善主作业 // 63
　　　　　　改善主体作业 // 63
　　　　　　改善辅助作业 // 64
　　　　　　将人与机器分离 // 64
　　　　宽放的改善 // 65
　　　　　　与人无关的宽放的改善 // 65
　　　　　　与人相关的宽放的改善 // 66
　　　　发展"前自动化" // 66

第 4 章　展开零库存的生产 // 69
　　　　产生的库存 // 69
　　　　必要的库存 // 70
　　　　　　工序层面所需的库存 // 70
　　　　　　作业层面所需的库存 // 70
　　　　上篇汇总 // 71

下篇　以工业工程的视角考察丰田生产方式

第 5 章　对丰田生产方式的理解 // 74
　　　　丰田生产方式与看板系统 // 75
　　　　基本的想法 // 76

　　　　什么是"过量生产的浪费" // 76
　　　　什么是"just-in-time" // 77
　　　　人与机器的分离 // 78
　　　　低的机器稼动率也可以吗 // 80
　　　　切除盲肠吧 // 83
　　生产管理的根本想法 // 85
　　　　非成本主义 // 85
　　　　彻底地消除浪费 // 87
　　　　大量生产（mass production）与大批量生产（large lot production）// 95
　　　　接单生产的发展方向 // 97
　　　　福特方式与丰田方式 // 107

第6章　丰田生产方式的构成 // 113

　　工序的改善 // 113
　　　　排产管理与 just-in-time // 114
　　　　需求均衡与产能控制及均衡化 // 143
　　　　并行作业 Nagara 方式 // 159
　　　　结论 // 162
　　小结 // 165
　　作业的改善 // 165
　　　　作业的内容 // 165
　　　　什么是标准作业 // 167
　　　　从人力到机械的发展 // 171
　　　　降低工时 // 172
　　小结 // 188
　　生产的结构与丰田生产方式 // 188
　　　　整体观的特点 // 188
　　　　工序观的特点 // 188
　　　　作业观的特点 // 189

第7章　丰田生产方式的工业工程构成 // 191

第8章　看板系统的部署展开 // 194

　　　　　与看板系统的相遇 // 194
　　　　　订购点方式与生产方式的展开 // 195
　　　　　　　订购点与库存的关系 // 195
　　　　　　　消耗量变动的影响 // 203
　　　　超市与看板系统 // 206
　　　　看板与看板系统 // 207
　　　　　　　看板的功能 // 207
　　　　　　　看板的张数 // 208
　　　　　　　看板的流转方式 // 210
　　　　　　　看板系统的调整功能 // 213
　　　　看板系统的改善功能 // 214
　　　　小结 // 215

　　第 9 章　丰田生产方式的解释说明 // 217
　　　　关于丰田生产方式的说明 // 217
　　　　　　　消除七大浪费 // 217
　　　　　　　看板的规则 // 220
　　　　对供应商的展开 // 222
　　　　丰田生产方式与 MRP 系统 // 223

　　第 10 章　丰田生产方式的展望 // 226
　　　　向准时生产（just-on-time）发展 // 226
　　　　从"快速换模"发展到"一触换模" // 227
　　　　　　　自动切换的方法 // 227
　　　　　　　不必切换的方法 // 228
　　　　发展全面流动的作业方式 // 229
　　　　混流生产的发展 // 231
　　　　看板系统的发展 // 231
　　　　彻底地降低工时 // 232
　　　　多机作业的发展 // 233
　　　　杜绝故障与不良品 // 233
　　　　提高产能的弹性 // 234
　　　　包含供应商的综合发展 // 235

第 11 章　丰田生产方式的导入与推行 //236

创建彻底消除浪费的企业文化 //236
生产方式的改善 //238
　　采用缓冲库存的方式 //238
　　推行快速换模 //239
　　大幅地缩短生产周期 //240
　　展开整合的一贯化作业 //241
　　推行分割生产方式 //242
　　开展混流生产 //243
　　推行多机作业 //243
　　推行前自动化 //246
　　挑战零不良品 //246
推行看板系统 //247
丰田生产方式与看板系统的导入计划 //248
小结 //249

第 12 章　丰田生产方式的总结 //251

非成本主义 //251
消除浪费的第一支柱是"零库存" //251
推行流动作业 //252
缩短换模时间 //252
消除故障与不良品 //252
调整产能负荷与零库存的融合 //253
展开整合的连贯化流动作业 //253
消除浪费的第二支柱是"减少工时" //253
向有人字旁的自働化发展 //254
维持与发展标准作业 //254
推行看板系统 //254
下篇汇总 //255

后记 //256

作者简介 | トヨタ生产方式のIE的考察

新乡重夫（Shigeo Shingo，1909—1990[一]）

1930 年 山梨高等工业学校机械工程学科毕业，就职于台湾"总督府交通局"[一]下属的台北铁道工厂。

1937 年 参加日本工业协会主办的"第一次生产技术讲习会（会期2个月）"，其后专门从事工厂改善的工作。

1945 年 就职于日本能率协会，历任福冈事务所所长、教育部长、技术部长以及第2作业部长等。

1956 年 在三菱造船公司进行工厂调查时，将当时需要花费4个月的超级油轮的建造时间，一跃缩短到3个月，更创新出缩短到2个月的方式。工厂采用了这种方式之后，创造了造船速度的世界纪录。这种方式之后被普及到日本造船界，对日本造船工业的发展做出了极大的贡献。

1959 年 创立经营管理改善研究所（Institute of Management Improvement）。

㊀ 与大野耐一（1912—1990）是同时期的人。

㊁ 1930 年，他于山梨高等工业学校机械工程学科毕业之后，就职于中国台湾的台北铁道工厂，吃惊于日本与中国台湾地区之间车辆修理期间（lead time，生产交付周期时间）的巨大落差，偶尔读到弗雷德里克·泰勒的《科学管理原理》一书，受到很大启发，一头就栽进了 IE 领域。

1964 年 担任山梨大学工学部讲师。

1948 年以后 从日本能率协会时代开始，致力于普及生产技术。在日本与中国台湾地区，参加过生产技术讲习会的学员约有 20 000 名。

1970 年 因对造船工业发展的贡献与在经营管理改善方面的功勋，被授予"黄绶褒章"。

1981 年以后 到欧洲（法国、英国、德国、南斯拉夫、瑞典、芬兰、挪威）、美国、加拿大等国工厂指导与演讲 30 余次。

1987 年 担任日本经营管理改善研究所所长。

1988 年 美国犹他州立大学设立"新乡奖"（The Singo Prize），他本人被授予"管理学名誉博士"。

推荐序一 | トヨタ生产方式のIE的考察

我认为此时发行新乡重夫先生的名著《新乡重夫谈丰田生产方式》的中文版，具有非常重大的意义。

新乡重夫先生是日本能率协会的顾问，也是工业工程（industrial engineering，IE）领域的专家。新乡重夫先生从1955年起，便长期在丰田自动车工业（当时的公司名称）中担当"生产技术P-course讲习"，致力于丰田生产方式（Toyota Production System，TPS）的普及。借此，新乡重夫先生研究了丰田生产方式与IE的共通性。

我在30年前就买了这本书的日文初版，也读了好几遍。我所写的产品开发与制造管理的教科书《生产管理入门》中的很多部分，正是受到了新乡重夫先生从IE角度对丰田生产方式加以解释的影响。例如，在我的书中，"看板系统"的数学表现，受到新乡重夫先生的影响非常大。

在本书中到处可以看到新乡重夫先生对于生产现象的深入洞察。例如，新乡重夫先生将"生产结构"理解成由纵向的"工序"与横向的"作业"所构成的矩阵组织，也明确提出工序改善必须优先于作业改善。也就是说，比起通过作业改善以提高生产率或是降低成本，应该优先通过工序改善来缩短"生产交付周期"。这正是丰田生产方式的精髓。大野耐一先生及其正宗的后继者，甚至对大野耐一先生有非常高评价的约束理论（Theory of Constraints，TOC）的创立者高德拉特（E. Goldratt）博士，都反复地强调，丰田生产方式的核心原理是改善对顾客附加价值的流动（flow），也就是让"原材料、半成品、成品"

流动起来，成为没有停滞的整体流动。一部分产业界人士认为，丰田生产方式就是单纯地消除浪费、降低成本——其实，他们在这一点上有着根本的误解。

我自己则是从"附加价值是内建于设计之中"的想法出发，认为丰田生产方式指的是"优质设计的良好流动"（good flow of good design），也就是对"制造 = monozukuri"重新进行广义的解释，然后研究丰田生产方式中普遍性的理论。我认为所谓的生产（production），只是意味着借由作业者与设备来"复制、传递"设计信息到材料或者半成品上。而所谓浪费，就是指没有对设计信息进行"复制、传递"的状态或时间。

如果借用新乡重夫先生的说法，所谓的作业改善就是努力提升设计信息"复制、传递"的效率，也就是生产率；工序改善则是提升"接受"设计信息方面的效率，也就是缩短生产交付周期。换言之，大野耐一先生、新乡重夫先生和我都认为，丰田生产方式的基本原则是优先改善后者，也就是"接受"设计信息方面的工序改善。

另外，有许多人误解丰田生产方式就是"看板系统"，但实际上"看板系统"只是丰田生产方式中的一个子系统而已。新乡重夫先生在这本书中对"看板系统"的解释，放在了书中下篇第8章，也就是在书的后半部才加以解释。新乡重夫先生认为，丰田式生产管理是一种对"定量订购方式"的需求系统的运用，而"看板系统"则可以从订购点系统（ordering point system）的观点来加以说明。基于此，"看板系统"与库存的一般理论之间的关系变得更加明确。

限于篇幅，我省略了其他的例子。但是新乡重夫先生对大野耐一先生的天才式发想与基于现场试行错误所发展出来的丰田生产方式，赋予了理论或是数学的根据。这本书比起其他同类书籍，更具有本质性的理论内容。我推荐大家留意当时的时代背景与一般理论，并且能够不断地在字里行间推敲其真实意义。

藤本隆宏

东京大学经济学部教授

产品开发与制造经营中心执行长

推荐序二 | トヨタ生产方式のIEの考察

新乡重夫先生是日本丰田生产方式和工业工程界的前辈，一生为丰田生产方式的建设与发展做出了重要的贡献。新乡重夫先生是通过在实践中不断学习和不断创新而成为管理学界大师的。新乡重夫先生于20世纪30年代开始从事工厂改善的工作，40年代成为日本能率协会的工业工程专家。他在1956年三菱造船公司应用工业工程技术改善超级油轮制造过程中，创造了将建造周期缩短50%的世界纪录。由于他的成就，美国犹他州立大学为他设立了"新乡奖"，并授予他"管理学名誉博士"。他还应邀赴欧洲、北美的多个发达国家，进行工厂指导和讲演30余次。新乡先生把毕生的精力献给了管理实践、管理理论的创新与发展，特别是在TPS方面做出了巨大的贡献。这里值得我们思考的是，泰勒、吉尔布雷斯、大野耐一、德鲁克等管理界大师都非常注重实践、学习、创新。很奇怪的现象是，中国个别主管部门不太重视和支持这样的培养管理人才的方式，而是通过培养写论文的书生来培养管理界的"大师"和专家。他们很少有实践经验，不会解决企业的问题，然而却被冠以一些响亮的头衔。这样能培养出中国的管理大师和管理专家吗？这路子对吗？

这本书是新乡重夫先生的思想、理念和方法的系统表达与阐述。怎么看待这样一本书？对于丰田生产方式研究不深的人，很难看出这本书的价值。我看完这本书后，深受启发，倍受感动。它充分体现了丰田生产方式（后被沃麦克和琼斯教授概括为精益生产（lean production））的深刻理念和系统性的思想。日本人在第二次世界大战(以下简称"二战")后经济恢复期,从美国吸收的最重要的理论与方法之一就是工业工程。正是这个工业工程成了日本恢复经济建设,提高生产率、企业竞争力的法宝(现在看来,德国二战后的"道威斯计划"的重点之一也是引进美国的工业工程理念)。新乡重夫先生充分、灵活地结合日本企业实践,使用工业工程的理念和方法,为丰田生产方式的建设做出了突出的贡献。新乡重夫先生把 IE 体系,系统性、创造性地应用到丰田生产方式的各个环节上,因而看这本书的同人们,只要认真思考,就会收获极大。在本书中,新乡重夫先生提出的降低成本概念的本质是消除浪费,而不是其他的理解;零库存反映了什么思想?它可以引申出"准时制"或叫作"刚好及时"的理念,即 JIT(just-in-time);快速换模(SMED)系统可以引申出工作系统过程中如何抓住"关键路径并兼顾其他"的理念;流动作业、排除设备故障、降低工时、标准作业、看板管理等都应是怎样的思考,反映了通过什么样的工业工程理念和方法创新出来的解决问题的实践。"自働化"不仅使人和机器有机配合,"防错功能"(poka-yoke)等是否还有很强的精益文化的功能?我们只有把握关于这些理念和方法的 IE 思考,才能真正学到丰田生产方式的精髓。

  这里值得说明的和必须大力强调的是,我在以往的书中强调管理创新的两大特征:第一是创新性,即管理的理念和方法在不同企业与不同国家中的应用是不同的,因而需要结合本土企业进行自主创新(这和技术创新有很大的不同,没有简单复制的可能)。而新乡重夫先生在 30 年前或更早的时候,在建设丰田生产方式体系的过程中就非常明确地表示要这样做并表达了出来,书中的一切理念和方法都是以 IE 的理念和日本丰田生产管理实践相结合得出的。第二是累积性,即企业管理的基础和创新能力是经过一系列坚持不懈的努力才得以累积形成的,不可能通过"大跃进"一蹴而就,因而持续改善是伟大、光荣、正确的。丰田生产方式不是一朝一夕形成的,是经过 50 多年的努力才形成的,今天还在不断地改善和发展。所以,抛弃不正确的,不断改善(也叫永续改善)是成功的关键。累积性还有一个含义,即管理方法是针对问题的,没有先进落后之分(这与工程技术有重大的差别),只有适用和不适用之分。

  本书对改革中的中国,对经济新常态下转型升级的中国制造业,是十分重要的。我们需要认真、踏实地学习丰田生产方式，学习新乡重夫著作中的思想和理念，真正理解该书的思想和本质，才有利于中国管理科学的发展（当然，没掌握工业工程的人看此书会较为困难）。我国的制造业和服务业真正需要踏实创新，不需要搞高标准。美国著名的管理文化专家肯尼斯·霍博在他的著作中说过："自满和贪婪是企业与民族失败的根源。"认真想一下，我们的企业界、科技界、教育界，甚至行政管理界是否有这类问题？近年来的制造业投入发力不准、效果不佳，不都是不踏实的表现吗？我们在制造业，甚至科学和教育界是不是还有很多类似的思想和行动？我拜访过很多企业和企业家，更可怕的是个别主管部门的官员，动辄就是高标准、大运动，我们有美国、德国的产业基础吗？人家搞智能制造、云制造等，那是以工业工程与管理累积了近百年的经验为基础的。我们有些企业家、政府主管官员，甚至专家学者还不知道什么是工业工程呢，结果是对于丰田生产方式普遍存在错误的理解。第一种是认为TPS（重点指所谓的精益生产）就是看板管理；第二种认为TPS可有可无，现在是信息化、大数据时代、工业4.0时代，还搞丰田生产方式和精益生产干什么，太落后了，应该搞先进的引进。这是典型的自满、不踏实的表现，或者是不了解、没学问、没明白精益生产的表现。此外，这种认识在产业界高层普遍存在，这是相当危险的，搞不好我们会重蹈覆辙。仔细考察美国的发展，它经过100多年工业工程的发展和积累，才有了今天的大数据、云计算、互联网管理等。日本在二战后深入学习美国工业工程，经过50多年的努力才创建了全球最具竞争力的丰田生产方式，现在正在创建全过程精益生产系统。而德国二战后恢复和发展经济的"道威斯计划"意在引进美国工业工程和后来的精益生产、流程改善；60多年后，它才提出智能制造和工业4.0概念。总之，美国、日本和德国都经历了工业工程、精益生产的累积和发展，才有今天的领先和创新。可以说，工业工程、丰田生产方式、精益生产是制造业乃至服务业发展创新的基石，或者说是不可跨越的阶段。如果我们仔细考察、研究我国制造业发展的过程，会明显感到缺了这一过程。现在不从工业工程和精益生产开始，我们设定的智能制造、工业4.0等目标能实现吗？所以踏踏实实打基础，虚心学习成功的发达国家的经验是根本出路，而不是基础没打好，就好高骛远，那是多大的危险啊！这就像盖大楼的道理一样，基础没打好，就比谁建得高，那早晚是要出问题的。

今天再看 30 多年前新乡重夫的著作，可见我们产业界还要踏实、认真地向美国、日本、德国甚至韩国等制造业发达的国家学习，踏踏实实做好工业工程和精益生产，并不断地自主创新，才能建成制造强国。

感谢赵克强先生请我写序，让我有机会先拜读这本已推出日文、英文版本的著作，受益匪浅。建议我国的产业界、管理界人士认真解读此书，学习管理界大师的知识经验，为我国产业界的改革创新、转型升级服务，为"中国梦"的实现做出贡献。

齐二石教授
中国机械工程学会工业工程分会常务副理事长
中国管理科学与工程学会副理事长
工业工程与管理研究会理事长

推荐序三 | トヨタ生产方式のIEの考察

永不褪色的 TPS 著作

自1990年《改变世界的机器》一书问世之后的20多年来，全球对于精实管理（lean management，精益管理的台湾叫法）或者丰田生产方式的追求正如火如荼地展开。在此容我不对这二者做区分，因为二者追求减少浪费的方向是一致的。环顾一下全球，生产运营的顾问几乎都提供精实管理的顾问服务，精实管理为生产运营主流做法的景象由此可见一斑。精实管理的应用范围并不局限于制造业，已扩展到服务业、医疗和公共部门等。

精实管理的实施有很多成功的案例，改变幅度之大，令人震惊。例如，人力缩减一半、存货大幅降低、生产力倍增等，这些都会让人跃跃欲试。坊间的出版品也因此汗牛充栋，不少相关的书还是畅销书，反映了大家对精实管理的浓厚兴趣。在业界学习和实施的过程中，有人自行修炼武功秘籍，有人请高人指点，有人到处观摩所谓的成功案例，但环目所及，半途而废的案例应该还是远多于得到满意成效的案例吧！所以，这中间一定有盲点。

新乡重夫先生对于TPS的贡献我不再赘述，而他当年之所以写这本书，就是看到不少人对于TPS一知半解，甚至是误解。但是，他当初忧心的现象，现在是否仍有许多人在重蹈覆辙呢？

本书的译者李兆华先生，本身是在国瑞汽车（台湾丰田）服务27年的丰田人，也担任多年的TPS推进部经理，辅导国瑞汽车的供货商以及其他产业实施 TPS。基于多年的推行经验，他认为这本书可以回答这个问题。基于分享的热诚，他勠力以赴，完成此书的翻译，我由衷地表示佩服。

我于 2011 年及 2015 年两次在日本东京大学客座访问期间，听到日本的丰田专家对这本书的高度推崇，所以，此书的价值并没有随着时间的流转而降低。

新乡重夫先生认为，大野耐一先生于 1978 年所写的关于 TPS 的书㊀主要在论述经营者的观点，以理念为重点。日本能率协会于同一年所写的书㊁是比较技术性的论述，以手法为重点。而本书以经营者的角度来正确看待 TPS 的技术和执行，以补二者不能兼顾之处。㊂

举其荦荦大者为例，大量使用机器人的目的在于让作业者脱身于恶劣的作业环境，有效率的生产系统与高质量的劳动力才是让日本企业维持高水准生产力的最大要素。另外，那种"丰田生产方式就是看板方式"的认识，其实是一种误解，相应地，只做表面的模仿将会导致失败。

全书分两篇，上篇谈的是回归工厂改善的初衷，换句话说，就是找到问题的根本原因，解决根本问题。

例如，书中谈到，当初铸造工程会产生毛刺，所以大家就努力寻找可以很快去除毛刺的作业方法，却忽略了如何让铸造工程不会产生毛刺的思考。如果制造工程不会产生毛刺，那就完全没有去除毛刺的作业，这样就从根本上解决了毛刺的问题。

再者，大家在习惯于有统计依据的抽样检查，放心地依靠统计品质管理方法来防止流出不良品时，却忘记了，抽样有它的允收水平，这意味着仍有不良品可能流出。而大家特别应该研究的是不费力的全数检查方法，这样就可以保证不制造不良品，当然就不会流出不良品，也因此有一系列防错的改善与创新作业。

又如，改善搬运的浪费时，大家在努力想办法采用更有效率的载具，像自动搬运车、省力工具等改善搬运的方法，但如果通过工程改善可以完全不用搬

㊀ 大野耐一（1978）．トヨタ生産方式―脱規模の経営をめざして．東京：ダイヤモンド社．

㊁ 日本能率協会（1978）．トヨタの現場管理：「かんばん方式」の正しい進め方．東京：日本能率協会．

㊂ 这两本书应是用日文介绍 TPS 的最早也是最经典之作。

运，那就从根本上解决了搬运的问题，于是单元工程（cell）得以发展。所以，新乡重夫先生也一直强调先进行工程改善，接着进行作业改善。

还有，他详述了快速换模（SMED）的发展过程和理念，因为SMED是小批量生产的基础，而小批量生产又是不过量生产的关键前提。

他也谈到，如果只是简单地把人工操作交给机械去做，这样只能称为机械化，不能称为自働化。自働化的绝对条件是装置本身能够发现异常，并且也能自行处置。

书中所披露的诸多案例说明了如何实现工程及作业改善。即使从现在的眼光来看，本书内容仍是符合现况的要领。

下篇论及从IE的角度来看丰田生产方式，对于大家所熟悉的丰田生产方式的工具，用实际的案例来说明如何使用，也说明它背后的理念。他在回答"低的机械稼动率也可以吗"这个问题时，试着指出，丰田生产方式是人力的发挥优先，其次才是机器的发挥，所以会有多能工的设计。

对于详细的内容，读者在阅读本书之后应有完整的认识。或许你也会体会到，本书对于如何正确执行丰田生产方式有明白的交代。甚至，书中的很多内容对你而言是新的观念，你会感觉这是一本新出版的书，而不是30年前写的书。所以，本书中文版的问世是具有时代意义和价值的！

杨大和

成功大学制造信息与系统研究所教授

台湾精实企业系统学会理事长

トヨタ生産方式のIE的考察 | 译者序一

近在咫尺的新乡重夫

好友迈克·伯乐（Michael Ballé）先生继 2015 年 6 月访问中国台湾之后，这回趁要访问日本丰田之便，于 2018 年 8 月底再度访问台湾，他给我的课题是参观丰田工厂与了解台湾文化。

参观丰田的台湾工厂——国瑞汽车，倒是容易安排，但是要了解台湾文化，就让我这种不太逛街的人伤脑筋了。

想到台湾文化，就会想到古迹，但这总是会落于零碎片段，而无法让人一窥全貌。是否有可以让迈克兴趣盎然的主题呢？我突然灵光一现，想到台湾曾是著名的新乡重夫先生研究工厂管理的启蒙之地，于是遍寻书柜，终于找到了这段记在新乡重夫文章中的历史，我们就来一场新乡重夫先生工厂管理启蒙地之旅吧！各位无法进行现地现物参观者，就来个"卧游"吧！

在新乡重夫先生的简历中，第一行就写着：昭和 5 年（1930 年），山梨高等工业学校机械工程学科毕业，就职于台湾"总督府交通局"下属的台北铁道工厂㊀。

㊀ 1885 年台湾巡抚刘铭传选择大稻埕作为铁路开工的起点时，他也在此兴建了"台湾机器局"，地点就位于今台北市北门塔城街附近，主要业务为制造兵器和铁路机器，兼铸造货币，修理船舶等。1894 年甲午战争、1895 年《马关条约》之后，日本统治中国台湾，接收清军撤退时尚未被破坏之铁路相关机具，1895 年 10 月将机器局改称为"临时台北兵器修理所"，作为炮兵工厂使用。1899 年"台湾总督府铁道部"成立，计划全面兴建台湾西部纵贯铁路，并借用炮兵工厂部分空间作为"车辆工厂"，之后又改称为"台北铁道工厂"。

1985年日刊工业社出版《工厂改善的秘诀·新乡语录》，新乡重夫先生在以"工厂改善之旅"为题的前言中写道：

（1）日本的"国有铁道工厂"是日本最早组织性地导入"科学管理"方法的团体，该工厂的机关车修缮期间⊖，也就是从解体机关车，到更换所有的蒸汽管、削研汽缸等的整个修缮期间，仅需要5天。相对于此，台北铁道工厂用时15天，是前者的3倍。为何有这样的差异呢？虽有此疑问，但是直觉告诉我可能是"作业工数"的差异造成的吧！

但在进行了工数实绩比较之后，我发现两者顶多只差20%，即使如此，为何修缮期间会有3倍差距之大⊜呢？抱着此疑问调查之后，我发现是"管理方法的差异"，因此开始专注于"工厂管理"的学习。

（2）1931年，我偶然在书店中发现了《科学管理原理》⊜，稍微翻阅，读到了一般人无法理解的内容："即使支付劳动者高工资，也可以生产便宜的制品"。这件事情没有道理，所以我抱着怀疑的态度继续翻阅："只要提高效率，就有可能"，也就是主张"高效率、高工资、低成本"。⊛

这样的主张对我来说是闻所未闻的、突破时代的想法，所以我立刻将此书买了下来，彻夜读完。"原来如此啊！无论如何'要进行科学管理，我将以此为毕生的工作'。"

（3）之后，除了学习上野阳一有关效率的著书、日本工业协会的刊物《工业与经济》、日本能率协会的刊物《产业能率》以及临时产业合理局发行的有关合理化的图书之外，我招集了铁道工厂的年轻技术人员，组织了"科学管理研究会"，致力于工厂改善。5年后，我们将修缮期间缩短了30%，达到10天的程度。同时，我们也进行了许多"作业改善"，使生产效率显著地提升。

⊖ 从开工到结束的时间，现在也称为"生产前置时间"。
⊜ 有趣的是大野耐一在其所著的《丰田生产方式》一书中也写道，昭和12年（1937年）左右，我还在丰田纺织工厂的时候，曾听某人说过日本和美国的工业生产力的差距是1∶9。探究、改善生产力的差距，成为新乡重夫与大野耐一两位先生几乎同时期（1945～1990年）划时代贡献的原点。
⊜ 《科学管理原理》是科学管理之父泰勒的主要著作（1911年），日文版由上野阳一译。
⊛ 这也是1914年亨利·福特将工资日薪从2美元提升到5美元的想法。

（4）无意中知道了昭和 12 年（1937 年）9 月、10 月两个月，日本工业协会要在东京主办"第一回长期生产技术讲习会"，我向主管提出了"务必参加"的申请，最初是提出公费参加，但结果没被批准而改成自费参加。当年 3 月新婚妻子㊀与我一起住在东京惠比寿车站附近的公寓里，通勤到"宇野泽组铁工所"实习。在那里，我与四位好朋友一起专心地受训。

在会期的两个月中，我虽向堀米建一学习动作分析、时间分析、稼动分析、工程分析等手法，但其中的一个月几乎专学动作分析，学的并非手法而已，更多的是手法背后的想法。此即"motion mind"，将工作仔细地分析，彻底地追求目的，思考出唯一最好的方法，熟练掌握吉尔布雷斯的思想。我日复一日地进行动作分析，思考改善方案，接受堀米先生的严厉评论。我每天就是这样反复、彻底地接受严格的训练。经过这样的体验后，我的感想是："这是我今后想法的根柢、思考的骨干。"这也是我"始终追求'改善'原点"志向的中心思想。

（5）于是，在这次培训中接受了堀米建一彻底的体验教育后，我已将下列两个想法千锤百炼地铭刻于骨髓中：

①以泰勒分析的想法为基础。

②吉尔布雷斯的彻底地追求目的，思考出唯一最好的方法。

而这也成为我"IE 改善基本课程"的基本精神。

在此意义上，最近的许多生产技术讲习，是否都落于只教"手段、手法"的窠臼呢？我对此深深地不以为然。

（6）受训之后回到台湾㊁，我拼命改善台北铁道工厂的作业，将效率几乎提升到日本国铁的水准。昭和 18 年（1943 年），我转职到航空鱼雷深度计的生产工厂，半年间，将生产量提升了 2 倍。昭和 20 年（1945 年），我转职到日本能率协会，开始了我一辈子的生产技术顾问生涯㊂。

㊀ 本书的出版获得了新乡夫人的授权。

㊁ 由本文推测，新乡重夫先生在台湾工作时间，从 1930 年起，至少到 1943 年止，可以说是在台湾成家立业的。

㊂ 昭和 23 年（1948 年）以后，致力于生产技术的普及、参加过"生产技术讲习会"的学生（包括日本与中国台湾）总数超过 25 000 人。昭和 46 年（1971 年）以后，新乡重夫先生曾到海外进行了 30 多回演讲。

我学习丰田生产方式多年，也翻译了本书，竟不知道台湾是新乡先生事业的启蒙与成家立业的地方。钻研新乡先生的学习过程，我倍感亲切且有以下几点感想：

（1）新乡重夫先生与大野耐一先生一样，接受自家生产力低的事实，将其当成挑战的课题，号召周围的同事，持续地努力，进而开创了划时代的、新的机会。

（2）有了"问题意识"，如新乡重夫先生百思不解的"为何生产效率相差了3倍"，感官、心智的搜索雷达就会特别灵敏，在书店一看到泰勒的《科学管理原理》，就会如获至宝，进而深入研究。

（3）"管理方法的差距"是"科学管理"的着力点，泰勒与吉尔布雷斯的研究促进了非直接作业的工程、管理人员的出现，反之，这个层级若玩忽职守或无法发挥其职能，将无法让一线人员轻松、有效率地作业。

（4）"接受了堀米建一彻底的体验教育后……千锤百炼地铭刻于骨髓中"，这句铿锵有力的话，让我感同身受，唯有亲身体验，才能身临其境地思考；唯有反复练习，接受老师的挑剔，才能达到深入骨髓般的熟练。

（5）没想到台湾与世界级的"新乡重夫、工厂改善"离得竟然这么近，站在台北市北门"台北铁道工厂"的遗址[①]上，能不兴起"男儿当自强，有为者亦若是"的气概吗？

李兆华

精益企业中国资深顾问

优也专家顾问

引兴精实总顾问

成功大学业师

[①] 相关遗址已被指定为古迹，由台湾博物馆复修为"铁道部"博物馆园区中。

トヨタ
生产方式のIE的考察 | 译者序二

IE 的一般理论与 TPS 的特殊实践

新乡重夫先生是日本能率协会的工业工程专家，他以顾问的角色，在丰田汽车公司从事生产管理方面的培训和指导工作。那时还没有"精益"或 TPS 这样的术语，实际上，TPS 当时还在建构中。

由于自身的专业背景和在丰田的这段特殊经历，新乡重夫先生获得了许多机遇奇缘，参与了 TPS 的形成、发展和完善过程，对 TPS 有切身的体会与深刻的理解，并且对这个过程有重要的贡献。快速换模（SMED）和防错这两项著名的 TPS 工具，常常被与新乡重夫先生的名字联系起来。

工业工程（IE）是一门学科，研究的是由人、机、料、信息、能源等组成的日益复杂的制造或服务系统。它起源于泰勒的科学管理，尽管引入中国高校的历史并不长，但在美国已有 100 多年的历史，被认为是现代"五大"工程类学科之一。

丰田生产方式（TPS，狭义的）是在对丰田汽车公司的生产组织方式进行深入研究的基础上形成的一套理念、系统和方法工具的组合。TPS 为世人了解，在很大程度上归功于詹姆斯·沃麦克（James Womack）等人的《改变世界的机器》和《精益思想》。TPS 相比于作坊方式和大批量制造方式有根本的优势，被丰田汽车公司的持续成功证实，并被越来越多的制造和服务组织应用，取得或大或小的成果。

IE 与 TPS 这二者之间的关系是怎样的？新乡重夫先生的特殊经

历和他的这本经典著作有助于我们理解这个问题。作为积极实践 IE 和 TPS，并向多种不同人群讲授 IE 课程的大学教师，我对此书可谓"爱不释手"，阅读过程中大受启发，极有收获，连呼过瘾，并积极地将试读本向多位好友推荐。

但在此我不打算介绍书中的具体内容，反而要扯远一些，谈谈科学研究的问题，谈谈科学、技术、工程这三者之间的关系。

- 博士后学弟说："解决某个特定问题的方法并不一定适用于其他问题，因此作为科学研究成果发表的价值不高。典型的科学研究，是探索能解决一类问题的更为有效的创新方法。"
- 教授同事说："能解决一类问题的方法可以被称为'技术'，而在背后支持'技术'的基本原理可以被称为'科学'。"
- 院士老师说："科学是通过观察或实验的方法获取的知识，与它相对的是通过思辨而获得的'形而上'的知识；技术是基于科学的原理，可以解决一类问题的方法；工程则是运用多种技术解决综合性的问题。"

新乡重夫先生的这本经典著作——《新乡重夫谈丰田生产方式》，极好地诠释了基本科学原理、问题解决技术及具体的问题解决之间的关系。

看新乡重夫先生的这本经典著作，可以发现，他所基于的是极基本的工业工程原理。他将生产的结构归结为"工序与作业"，强调工序的改善应该优先于作业的改善。在工序改善部分，他借用"加工、检验、搬运、停滞"四类基本工序的划分，及 ECRS（取消、合并、重排、简化）四类改善手法，将这些原理用于解决生产中的各类问题（质量、交付、机器和人员效率、库存等），并且将这些分析方法与丰田汽车公司的特殊环境结合起来。

书中对丰田生产方式的各种分析，均是以彻底地消除一切浪费为目的，探究每种"工序"或"作业"背后的根本原因，寻求"取消"一切的根本性和系统性改善方法，在不能"取消"时再寻找"合并""重排"或"简化"的机会。例如：

- "搬运"的背后往往是布局的分散，若将不可去除的"加工"和"检验"等布置在同一个地点，则"搬运"可以被取消。

- "停滞"的背后往往是批量型、推动式的生产方式,若在布局流水化的基础上进一步采用"小批量""单件流""同步"的生产方式,则"停滞"也可以被消除。

以上两种工序从根本上都是不增值的,我们应该全力以赴予以消除,仅在无法消除的情况下("生产"和"使用"不在同一个地点),才讨论如何简化,减少其成本。

"快速换模"的过程也极大地体现了 ECRS 的思想。划分内外换模工作是典型的"重排",将内部工作转换为外部工作也较大程度上体现了"重排"的理念,而最富挑战性的缩短内部工作时间的做法则是运用防错等技术实现"取消"和"简化"。

新乡重夫先生用 IE 的基本原理在丰田指导生产实践,取得了很好的效果。而这本著作的基本视角,就是用 IE 的视角去解释 TPS,而且他所用的是 IE 中基础的部分,没有任何复杂乃至花哨的东西,全是易于理解的道理。

新乡重夫先生通过 TPS 的例子,说明了 IE 一般原理的广泛适用性和强大威力:连丰田这样成功的公司都建立在运用 IE 的基础上,你的公司还不好好学习并实践、探索如何能用得更好?

很多人只是在很小的局部应用 IE,甚至只是当它是测定工时标准、安排流水线人员分工的工具,这种做法太过偏颇和狭隘。新乡重夫先生强调,对工序(整体流程)的改善优先于对作业(局部)的改善。我们越是能将 IE 用来对大的流程进行改善,乃至从小的系统迈向更大的系统,就越是能取得巨大的改善。

新乡重夫先生对将丰田生产方式当作"看板系统"这种错误的理解进行了纠正,这从另一个角度解释了"一般"与"具体"的关系。"看板"实际上仅是 TPS 里的一个工具,是消除"工序间停滞"浪费、避免过量生产的具体实施方法之一,特别是在教科书里被广泛介绍的"超市拉动"的看板系统,更加具有显著的局限性,不能被生搬硬套。在如今市场变得越来越多品种、小批量的过程中,我们必须把握住"看板系统"的本质,才能恰当地应用它来解决自己企业的问题。

适用于特定问题的具体解决方法,不一定能适用于其他问题。这就是为什么适用于丰田的方法,不一定适用于你的企业。我们只有理解了问题背后因果关系的一般原理，才能从根本上掌握 TPS，并且能根据具体的环境理解问题，分析其背后的原因，提出有效的解决方法。

从这个意义上说，好像会有"科学"高于"技术"，"技术"高于"工程"，而"工程"最容易的错觉。实际上，我的院士老师特别指出，"工程"的特点在于它并不是一个单纯而简单的问题，而是一系列复杂而综合问题的组合。

我也常常告诉学生，现实中的问题并非如课本后的练习题，有非常明确的公式和已知条件，要求解某个未知的结果。实际的情况是，根本没有人告诉你问题是什么，也没有人告诉你已知条件，在很多情况下，我们获得的"已知条件"是不充分甚至相互矛盾的。

在这样的环境中，复制别人的答案显然是没有意义的，因为"题目"本身几乎不太可能是相同的。你只有牢牢地把握住具有普遍适用性的一般原理，努力探寻问题的脉络，逐步找到问题的答案。这实在是很大的考验。

但也只有这样，我们每个人才能真正成长，完成从理论学习到与理论实践相结合的蜕变。如果你还能像新乡重夫先生那样，从具体的问题解决中抽象出具有普遍应用价值的方法，那更是于人于己大有裨益的事情了。

总结一下，我通过向新乡重夫先生学习而理解的 IE 与 TPS 的关系：

- IE 作为"一般原理"，可以广泛应用于各种"具体实践"中；
- TPS 里丰田公司的"具体实践"不一定能应用到你的"具体实践"中，更不能被简单复制；
- 从 TPS 的"具体实践"里抽象出来的"一般原理"，可以被应用于各种"具体实践"中，并且丰富和发展了 IE 的"一般原理"。

最后，借此机会感谢在本书翻译、编辑过程中提出建议的精益朋友 Cid Li（李威），大家的关注使得本书中文版得以更好地与读者见面。

周健博士

同济大学中国制造发展研究中心主任

同济大学机械工程学院工业工程研究所副教授

精益企业中国副总裁

上 篇

回归工厂改善的初衷

トヨタ生产方式のIE的考察

第1章 生产的结构
第2章 工序的改善
第3章 作业的改善
第4章 展开零库存的生产

第1章 | トヨタ生産方式のIE的考察

生产的结构

为了能够理解丰田生产方式，我们需要正确理解生产的结构。图 1-1 是生产的结构，可以表示为工序与作业的网状结构。

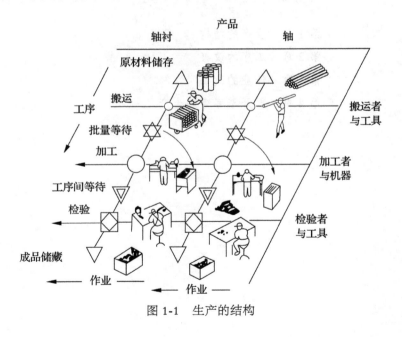

图 1-1 生产的结构

- 工序（process，也译为"流程"）——从原材料到半成品、成品的流动和转变过程，同时在时间与空间上发生变化的过程；

- 作业（operation，也译为"操作"）——作业人员与作为其辅助者的机器互动，对材料进行转变的过程，也是在时间与空间上变化的过程。

我们也可以这样表达：

- 工序——生产对象（object）的变化过程；
- 作业——生产主体（subject）的变化过程。

  例如，
  - 糖果工厂——材料：麦芽糖；　　产品：牛奶糖。
  - 食品工厂——材料：鲸鱼肉；　　产品：香肠。
  - 造船厂——材料：钢板；　　　　产品：船舶。
  - 汽车厂——材料：圆钢；　　　　产品：汽车连杆。
  - 洗衣机工厂——材料：薄钢板；　产品：洗衣机。

即使是不同的材料与产品，如果它们是抽象的、从材料到产品的流动现象，我们就称这样的流动为"工序"。

可以拿织布的情况来类比，"工序"是纵向的经纱⊖，而"作业人员与机器"作为横向纬纱而逐步地生产产品的过程，被定义为"作业"。因此，所有的生产工厂都可以被理解为"工序"和"作业"编织起来的网状⊜结构。

以往也曾有人这么强调：

- 工序——以"大的分析单位"分析生产时的叫法；
- 作业——以"小的分析单位"分析生产时的叫法。

这是完全错误的。

- 不论是以多小的分析单位分析生产，只要分析的对象是从材料到成品的流动过程，则此分析就是"工序分析"；

⊖ 1980年，新乡重夫先生将纵向的经纱称为工序，丰田生产方式（或目前的精益生产）都将横向从材料流动到成品的过程称为工序，相对的纵向作业则是各专业的领域（silo）。

⊜ 以骑自行车为例，自行车从起点到终点的过程是"工序"，而人与自行车的动作则为"作业"。二者同时存在，结合起来，有效地到达终点。

- 不论是以多大的分析单位来分析生产，如果分析的对象是作业人员与机器的变化过程，则此分析就是"作业分析"。

所以，二者的区别并不在于分析单位的大小，而是分析对象的属性。也就是说：

- 分析被制造的对象（物）的流动——工序分析；
- 分析制造主体（人、机）的流动——作业分析。

因此，我们在处理上述生产完全不同的方面时，采用属性不同的分析方法。

- 工序——从材料到成品的变化过程，而在此生产对象流动的另一面，则持续地出现了不同的生产主体（者），即作业人员与机器；
- 作业——人与机器在时间、空间的流动中变化的过程，而在此人与机器流动的另一面，则持续地出现了不同的生产对象，也就是产品。

现在我们以"在一道工序中工件的加工"为例来解释工序与作业，例如一根在 A 车床上加工的轴：

①以手工在两端钻孔；

②自动粗车外径；

③以手工精车外径。

对轴的加工过程，称为工序。

与此同时，车床 A 进行着：

①钻孔；

②粗车外径；

③精车外径。

也就是设备对轴的一连串动作，即**机器的作业**。

如果作业人员进行多工序操作，在车床 A 上进行粗车外径时，作业人员在车床 B 进行装、卸轴，并启动开关。其操作是这样的：

①他用车床 A 手工钻孔，接着开始自动粗车削；

②在车床 A 自动粗车削时，他走到车床 B，装、卸轴，启动开关；

③再一次，他回到车床 A，精车外径。

聚焦于作业人员随着空间与时间流动的动作变化研究，被称为"人的作业分析"。

于是，在任何状况下：

- 若是将材料变成成品的过程，即被定义为"工序"；
- 人与机器对物料实施行动的过程，则被定义为"作业"。

不论是在"生产""办公室工作"，还是在更多的"一般场合"，这些原则没有什么不同，都可以被认为是一样的。㊀

因此，为了实施工厂改善，正确地了解这样的生产结构是非常重要的。如果我们对此有所误解，将可能无法有效地进行改善。

我们必须时刻对此保持注意。

本章总结

所有的生产均可被理解为"工序与作业的网状结构"，当然丰田生产方式也不例外。

㊀ 有原料、有产品（不论是无形的服务，还是有形的产品），就有工序。有人、有机器，就有作业。将事情分解到其本质，都是相通的。第 3 页脚注㊀中的骑自行车也有工序与作业。

第 2 章 | トヨタ生产方式のIE的考察

工序的改善

生产的剖面之一是"工序"。本章将说明对"工序"的思考,以及如何加以改善。

丰田生产方式对工序中"停滞的改善",是其一大特征。

如果从生产的过程来思考,工序的改善必须优先于作业的改善。

工序的内容

前一章已经说明,从材料到成品的流动被称为"工序"。工序中包含四种现象:

- 加工——变形、改变材质、组装、分拆;
- 检验——与标准比较;
- 搬运——改变位置;
- 停滞——并未实现上述加工、检验与搬运现象,只是在消耗时间。

而停滞可更进一步地分为以下两类:

- 工序间停滞——整个批量在工序间的停滞,等待上一个批量完成加工、检验或搬运,再处理本批产品。
- 批量停滞——在批量作业中,例如批量中的某一件在加工,其他的则在等待的状态。此等待的状态又可分成尚未被加工与已经加工完成两种。这些等待也发生在检验与搬运期间。

吉尔布雷斯先生则为这些工序的现象制定了下列记号：

- 加工——○
- 检验——◇
- 搬运——○
- 停滞
  ○ 工序间停滞——▽
  ○ 批量停滞——✡

接下来，我们以一个实际的例子来说明：

- 从 S 钢厂送达的钢棒在原材料检验区等待（"▽"）；
- 原材料进行检验（"◇"），稍微等待"▽"之后，接着检验（"◇"）状况，可以画成"✡－◇－✡"；
- 一束检查完的钢棒被堆高机搬运（"○"）到裁断机，又开始了在工序间等待（"▽"）；
- 在裁断机进行了加工（"○"）后，将钢棒裁成长度为 150mm 的长度。在此状况下记号可画成"✡－○－✡"；
- 裁断完成之后，五箱放在栈板上，又开始了工序间等待（"▽"）；
- 用堆高机一箱一箱地将裁好的原材料搬运（"○"）到锻造材料库存区，反复五次，所以在此状况下记号可画成"✡－○－✡"；
- 一箱切断完成的材料被搬运到锻造机旁边，等了一下（"▽"）；
- 一根根材料被重油炉陆续加热（"○"），又一根根地从滑槽搬运（"○"）到锻造机进行锻造（"○"），再被搬运（"○"）到修边机切掉毛刺（"○"），然后再放入容器。这样的流程可画成"✡－○（加热）－○－○（锻造）－○－○（去毛刺）－✡－▽"。在这个例子中，"加热－锻造－去毛刺"，因为它是一件一件地流动，因此并没有批量等待（"✡"）。

接着会进行"热处理－机械加工－组装",而各制程都可以画上"○、◇、○、▽、✡"的记号。

因此,从工序的角度来看社会上所有生产活动的话:

- 各生产活动,即使原材料的样子与产品的样子都不同,但它们只要有从材料到产品的流动,都可被视为工序;
- 即使因为对象的不同,而有工序数、工序组合和工序种类的不同,但工序都可以用符号"○、◇、○、▽、✡"表示。

综上所述,所谓的"工序"改善,即如何改善加工、检验、搬运与停滞。实际工序分析的例子,如图2-1所示。

加工㊀的改善

对于加工的改善,这里有以下两点想法:

①从"价值工程"(value engineering)的角度看,要制造"什么产品"?
②对已经决定要制造的产品,"用什么方法制造"?

原来用螺丝将2个零件连接起来的产品,改成用冲压机一次成型,则其加工方式可以完全不同。

或者,原来的设计是由8个螺丝锁紧的产品,改成单侧由挂钩嵌合,另一边只用4个螺丝锁紧就可以了。或者,原来是铸造之后进行机械加工的产品,改成用薄铁板焊接的话,其加工方式也可以完全不同。

因此,对于加工的改善,"价值工程改善"是改善的第一步。

接着,对已经决定要制造的产品,"用什么方法制造"?这是第二步的改善。在这个阶段中,我们也必须要着眼于以下两点:

- 固有技术的改善——更合适的熔解温度、更合适的锻造温度、更合适的切削速度、更合适的刀具等;
- 工业工程(IE)上的改善——采用真空成型、高速电镀、瞬间干燥等。

㊀ 严格的"增值作业",是指顾客愿意付钱的作业。

略图				工序序号	451	制造个数	600
				零件名称	变速箱盖	零件号码	
				材质	AC-2	个数/台	1
				检查者	吉山	检查日	24-3-24

数量	距离	时间	记号	工序（地点）	作业员	机器	工装检具	存放与容器	加工部位、条件、改善重点
200~300kg	70m		▽ C	仓库 去熔解厂	熔解工			堆在地板上	
50kg		0.1小时	□1	称重	熔解工	台秤			
50kg	3m×3 / 9m		○m		熔解工				
50kg		2小时	○2	溶解	熔解工				
50kg	(75)m×4人		○m	去铸造厂	铸造工				
6pcs		3小时	○3	铸造	铸造工				
6pcs	40m	4小时	▽ C	去除毛刺厂	搬运工			随便地堆在地板的角落上	浇口 毛刺
		72小时	▽	ditto					
	10m×28 / 280m		○m		作业员				
55pcs		2小时	○4	除浇口	作业员				
55pcs		56小时	○5	去毛刺	作业员				
	3m×28 / 84m		○m		作业员				
55pcs		5小时	◇6	外形检查	检查员				简单用卡尺检验的程度
	2m×56 / 56m		○m		作业员				

图 2-1　工序分析

以往在压铸（die-casting）时，人们的一般看法是"一定会产生毛刺"，因此都只关注于如何有效率地去除毛刺。使用冲压机取代手工锉除，一次就将毛刺去除，被认为是最有效率的改善。

但是几年以前，我在西德参观戴姆勒-奔驰（Daimler Benz）公司时，目睹了"低压铸造法"。

他们解释说："首先我们锁紧模具，然后用真空泵抽出模具中的空气，再倒入熔融的铝液，结果就不会产生毛刺。这种方法已经发展了10年。"我们看到的铸造产品的确完全没有毛刺。

除此之外，我所访问的瑞士 Buhler 公司，正在销售真空压铸机。我非常吃惊，铸造出来的产品完全没有毛刺。当时，我们都以"如何有效率地去除毛刺"为至高目标，并伤透了脑筋，却没有意识到，如果没有毛刺的话，我们的努力将化为泡影。于是，我深感震撼："对啊！地球上到处都有空气啊！"

从前我们已认识到空气的问题，因此会有排气或是除气的措施，但又存在以下两个矛盾的要求：

- 模具的接触面必须精密地加工，以便能紧密接触，以防止熔液的泄漏；
- 但同时又要排出模具内的空气，让模具内充满熔液。

所以，将熔液以高压倒入模具，让空气由排气孔排出，在熔液刚满到浇口的瞬间即停止浇铸，这个操作是非常困难的。

结果是，毛刺产生了，而且大家都认为"注定要产生毛刺"。

然而，若在合上模具后抽出空气，接着倒入熔液，结果便会完全没有毛刺。就如同遭遇空袭时，人们与其跑进防空洞，不如思考如何击落敌机，才是根本的对策。

一回到日本，我就呼吁各公司试行真空铸造。虽然我们遭遇了许多困难，但还是成功地制造出了完全没有毛刺的产品。

之后我想，注塑是否也可以同样地活用真空成型技术呢？通过大阪的 Dia Plastic 公司冢本董事长的协助与努力，这项真空成型技术得以成功，据说得到了"提高产品质量，减少不良品，减少成型周期时间等好处"（请参考图 2-2～图 2-6）。

图 2-2　真空成型设备

图 2-3　真空成型模具

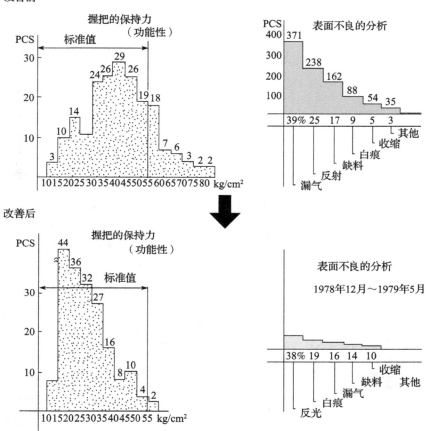

图 2-4　真空注塑成型的质量改善

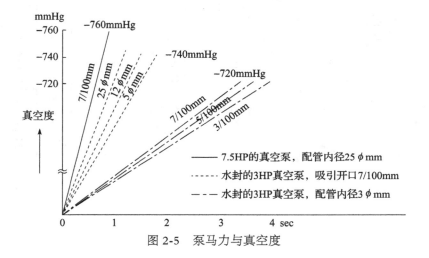

图 2-5　泵马力与真空度

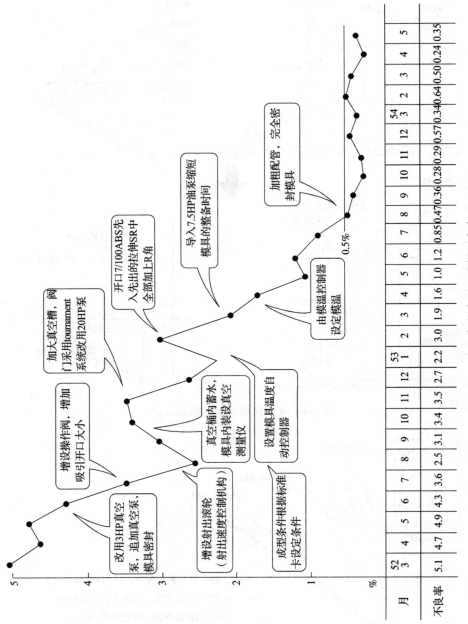

图 2-6 改用真空成型，降低不良率

同样，工人在电镀时，有所谓"高速电镀"的想法。实际的例子是，工人将电镀液喷到电镀物的表面，可将表面的空气强制排出，因此可将电镀的时间减少到原来的1/4。这种方法不仅可以减少时间，更可以大幅降低电力的消耗，从而产生更高的效率。

另外，人们在针对注塑生产，思考"一个成型周期时间中，是否能只干燥一次成型所需的树脂量"时，发现了"悬浮地干燥小量的树脂"有可能降低电力消耗至原来的1/4，因此可以大幅地节省电力。

总之，人们若能更进一步地研究以往已经习惯的方法，将可得到更新、更有效率的方法。因此，很明显，人们需要进行基于"起源"的改善。

以真空成型改善质量与生产率（注塑的质量改善）

- ■ 重点
  - 在设定成型条件时，仍然无法维持质量的稳定性，曾尝试控制模具温度与射出速度等，并处理遗留的严重问题。
  - 设置了排出空气与气体所需的排气孔，并维持管道直径与泵的能力处于正常的状态。
- ■ 问题点
  - 握把的功能品质不稳定；
  - 成型产品的外观质量不良，有空气烧痕、毛刺与缺料；
  - 必须全检以保证质量；
  - 熔融树脂所产生的气体让塑料残留物黏在排气孔上，因此必须增加模具的保养次数。
- ■ 改善点
  - 将模具的排气孔直径从 3/100mm 增加到 7/100mm 的合适尺寸；
  - 注胶道直径从 3mm 改成 25mm；
  - 将真空泵由 3HP 水封式改成 7.5HP 油封式，真空能力由 −720mmHg 提升到 −760mmHg；
  - 因为质量稳定了，从而缩短了检查的时间，初期检查即可保证质量；

○ 消除了保持力的波动。

■ 结果

单位：日元

项目	改善前	改善后
物料成本	212 625	35 437
人工成本	189 000	63 000
增值额	86 400	108 000
工序不良率	0.021%	0.009%
TV 自公司	4.90%	0.44%
传播影响		17% 上升 344 250
企业其他单位的收益	1 288 000/月	
本部门的收益	450 000/月	
总体收益	1 738 000/月	

检验的改善

在过去的"检验"或"质量管理"中，是否存在许多误解或是错觉呢？

判别检验与反馈检验

访问许多公司时，我往往会问："贵公司产品的质量表现如何呢？"所得到的答案大约是"整体不良率约为 6.5%"，统计得到的结果如下：

- 表面瑕疵——2.5%；
- 尺寸不良——1.8%；
- 偏心——0.8%；
- 其他。

然而，这些数据所反映的不良品都是在最终检验工序时发现的，我们可称为"死亡证明书"，而针对这些状况的对策，大都是"进行更严格的检验"。结果，在生产现场，将检验员从 1 名增加为 2 名进行检验。这样一来，发生了下列现象：

- 假设在增加检验员之前，1000 个的批量中发现了 100 个不良品；
- 增加检验员之后，在严格的检验之下，第一天发现了 80 个不良品；

- 第二天降低到 60 个；
- 但是第三天，增加到 120 个。

这样的状况是很有可能发生的。

如果思考"为什么会这样呢"这个问题，也许答案是这样的："增加检验员的目的是要防止检验的疏忽，也就是'防止可能将良品误认为不良品而废弃，或是将不良品混入良品之中的疏忽'。换句话说，即使增加检验员可有效地'增加检验的可靠度'，但对'不良率的降低'完全没有效果。"

这是因为缺乏"不良品是加工做出来的，而检验只能发现不良品"的基本认识所导致的。不管是多么优秀的检验员，都绝不可能将发生于加工的不良品，在检验的时候将其改变成良品。

因此，如果检验员发现不良品，必须将此不良品的信息立刻传达给加工的工序，而加工的工序必须改善其加工方法，这样才有可能减少不良品。于是，我们进一步解释前述的概念：

- 判别检验——判别良品或是不良品，如同"死亡证明"的检验；
- 反馈检验——检验员将不良品的信息传达给加工的部门，并且纠正其加工方法，如同"健康诊断"的检查。

该质量不良信息的传达，被称为"检验的反馈功能"。反馈功能的速度越快，就可以越快地减少不良率。

以上想法可以归纳如下：

- 判别检验——为了找出不良品的检验；
- 反馈检验——为了减少不良品的检验。

让我意外的是，大部分工厂认为，判别检验（为了区分出良品与不良品的检查）就是检验。

发现不良品的检验与不制造不良品的检验

松下电器公司有一个包装吸尘机的流程。它将吸尘机、附属配件、说明书等包装起来,并用称重机测量其重量,以确定是否疏漏了任何配件。但因为小零件或是说明书的重量很轻,所以还是有非常少数的情况未能检出,导致客户抱怨的事件出现。因此,为了彻底防止这些极其少数的客户投诉,他们计划去买更灵敏的称重机,但因价格昂贵与(投诉)发生的次数其实很少,所以有些犹豫不决。

我到生产现场去观察实际的状况,并与生产技术主管清水先生进行了下列讨论:

"清水先生,这些做法所依据的基本想法就是错的。"

"什么?基本想法就是错的……什么地方?为什么?"

"现在是在错误发生之后才进行检验,为什么不能不制造不良品,而不用检验呢?"

因为他是一位非常优秀的工程师,所以他听得懂我的意思。

"您是正确的,我将立刻改善流程",并迅速地改善了。

两个月后,我再度访问该公司。

"改善之后,客户投诉是零了。"我再到现场去,了解到以下流程(见图2-7~图2-10)。

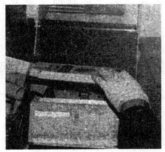

图 2-7 说明书的防错机制

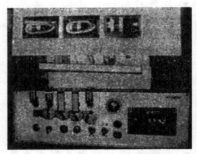

图 2-8 装入说明书的信号灯

图 2-9 使用接触式弓形弹簧的防错机制

图 2-10 传送带的停止挡板

- 在放置说明书的工作台下方装上弹簧，工人取说明书时，会压下工作台而触动限制开关，并点亮"已放入说明书"的灯光。
- 在零件盒边上装设弓形弹簧。当从零件盒取出零件时，工人会压下弓形弹簧，同时会触动限制开关，并点亮"已放入零件"的灯光。
- 当"所有的零件都放进去了"之后，在接近下一道工序的地方，传送带上有一挡板会下降，让包装盒可流向下一道工序。
- 若忘记任一项目，警报器将会响，当包装盒接触到挡板时，蜂鸣器会响，滚轮传送机将会停止。此时，工人会立刻检查包装盒并纠正错误。

因此，任何有缺陷的包装盒都将无法被送到下一道工序。

以往，工厂是在不良品出现之后，再检查是否有不良品。但是现在，因为在本工序里装设了能检验出不良动作的装置，所以在本工序内即可修正不良现象。

于是，工厂实现了"绝对不能流出不良品"。

结果，想法发生了最重要的改变：不是在不良品发生之后再检验，而是以实现不制造不良品为目的而检验。

访问许多客户工厂时，我常对"安装了许多很好的检验装置"印象深刻，但经常见到在最重要的基本想法（"在做什么检验呢"）上存在错误的现象。也就是说，"他们到底是在做'检出不良品'还是'不制造不良品'的检验？"这一点错了，当然不能达到预期结果。因此，如果没有正确地理解检验的目的，纵然有极为优秀的检验方法和特别安装的装置，也无法得到有效的结果。企业清晰地认识这些，是非常重要的。

抽样检验与全数检验

约在1951年，以推断统计学为基础的管理方法导入了日本，它采用因果图、频次分布图、控制图、抽样检验、实验设计等新方法，对日本的质量管理产生了极大的影响。

日本电气公司的K先生在首次说明这些新的质量管理方法时表示："因为

'全数检验'很麻烦，而且很难正确地实施，所以推断统计学是'有学术根据的抽样检验'方法，它将更为理想。"

于是，我自己也相信"毫无疑问，'抽样检验'以统计学为基础，所以比全数检验要好得多"。

但是大约在1965年，我与松下电器当时的常务董事会谈时，他说："我们公司的电视机，即使是一台，也不能有不良品。因为不论我们生产了几十万台或几百万台，顾客从我们这里'只买其中的一台而已'。"

此时，若整个生产中有一件不良品，则"松下电器的电视机有问题"的风声将立刻传开。这也就是我不断地对制造现场叮嘱"不可以有一件不良品"的原因。这是非常正确的想法，所以我说："我同意你的想法。"

突然，我注意到，话虽这么说，他们在工厂里却采用抽样检验。他们是否也有这样的基本想法呢？"抽样检验时，在50万或100万个产品中，出现一个不良品，也是在所难免的。"

此外，他们也认为："抽样检验有统计学上的背景，所以是种非常合理的方法。但这两个现象其实是相互矛盾的。"

因此，我在回东京的新干线上苦苦思考着，突然有了以下心得："抽样检验"只是"合理化了检验方法"，绝非"合理化了质量保证"。

此后，我拼命地思考"毫不费力的全数检验方法"的结果，发现了许多以往从未想到的"全数检验"的方法。

以往，因为我认为"'抽样检验'是具有统计学根据的合理方法"，所以完全没有思考其他的事情。但在突然领悟到"抽样检验只不过是合理化了检验方法"之后，眼前突然一亮，想出了许多优秀的"全数检查方法"。

但是仍有许多人被"因它有统计学上的根据……"的假象所蒙蔽，坚持"抽样检验是最佳方法"。我为此只能感到非常的遗憾。

不制造不良品的检验方式

企业真正想要做到零缺陷的话，采用"发现不良品的判别检验"是不合适的，应该采用"不制造不良品的反馈检验"与"不花工时的全数检验"。以下是实行"不制造不良品的检验"的方式。

1. 顺次点检方式

从检验到加工的最快反馈系统,是由加工作业者自己实施检验,也就是说,最好是"自主检验"。但是,"自主检验"有以下两个缺点:

①因为是由加工者自己实施检验,所以会有"到这个程度就可以了吧"的想法,有容易妥协的倾向;

②无心的失误检验判断。

因此,人们以往都主张需要"独立的检验",从而强调"需要进行客观的检验"。但同时人们又认为,如果反馈的机制不够快,就不能减少不良品,因此,自然地得出以下结论:

- 第二道工序检验第一道工序加工的产品,同时进行自己岗位的加工作业;
- 当第二道工序加工的产品流到第三道工序时,由第三道工序检验第二道工序所加工的产品,同时做自己岗位的加工作业;
- 依照顺序,各工序的作业者检验前道工序的加工,同时进行自己岗位的加工作业。

于是,产生了"顺次点检"的想法(见图2-11)。这种方法被认为具有最快的反馈功能,并可以客观地检验。

图 2-11　顺次点检

以上系统在森口(Moriguchi)电器公司的电视部门实施时,得到了以下结果:

- 以往有15%的不良率;
- 采用控制图与实行了品管圈活动之后,生产过程中的不良率可以减少到6.5%,接着便无法再降低;

- 但采用了"顺次点检"之后一个月，生产过程中的不良率减少到了 1.5%；
- 三个月后，生产过程中的不良率降到了 0.65%，而最终生产过程不良率降到了 0.016%。

这样的结果可以说是非常好，大部分采用并实施此方法的工厂，与它们以前的方法比较，一个月后可将不良率降到 1/5 甚至 1/10。

同时我们强调，"这种'顺次点检'的方法在产品型号切换（model change）初期，在'减少产品生产过程的初期不良率'方面效果出类拔萃"，而且，这种方法也具有很容易实施的优点。因此，我们大力推荐它。

2. 自主检验方式

"顺次点验"虽然是一种非常好的方法，但是"自主检验"的观念可以说更为优秀。如我们之前所说，"自主检验"有两个缺点，即"可能会妥协"与"无心的误判断"。现在如果我们能彻底地防止这两个缺点，无须赘言，"自主检验"一定优于"顺次点验"。

也就是尽可能地采用"物理性的检验工具"，即在日本将"BAKA-YOKE，BAKA——呆子，YOKE——防止"称为"POKA-YOKE"（"防错/防呆"）的装置。

例如，汽车上某个左驾与右驾的零件，有一样的外形，仅有一个左边或右边小孔的差异。此零件的加工是在右侧折弯，但偶尔会发生左右边放错的情形。于是，在冲压机上装了一个限位开关，以确定小孔的位置。如果零件的小孔没在正确的位置上（左右边放错），就会压下限位开关使得机器无法启动，同时蜂鸣器会发出警告的声响，以提醒注意（见图 2-12）。

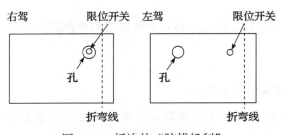

图 2-12　折边的"防错机制"

限位开关可确认小孔的位置，等于实施了"全数检验、不制造缺陷的检验"，这样就能生产 100% 的合格品。

就如我们所说的，在加工工序中若设置了检验的功能，就能完全地实现"零缺陷"。若工厂安装了这样的"防错装置"，一旦进行了会出现不良品的加工，除了可以立即发出反馈信息，同时也具有全数检验的功能。因此，这个"不制造不良品的检验"表现出了卓越的效果。有一家工厂采用了这个系统之后，实际上已有一年以上是"零缺陷"了。

3. 源头管理方式

源头管理是管理会影响产品质量的条件，可以防止缺陷的发生。这样的管理有以下两种：

- 纵向源头管理[一]——回溯上游的工序，并管理会影响产品质量的条件；
- 横向源头管理[二]——在自己工序内部寻找会影响质量的条件，并予以管理。

如果质量的好坏必须靠所谓人的感官检验的话，就必须靠人来做，结果仍不得不实施"发现不良品的检验"，使得全数检验变得困难。

但是，如果我们坚持认为只能依靠感官检验的话，是不是因为我们将自己的思维局限在检查"不良结果的表象"上了？如果我们换个角度，思考"制造不良品时的现象"，也许我们就可以管理物理参数上的方法了。

例如，一般来讲，人们认为判断涂装的色调必须靠感官检验。

但如果经由管理涂料的颜色浓度、喷出量与雾化空气压力，我们就可以控制影响质量的涂料喷出量，结果就是，我们可以管理涂装的色调。

这是"横向源头检验"。另外，有许多"纵向源头管理"的例子，也同样可以获得良好的效果。

防错方式

"POKA-YOKE"即所谓的"防呆"（fool proof），原来称为"BAKA-

[一] 工序上的源头检查。
[二] 作业上的源头检查。

YOKE",但"BAKA-YOKE"中的"BAKA"是呆子的意思,有贬低人的感觉,所以我们将人在作业时能防止无意地发生错误(我们称此为POKA)的方法,改称为"POKA-YOKE"。

1. 防错中的纠正功能

当防错系统工作时,有以下两种纠正的机制:

①停机方式——当防错系统工作时,可将机器或是生产线停下来,以停止加工;

②警告方式——当防错系统工作时,蜂鸣器发出警报,或是闪烁灯光,以警告操作员注意。

当不良品出现时,即使操作员完全没有注意到,"停机方式"会停止加工,之后就不会再出现不良品了,这是最具强制性的纠正功能。相反,采用"警告方式"时,如果操作员没有注意到警告,不良现象仍会继续存在。

而不良现象有以下两种:

- 单次不良——虽然有几个产品发生不良,但之后就不再发生(例如有缺陷的材料造成有缺陷的产品,但当有缺陷的材料用完之后,产品也恢复了正常);
- 连续不良——当一个不良品出现后,其后连续的全部都是不良品(例如,冲压机的冲头折断时,就会发生连续不良)。

因此,产生了以下的"防错系统"想法:

- 如果是单次不良
  - 发生频率低,而且可以事后修复时——"警告方式";
  - 发生频率低,但不可能事后修复——"停机方式"或"警告方式";
  - 发生频率高——"停机方式";
- 如果是连续不良——只允许"停机方式"。

虽然说我们是根据"效果与需要的投资"来判断要采用何种"防错系统",

但我们建议应尽量采取"停机方式",以确保100%良品。

2. 建立防错的功能

实际建立的"防错"功能,分为以下三种情况:

①接触式——利用产品的形状、尺寸等差异,通过检验了解有无接触以发现不良品。因此,为了能够通过这种方式发现不良品,我们有时故意地将产品做成不一样的形状或尺寸。有时我们利用颜色的差异来识别,其实这种方法也可以视为"接触式"的延伸。

②定数式——通过检验了解是否有一定次数的动作,从而判断异常。

③动作的顺序式——通过检验了解是否根据特定的动作顺序工作,来判断异常,并防止缺陷的发生。

以往的"防错"被当成"防呆技术"来导入,而且没有系统地导入,只是在想到时才会被利用。于是,"防错"有时被解释为,"如果出现了不良品,不良品将无法被装在下一道工序的工装夹具上"。但这并不正确,这仅是在"顺次点检"时活用"防错"而已。

"防错"只是检出异常的手段,而不是检验方法本身。

换句话说,检验方法有三种,即已经说明的源头管理、自主检验与顺次点检,而为了实现这些方法的功能,要利用"防错"的手段。理解相互之间目的与方法的关系,是非常重要的。

我们应该考虑"防错"是否可以用于自主检验,或者"防错"是否可以用于源头管理,而不是利用"防错"来做"顺次点检"。我们应该优先思考较高层次的检验方法,再将"防错"当成其实践的手段。也就是说,并不是先有"防错",而是应该优先思考要采用什么检验方法,然后再思考如何使用"防错"。

以前一提到"建立防错的功能",我们只会想到"接触式",后来"定数式"也可以有效地被应用。随着"动作的顺序式"在不同的工作中有广泛的运用,我们应该对"动作的顺序式"有正确的理解,并思考其广泛的适用范围。

我们可以对"检验方法与防错"的关系,做以下理解:

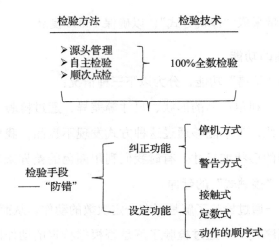

只有正确地理解它们之间的关系，我们才能正确无误地将它们活用于实际的工作之中。

3. 适用"防错"方式的环境

在荒川车身（制造汽车的车身）公司，羽根常务以下的谈话让我印象深刻。

汽车的车门饰板是先将皮面贴合在门内板上，然后将皮面的余料折到门内板的内侧，再用"20个扣件"将皮面固定在车门饰板上。但是，每月有七八件缺陷产品出现，经常有一两个扣件不见了，因而出现问题。在这样的状况下，我们只能提醒操作员要更小心噢！提醒之后，确实有一阵子缺陷减少了，但不久又一如往常。这被认为是"慢性不良"。

"结果，我们在装配扣件的后工序的压合模的工装夹具上，装了20个感应开关，哪怕有一个扣件忘了装上，就会触发蜂鸣器，并切断压合模的电源，从而自动停机。于是，'有缺陷的产品立刻被送回前道工序，重新装上扣件，这样就能实现零缺陷'。"（见图2-13）

一台车左右边各有两个车门，若每月生产50 000台，则每月有200万个扣件要装配。在200万个中只有七八个没固定好的话，以往大都是责备操作员了事。但再想想，操作员已经为此付出极大的注意力了。所以，这样的事情就应该是我们工程师的责任，绝对要"思考操作员不必操心，也不会出问题的方法"。

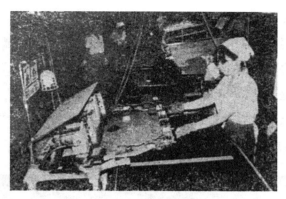

图 2-13　扣件的防错机制

也许你会认为，一个门只有 20 个扣件，并不是很多，但一个月 200 万个扣件，就是个大数目了。若仅是要求操作员注意，以防止不良品的发生，对现场操作员来说，将是个很大的负担⊖。所以接下来就是工程师的工作了，研究出操作员不需要注意的作业方法。在这个例子中，在顺次点检中，工厂设定了接触式的防错，而且这种方法具有"全数检查"的重大意义。

同公司的荒川经理带着我到现场，给我介绍了另一个案例。那是将金属配件装在座椅的工序。荒川公司的生产系统是所谓的"混合生产"（mix production），即在同一条流动生产线上装配 8 种座椅，如 Corona、Mark 2、Celica……操作员需要先看流过来的座椅上的看板，然后将相对应的金属配件装配到座椅上，但每个月也有好几个异常事件发生，例如装了错误的金属配件。于是，他们想到了设置"防错"机制，使不良率为零。其功能如下：

- 在每一种看板的下部，贴有能检测出各车种的铝箔纸；
- 当座椅流入时，操作员首先取下附在上面的看板，再将看板插入特制的看板插入箱中；
- 看板上有贴上铝箔纸的地方，会触动相对应的感应开关，于是，放置相对应车种金属零件箱前的指示灯就会亮起，箱子上的盖子也会打开。操作员只要根据指示灯，从打开盖子的箱中取出零件，装上座椅就可以了。

⊖　负担：muri，不合理，物理上、精神上、心理上的负担。

之后，误取不正确的金属配件的不良现象就完全消失了。

因为不需要取用零件的箱子的盖子未打开，所以即使想拿错金属配件，也变成不可能的了。我问操作员："这套'防错'方法如何？"操作员用方言回答："噢，这是'防错'啊！……嗯！真是'ANKI[⊖]'噢。"我问荒川先生，"ANKI"是什么意思？他说那是"完全不用思考就可以"或"可以非常安心"的意思（见图2-14）。

图2-14　装配金属配件的防错机制（只有装有必要零件的盖子会打开）

以往，操作员需要看看板，找到必要的箱子，取出金属配件，再与看板比对，以防止错误。即使这么做，每个月仍会出现几件不良品。设置了"防错"方式之后，不良率已经是零了。此外，操作员也可以完全从高度紧张的工作状态中"解脱"，安心地工作。

这是在"自主检验"中设定"动作顺序式"的"防错"。这样设定"防错"之后，可以将操作员从需要注意的、复杂工作的情境中解脱出来。因此，操作员可以将注意力转移到需要更仔细地完成将螺丝上紧的重要作业上。这种因"防错"将操作员的注意力解放出来的方法，可以大幅度地减轻操作员的精神负担，也可以提升质量，可以说是"一石二鸟"的绝佳典范[⊜]。

以往若出现了不良品，工厂就会要求操作员"要更注意、小心噢"，但这

⊖　日文：安気。
⊜　台湾国瑞汽车公司（台湾丰田）原田前总经理一直念念不忘的线外捡料的目的。

往往只有一时的效果，大都又会立刻恢复原状。

顺便一提的是，人之所以会记不得，有以下两种情况：

第一，忘记了。

第二，忘记已经忘记的事情。

总之，因为人不是神，所以有时候会忘记。因为，如果他没有忘记他已经忘记的事的话，就不能说他已经忘记了。因此，我们就利用"点检表"来提醒他已经忘记的事情。

如果我们像神一样，从不忘记事情的话，则世上将不需要"点检表"了。

但人不是神，因此人都有可能忘记事情。所以，为了让我们不要忘记我们已经忘记的事情，我们就必须开始思考如何使用"点检表"。

而"防错"不正是为了实现"动作点检表"的功能吗？

如果我们对现场的操作员指示"要更注意"，或"要更小心……要小心噢……"的话，难道不是好像在要求他"要像神一样完美无误"吗？

但我们更应该知道人毕竟不是神，并且思考利用具有"防错"功能的"点检表"与"没有忘记他已经忘记的事情"的想法，才是实现"零缺陷"的快捷方式。

质量管理与控制图法

当想到用控制图进行质量管理时，我们首先需要思考以下两个条件：

- 规格界限——产品所能容许的公差范围；
- 控制界限——在加工阶段的质量的波动范围。控制界限最好是包含在规格界限以内。

关于控制图法，我们有如下理解：

对一些实际的结果"设定控制界限"之后，以抽样方式取得样本，如果发现超出界限，即认定为"异常值"，从而采取应对行动。

这种方法具有下列特征：

①根据统计学的论证，"设定一般可接受的界限——控制界限"，以便进行"正常与异常的判断"。

合理地设定可判断"一般可接受的波动"与"超出范围的异常"的界限，具有非常明显的效果。

②如果我们发现了异常，就要采取行动，以排除产生不良品的原因。也就是，明确的反馈检验的想法，是由对以往判别检验为中心的检验的反省所促成的。这对我们的质量管理做出了重大的贡献。但在实际的应用上，虽然检验结果反馈给"加工工序的速度"对不良品的产生会有很大的影响，但我们常常看到控制图是一个月整理一次，所以质量会议也是每月召开一次。这样的做法，将不会有大的效果。

如果在"出现不良品之后已经采取了行动"，这仍属于"出现不良品之后再采取行动"的基本观念。我们如果不"采取行动以不制造不良品"，也就是进行"不制造不良品的检验"的话，仍不会留下致命的缺点吗？

③所谓质量管理（quality control，QC）的最大特征，可以说是以推断统计学的理论为基础，根据不良品的发生频率，设定一个高度合理的质量标准（acceptable quality level，AQL，常被称为"可接受质量水平"）的样品数。

尽管它是从统计学的观点进行合理的设定，但从结果上来说，它仍是检验手段的合理化，而绝非质量保证的合理化。这是它的致命性缺点，但是大部分人沉溺于它符合"方法合理化与目的合理化"的错觉。许多人相信质量保证的背后有学术上的理论支持，所以是合理的。对于这一观点，我们需要有清楚的理解与反思。

我们在前面已经说明了"控制图法"的优点与缺点，也许它只能运用于如下例子中："加工一根轴的外径时，其尺寸 = 120 ± 0.05mm，要在可接受的'公差范围'内"。

例如，我们对于"冲床的冲头折断，而出现了没有冲孔"的不良品，就无法用"控制图法"管理，因为这是"连续不良"的现象。在质量管理上，我们用"抽样检验"的方法抽样，如果发现了不良品，就要停机以防止再出现不良品，此外，同时对已加工的产品做全数检验，以排除任何不良品。这样做可以被认为"实施了质量保证"。

但这种方法顶多只是"发现不良品的检验"，绝非"不制造不良品的检验"。在该例子中，你虽然可以强调设定了合适的抽样检验频率，并进行了适当的反馈，但这顶多只是程度的差异而已，可以将不良率降至最低，但不可能实现"零缺陷"。

以上是"连续不良"的情况，"单次不良"时又是怎样的呢？

田中压铸公司曾经发生过相机机身的"模流不良"的现象。于是，它根据品管部门规定的检验标准进行了下列抽样检验：

- 每 100 件抽出 1 件检验，若发现"模流不良"的话，就进行"全数检验"，挑出不良品；
- 如果抽样检验的结果是良品的话，整个批量就会被认为是良品，进而被送到 N 光学公司；
- 如果该批量通过了基于检验标准的抽检，N 光学公司可能会接受混入了不良品的良品批量。

即使 N 光学公司容许这样的程度，但是对真正的顾客（也就是消费者）来说，"他们是无法接受不良品的"。

那么，源头的压铸工厂为什么不能不做出不良品呢？至少，压铸工厂不能防止不良品的流出吗？

结果就是，人们大都被束缚于"从统计学的观点来看，'有学术根据的抽样检验'是非常合理的"这一观念，但难道不是因此丧失了真正"质量保证合理化"的目标了吗？

放弃坚持原来质量管理所倡导的"具有先见之明的合理观念"：

- 产品的质量是内建于工序之中的；
- 必须促进对于"加工"的"检验"反馈功能，以进行"反馈检验"。

最开始时，"最多就是在实践方法上合理化地利用'以统计学为基础的抽样思想'"，在不知不觉中混淆了目的与方法，产生了"如果不活用统计学，就不是质量管理"的误解。这不是迷失了真正该有的观念吗？

因此，我们必须明确地认识并回归质量管理的原点：质量管理的真正目的是"质量保证的合理化",绝非"检验方法的合理化",我们必须集中全力,始终致力于"不制造不良品的检验"。

搬运的改善

实际上,"改善搬运与改善搬运作业是不同的"。对于这一说法,许多人感到非常疑惑。

许多人认为,"使用堆高机、用输送带搬运、利用滑槽等"的确"改善了搬运",但实际上,这些"只是改善了搬运作业"。

搬运的改善,其真正意义是"尽可能地不要搬运",也就是要"改善布局"。布局的改善是在"零搬运"的情况下,让物料出去(let something out)。

东海铁工的小沢社长拜访我时,问道:"我有一家冲压工厂,所面临的困难是'只能多品种、少批量地生产',有什么改善的好方法吗?"

于是,我问道:"你说你的工厂是冲压工厂,那么冲压的工作是什么?还有什么其他的工作呢?"

我接着又说:"冲压的工作其实只做很简单的工作吧,例如冲孔、弯曲和拉伸三种工作吧,偶尔做压印。"

"你所说的'多品种、少批量'地生产,换句话说就是每批量很少且有许多种类的产品,但这些工作本质上并不困难。而你认为'麻烦的事'才是真正的'麻烦'。"

"实际上,你应该问的问题可能是'孔的大小''弯曲的角度''拉伸的深度'……这些才是真正的问题吧。或者,材料的特性、材料的厚度等可能也是问题。所以,真正的问题并不是'产品的种类',而是'不同的加工性质'。"

"我进一步了解了这家工厂的设备的布局图后,知道它是根据设备的'种类与能力来做的工艺专业化布局'。在这样的布局下,工厂进行批量生产时,机械间的搬运不是非常麻烦吗?"

"如果不这样做,根据产品的工艺系列,分别从相同或是类似生产流程的角度来改善布局,会怎么样呢?"于是,该工厂立即改善了设备的布局。

因为某些小零件的种类很多,于是在中央设置了约 60cm 宽的输送带,在其两侧放置了 10 台冲压机，通过这条输送带，就可以进行"单件流生产"。结果，这样做大幅度地减少了搬运时间，并提升了机械的稼动率（operation ratio）。实际上，与以前的布局比较，该工厂的生产效率提升了 2 倍。除此之外，半成品减少了，工厂也变得宽敞了，大幅地缩短了生产交付周期。结果，这样做一举解决了长期延误交期的问题。

如前面所讨论的，第一个原则是"改善布局"，接着我们才应该思考对无论如何都必须保留的搬运作业，予以适当的机械化。我们绝对不可以一开始就在不理想的布局下，将繁杂的搬运作业机械化。

也就是说，我们必须充分理解："改善搬运"与"改善搬运作业"是完全不同层次的问题。

总之，"搬运的现象"并不是"增加价值的工作"，只会增加成本。

除此之外，一般在工厂中，搬运在工序中占了很大的比率：加工 = 45%、检查 = 5%、搬运 = 45%、停滞 = 5%，搬运的工时与加工几乎是一样的。

即使将人工的搬运作业机械化了，也只是简单地将提高成本的工作，从人工转给机械而已，损失仍然是损失。

因此，我们必须以坚定的态度思考"彻底地消除搬运"。

停滞（等待）的改善

停滞分为"工序间停滞（等待）"与"批量停滞（等待）"两种不同性质的停滞。

工序间停滞（等待）的改善

"工序间停滞（等待）"的意思是，整批 1000 件产品，在等待下一道工序的状态，也被称为"工序间的半成品"。同样，因为供应商与客户公司间的供需关系，供应商所持有的"产品库存"也具有这类等待的性质。

现在，工序间停滞（等待）分为以下三个种类：

- E 型工序间停滞（等待）——基于生产技术的观点，当安排工序间如何流动时，所发生的工序之间的停滞；
- C型工序间停滞（等待）——基于生产管理的观点，制度上所设定的工序间停滞，例如，为了在当上游工序发生机械故障或出现不良品时，下游工序也能够继续生产，在工序间所设定的"缓冲库存"的工序间停滞；
- S型工序间停滞（等待）——虽然在目前的管理水平下，并不需要，但为了安心而发生的工序间停滞。

我们又根据工序间停滞（等待）现象的性质，将其分成以下两种情况：

- 数量上的工序间停滞（等待）——因为预估了过高的不良率，超过所需数量所致的工序等待，也就是"生产过多"；
- 计划上的工序间停滞（等待）——比必要时间更早生产出来，过长时间的工序等待，也就是所谓的"生产过早"。

如前所述，工序间停滞（等待）有各种不同的特性，因此，我们也必须适当地思考其改善方案。

1. E型工序间停滞（等待）的改善

这是由所设定的"工序流动方式"导致的"工序间停滞（等待）"。所以，为了改善这种E型工序间停滞（等待），我们必须思考以下两个条件：工序平衡；同步（流动）。

（1）工序平衡

"工序平衡"的定义是"每道工序均'等量'地生产"。在此状况下，我们常会遇到的问题是需要"平衡产量"与"平衡产能"。

实际上，在工厂中，大部分工序的产能，特别是机械设备的产能未必平衡。因此，如果我们忽视了各工序产能的不同，而想要发挥100%能力的话，则一方面会发生工序间的停滞，另一方面则会发生机械设备的等待。

于是，一般在这种情况下，我们会认为，"要配合最高的产能水平"。但在这里，我们必须思考一件重要的事情，也就是丰田生产方式所强调的："必要量才是生产量"。更详细的说法是，如果在工序系列中产能最低的工序能满足生产必要量的话，则降低其他较高的产能，使其与"最低产能"一致，也就是将生产量降到必要量的水平。

现场的工程师往往认为，机械设备若不发挥最高的产能就是损失。实际上，如果能以更长远的眼光追求整体的平衡，排除工序间的停滞，将更为有利。但大部分人容易忽略这个重点。

对于这样的"工序平衡"，我们可以有以下三种不同的想法：

- 以工序系列中的最高产能去"平衡"；
- 以工序系列中的最低产能去"平衡"；
- 必要量才是生产量，按"必要量去平衡"。

我们必须明白：在工厂中，如果上述第 3 项可行的话，那就无须杞人忧天，另寻烦恼了。

丰田生产方式主要就是源于这个观点，如果最低工序的产能无法满足必要量，就需要改善该瓶颈工序，直至满足必要量为止。

这时，为了"平衡"产能高的机械设备，我们就要特意地降低其运转速度。若不方便这样做，我们也可以让其间歇地运转以降低其产能。

岩田公司的设备如下：

- 裁断机（blanking machine）——具有每分钟 90 个的产能；
- 冲压机（冲孔与折弯）——每分钟只有 60 个的产能，跟不上裁断机的速度。

因此，其运作方式是这样的：将需要裁断的材料都集中到裁断机前，将裁断后的材料放入栈板，存放在工厂一角，需要的时候再供应给冲压机。

但是，因为裁断机的产能很高，所以该机器一个月中有 1/3 的时间是处于停机状态的。接着，该公司做了以下改善：

- 将裁断机与冲压机直接连接；
- 裁断机作业 2 分钟之后，停工 1 分钟；

- 在裁断机与冲压机之间设置弹夹式、定量式存放位置，以存放裁断后的材料，当存放位置中只剩下几片材料时，裁断机即开始作业；
- 当存放位置库满时，裁断机就会停止作业。

以上改善的结果是，不再需要装进容器与搬运、存放的工序。除了缩短产出时间之外，这样做也不需要储存的空间，而省出来的空间可以更有效率地被利用。

当然，裁断机从原来的每个月停机1/3个月到后来的每3分钟停机1分钟，稼动率（设备利用率）都是一样的，却得到了消除搬运与停滞的好处。

如前面所讨论的，我们不能单纯地只是想着机械加工产能的高低，而要想着从工厂的产量需求出发，平衡产能，这样做才能经常得到很多好处。我们只要这么思考，就可以大幅地降低"工序间停滞"。

前面的例子是产能高的设备在1个月内有产能富余的情况。实际上，也有产能高的裁断机需供应半成品给A、B两条冲压机生产线的例子，因此裁断机在1个月中就不会有富余的产能了。此时，

- 如果A生产线用于生产大量的产品，那么我们可以将A生产线直接与裁断机连接，将多出来的裁断半成品"支流"（by-pass）装入容器。结束双机联动生产之后，停下裁断机，A冲压机继续使用之前装进容器的半成品，这就是所谓的"支流生产系统"。
- 设法让裁断机可以"快速换模"，裁断500件半成品流向A冲压线之后，进行快速换模，为B冲压线裁断300件半成品，于是构成了"混流生产线"。当然，在此状况下，在裁断机后方分别有供应给A、B冲压线，放置多余半成品的存放处。
- 还有一个成功的案例，为限定流向A冲压线的产品，我们要购买一台二手折旧的冲压机，并为其装设上料装置，特制一套与A冲压线直接连接且低成本的自制裁断机。

总之，我们绝不可以放弃，进而理所当然地认为"因为有高产能的设备，

所以无法与其他设备取得平衡，从而必须批量生产，所以不得不发生工序间停滞"。我们思考其他种种方法，直接连接流动的话，将有可能意外地发现坦途，从而排除工序间停滞，在降低工时与缩短生产周期上会有很好的效果。除此之外，因为可以立即反馈不良品的信息，所以我们也可以期待在质量管理上的明显效果。⊖

（2）同步（流动）

即使各设备的产量已经"平衡"，但仍然有"时间的匹配"，也就是"同步"的问题。如果前道工序已经完成，却无法立刻流至后道工序的话，就会发生工序间停滞。

实际上，如果我们已经做到"工序平衡"的话，同步就很容易实现。

以往，大家为了防止工序间停滞，都强调"同步"的重要性，但实际上并没有明白地表示出"同步"背后"工序平衡"的重要性，结果大家都只关注"同步"，而没有解决作为"同步"基础的"工序平衡"。这样的做法，导致大多数人都认为，很难实现"同步"。

同时，我们绝不可以把"同步"局限于"一部分冲压生产线"，而要以更长远的眼光，将其灵活运用于"冲压线、焊接线、涂装线……"这一点是极为重要的。即使这样，我们必须思考的前提条件，当然仍是"工序平衡"。

2. C 型工序间停滞（等待）的改善

C 型工序间停滞（等待）是为了补偿诸如机械故障、产品不良、更换模具、生产计划调整以及由其他的理由所引起的问题。"这都是必要之恶，也是没办法的事"——这主要是从生产管理的立场出发，特意设定的工序间停滞（等待）。

（1）机械故障时

即使前道工序发生了机械故障，当工序之间若有尚未加工的半成品时（也就是工序间停滞），它即可发挥缓冲作用，不让生产线中断。

但这只是权宜之计，这么一来，机械故障的问题将永远无法解决。与其那样，我们不应该要有"即使把生产线停止，也要彻底地修复故障，不让同

⊖ 根据前后工序速度的比例，让"部分"半成品直接流向后道工序，部分支流暂存，更具有顺次"抽样"点检、立即反馈的效果。

样的故障再度发生"的强烈态度吗？

除此之外，我们还要采取后面将讨论的"前自动化"（pre-automation）措施，以自动"侦测异常"来预防机械故障，那才是非常睿智的对策。

（2）产品不良时

如果出现产品不良的时机与数量是零散的，很明显，这将使得生产的流动变得紊乱。在此状况下，如果工序之间有"半成品"，将可发挥适当的缓冲作用，并稳定工序间的流动。基于这个理由，过去人们都认为"半成品"，也就是说工序间停滞是必要的。但这个想法从本质上讲，是不是"不良品的发生是无法避免"的观念呢？我们虽然认为"不良品的出现，在某种程度上是没有办法的"，但如果采用了之前所述的"不制造不良品的检验与不花工时的检验"，而能达成"零缺陷"的话，那么，上述工序间停滞不就失去了其存在的意义了吗？

（3）为补偿更换模具的工序间停滞（等待）

如果换模需要较长的时间，那么一批次的加工批量越大，自然可以减少表面上一件产品的加工时间。但是，这样做会出现因停滞所带来的工时、占用场地、降低资金的周转率等缺点。也正是因为如此，为了寻找两者之间的平衡，我们提出了所谓的"经济批量"。

但是在这样的主张之下，存在着"无法大幅地缩短换模时间"的无奈前提。如果工厂采用我所主张的"快速换模"（SMED）的想法的话，会产生以下实际效果：

- 在三菱重工，用一年的时间将8轴镗孔机的换模时间，从24小时缩短到2分40秒；
- 在丰田汽车，螺丝制造机的换模时间由8小时缩短到了58秒。

约有400个实例，将换模时间缩短到了原来的1/20，换言之，换模时间由2小时缩短到了6分钟或是由1小时缩短到了3分钟。如果换模时间可以大幅地缩短，则"经济批量"说法的立足点将完全崩溃。因此，最近有人说："经济批量的说法已从工序经济的课题中消失了。"

（4）补偿生产计划调整的工序间停滞（等待）

对于突发的生产量增加或是提前交货，如果有适当数量的工序间停滞品，我们就可以很容易地满足这个需求。

但是，如果可实施下述各项对策，我们就不需要预先保持工序间等待：

- 对突然的变更生产计划，可在 3 分钟内快速换模；
- 对短期间的提前交货预告，可在极短的生产期间应对；
- 对生产量的增加，可采用"前自动化"以弹性的生产能力来应对。

东乡制作所生产用于汽车的小弹簧，该制作所的社长说："最近顾客公司在下午通知变更交货时间，要求提早于明天交货。于是该制作所以 3 分钟换模开始生产，下班后，弹簧成型工序不需要操作员，以'前自动化'成型。第二天一早，我们优先做热处理，在 10 点可以出货。虽然这样突然调整交货计划的情况不多，但我对于我们可以完成任何突然的订单这一点，非常有信心。"我对他说的"非常有信心"印象深刻。

（5）一道上游工序供给数道下游工序（分流）所造成的工序间停滞（等待）

假设由一台高产能的设备供给数台下游工序的设备，或者是相反的状况，由几台上游工序的设备供给一台高产能的设备，若该高产能的设备依序批量加工的话，则不可避免地会产生工序间停滞。在此状况下，我们可思考下列两项措施：

- 装设几台低产能的简单设备，取代原来的高产能设备，个别成为直接流动的生产线，则可排除其间的工序间停滞；
- 设法进行快速换模，实施小批量的分割生产，则可在各设备之间以"最少的工序间停滞"来实施流动生产。

总之，我们不能只想着昂贵的高性能机械一定是最好的，而应思考整体生产的一贯性。因此，我们可以持续地进行合理化生产。

（6）不同的上班时间安排所造成的工序间停滞（等待）

如果切削加工是"一班制"作业，而后面的工序热处理与电镀加工是"三班制"作业的话,这种情况就是"因为不同的上班时间所造成的工序间停滞(等待)",好像是完全没有办法的事情。

但在此情况下,我们可以采取下列措施:

- 切削加工采用"前自动化"生产,在没有操作员的情况下,改为"三班制"生产,以此可以消除中间的工序间停滞;
- 改善热处理与电镀的作业效率,让它们可以在一班作业的情况下即可满足需求,若仍稍微不足,则前面的工序可稍微加紧,以同步前后工序的生产时间,因此,可消除工序间停滞。

3. S 型工序间停滞(等待)的改善

S 型工序间停滞(等待)是即使站在生产技术或者生产管理的立场,并不需要,但是为了"安心",在工序间保有超过需求的工序等待。因此,它也可以称为"安全阀式的工序间停滞(等待)"。

朝日电器是照明设备的制造商。我与该制造商的 Yagi 工厂长有下列对话:

"Yagi 先生,我看贵公司的工序管理,好像是今天领了 20 万日元的薪水,立即存入银行,然后明天再从银行领出 20 万日元作为生活费。为什么不直接将今天的薪水作为生活费呢?"

"存钱是为了在'想购买汽车、生病时不得不住院'等必需的特别支出出现时再从银行领出存款,同样的金额没有必要今天存入,明天又领出。我们认为,存款是为不时之需而准备的'缓冲'。"

"与以上例子类似,贵公司从外包工厂或零件工厂购入的零件,是不是先由零件仓库点收,然后再从那里送到装配工厂呢?那么,如果做以下安排的话呢?"

- 外包工厂或零件工厂每天只将必要零件的必要数量,直接送到装配工厂。
- 贵公司可以将目前在仓库中的库存标示为"缓冲库存",并将它存封起来。只有在发现不良零件时,贵公司才能从仓库的"缓冲库存"中借出好的零件,取代不良零件进行生产,第二天再用补交的良品归还仓库。
- 万一因为前生产过程的机械故障或是任何不良,而交货短少,我们也可从"缓冲库存"中借出，但第二天就要归还。
- 当装配线出现加工不良品时，取出不良品与"缓冲库存"交换。

也就是说，储放在仓库中的零件，就像银行中的"存款"一般。

接着，公司对洗脸台生产线做了两个月的试验。结果，公司发现，在总共60种零件中：

- 有24种零件根本不需要使用仓库中的"缓冲库存"；
- 剩下的36种，平均只使用约1/3的"缓冲库存"。

另外，

- 对于装配的加工不良问题，因为必须拿不良品来交换"缓冲库存"中的良品，所以让操作员比以前更小心地作业，使得不良率减少了50%；
- 试验期间，在嵌合镜子的作业中，因为嵌合作业的失误，多次发生了镜子破裂，输送带为此停了两次。

于是，公司着手调查作业失误的原因。镜子虽嵌合进了镜框里，在镜框的下端有橡胶嵌条，但当镜子抵住橡胶嵌条时，仍留下了一些间隙。为此，该项作业需要操作员用手拍打镜子的上端，但如果拍打的时机不对，镜子就会破裂。

当技术好的A先生作业时，生产线很顺畅。但当A先生请假，由另一名操作员替代时，镜子的破裂概率就会增加。

他们将镜子拿来给我看，我了解了其作业程序之后，与他们讨论出了大致的改善方向。我们制作了一个小工具，压下把手时，会拉动一个特殊的凸轮，在将镜子下压的同时适时将其嵌入镜框。依靠这个小工具，新来的操作员在嵌入镜子时，也不会弄破镜子了。

该生产过程以往也常发生异常，但不良品随时都可以很容易地被拿到仓库去交换，所以他们不会想到要改善。因为他们严格地管理了不良品的交换，所以才会突显了这样的现象，进而可以进行彻底的改善。

他们得到了以下结果：

- 即使在目前的管理水平下，库存也可以减少到1/5；
- 由于装配操作员小心地作业，加工不良率可以减少到1/2；
- 找到了以往被埋没的各种问题，因为工具的改良等，使得不良品的出现，特别是集中性突发的不良品得以减少，也因此可以更进一步地降低库存。

我称这种方法是"缓冲库存方式"，也就是将目前的库存当成"缓冲库存"封存起来，而每天只供应所需要的数量。于是，我们就可以非常明确地知道，在目前的管理水平下，真正必要的"缓冲库存"需要多少。

同时，这样做也发挥了"因为问题变得非常明确，所以改善就可容易地进行"的效果。此外，积极性的改善可以更进一步减少"缓冲库存"。

因此，明确掌握以下各点，对生产管理来说是非常重要的：

- 在目前的管理水平下，需要多少"缓冲库存"；
- 在目前的"缓冲库存"中，有高于所需的"缓冲库存"数量的存在；
- 真正的"缓冲库存"是为什么问题而存在的呢？它真有存在的必要吗？

这样，因为找到了需要改善的问题，并积极地进行改善之后，就可进一步减少"缓冲库存"了！

另外，"作为安全阀的工序等待"也会因为以下许多理由而存在：

- 因为害怕迟交，而提早准备；
- 不明确的基本生产日程，使得大家都提早准备；
- 因错误的生产指示而发生的工序等待；
- 过度地预估因不良品的出现或是机械故障所需的工序间停滞；
- 不关心工序间停滞的发生，认为"越早生产越安心"而无计划地生产。

但如果工厂采取了前述的"缓冲库存方式"，将自然地知道这样做没有必要，进而可大幅地减少工序间停滞。

如果此时我们要转换成所谓的"零库存生产"，恰当地将现在的库存封存，保留起来作为"缓冲库存"，那么在转换成新方式时可以将心理焦虑降至最低，从而让新系统顺利地展开。

接着,我们在进行后续改善的同时,只需将"工序间停滞"尽可能地降低就可以了。

这样的方法可在半年内,将工序间停滞降到半年前的 1/10～1/5。

※　　　　　　※　　　　　　※

"工序间停滞(等待)"是由工序系列中所出现的"加工、检验、搬运等相互的不平衡",与"加工、检验、搬运本身的不稳定"造成的。因此,如果我们只是想着"单纯地排除工序间停滞本身"就好,则只会降低加工、检验、搬运的效率。

在此意义上,工序间停滞具有补偿加工、检验与搬运之不稳定性的"缓冲作用",所以在生产活动上,被认为是"必要之恶"。

所以,"工序间停滞"的改善,只有在改善了作为其原因的"加工、检验、搬运之不稳定性之后,才可以实现。因此,我们需要从源头改善的立场来思考如何改善。

批量停滞(等待)的改善

"批量停滞(等待)"的意思是进行批量作业,例如批量加工 1000 件产品时:

- 加工第 1 件时,其他的 999 件都处于尚未加工的停滞(等待)状态;
- 加工第 2 件时,剩下的 998 件处于尚未加工的停滞(等待)状态,而第 1 件则处于已经加工完成的停滞(等待)状态。

这样,整个批量都处于"相互等待"的状态,直到整个批量加工完成为止。

因为这种批量停滞(等待)发生在生产周期内,具有隐藏于加工周期(内)的特性,所以我们一般都不认为"批量停滞(等待)"是个问题。

相反,我们一般会认为,批量作业具有补偿换模时间损失的功能,因此认为它非常有用,却完全不知道隐藏在其背后"批量停滞(等待)"的问题。

的确,如果:

- 换模时间是 4 小时；
- 每一件的加工时间是 1 分钟。

批量越大，则可明显地降低名义上的加工时间。

换模时间	主作业时间	批量	名义加工时间[○]	比例
4 小时	1 分钟	100 件	3.4 分钟	100%
4 小时	1 分钟	1 000 件	1.24 分钟	36%

○ 名义加工时间＝加工时间＋(换模时间÷批量)。

确实，这样做"可能降低 64% 的（平均单位）工时"。基于这样明显的效果，一般人都会认为批量作业是有用的，因此而导致的"批量停滞"是不可避免的，批量作业很有价值。

但是，批量停滞具有明显的延长生产周期的不利性质，如图 2-15 所示。

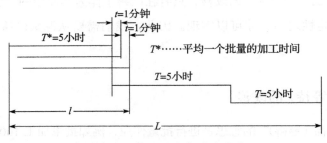

图 2-15 批量生产与生产周期

- 如果是批量作业，工序数 $n = 3$，各加工时间 $T = 5$ 小时，则生产周期 $L = n \times T = 3 \times 5$ 小时 ＝ 15 小时
- 但是如果进行"单件流"，一件产品完成后立即流至下道工序，则总加工时间 $l = T + (n-1)t$，t 是一件产品的加工时间（以 1 分钟为例）

$$= 5 \text{ 小时} + (3-1) \times 1 \text{ 分钟}$$

$$= 5 \text{ 小时 } 2 \text{ 分钟}$$

因此，

$l/L = (T+(n-1)t)/nT = 1/n + (n-1)t/nT = 1/n$（因为第二部分 t/T 约等于 0，略去）
＝ 5 小时 2 分钟 /15 小时 ＝ 1/3（2 分钟相对较小，略去）

在此状况下，总生产周期时间的比是 $l/L = 1/3$。

也就是说，这样做可以明显地缩短生产周期。

- 如果将工序数为 3 的批量作业，改成"单件流生产"的话，那么生产周期可以降到 1/3；
- 如果将工序数为 10 的批量作业，改成"单件流生产"的话，那么生产周期可以降到 1/10。

降低"批量停滞"可以缩短生产周期时间，但仍有许多工厂如前面所述，认为批量作业可以大幅降低换模时间的均摊，有利于降低（平均单位）工时，从而采用批量作业，允许"批量停滞"的存在。

这样的观点有以下两个错误：

第一，对降低工时有帮助的是"加工批量"，而对缩短生产周期有帮助的则是"搬运批量"。因此，"加工批量"可以是 1000 件，但如果我们只将搬到下道工序的"搬运批量"改成 1 件的话，就可以缩短生产周期。但如果我们将"搬运批量"改成 1 件，将会增加搬运到下道工序的"次数"，对此最有效率的解决对策是"改善工厂的布局"，之后，我们才考虑"采用方便的搬运手段"。从这个意义上来讲，改善布局不只是为了减少"搬运工时"，在"明显地缩短生产周期"方面，也具有非常大的意义。

第二，如果我们能采用"快速换模（SMED）系统"，将换模时间由 4 小时缩短到 5 分钟的话，就可以将"增加加工批量"的意义从根本上摧毁。许多事例都证明，大幅地降低换模时间是可能的。

生产周期时间（P）与接单到交货的周期时间（D）

在实际的生产活动中：

- 接单到交货的周期为交货周期时间 D；
- 从第一道工序到完成为生产周期时间 P。

于是，"$D:P$"的关系变成一个重要的问题。例如：

$$D = 10 \text{ 天} < P = 20 \text{ 天}$$

如果其关系如上所述,则成品无法按需求交货。所以,我们会预先生产,在中间的工序预置半成品。于是,后续的生产周期是 P',相对于交期 D:

$$D > P' \,(D = 10 \text{ 天}, P' = 7 \text{ 天})$$

D 与 P 的关系如图 2-16 所示:

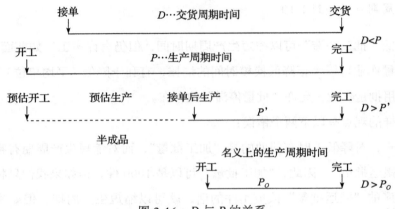

图 2-16　D 与 P 的关系

因此,从第一道工序着手到完成的绝对的生产周期 Po,应该要能符合 "$D > Po$" 的关系。

问题是,为了实现 "$D > Po$",我们要做些什么呢?或者它是否有可能实现呢?然而,在一般的工厂中:

加工周期:工序间停滞期间 = 40:60 或是 20:80

如前所述,如果我们可以实行"工序平衡与同步(流动)",将工序间停滞缩短为"零",就有可能将生产周期降到原来的 1/5 或 2/5。

接下来是"批量停滞"的问题。大多数人认为,"生产周期是将加工时间加起来",但正如前面所提到的,"批量停滞时间被隐藏在加工周期的影子里"。

换句话说,大家都认为,如果一个批量的加工周期是 5 小时,有 3 道加工工序的话,则生产周期当然是 15 小时。但是,在这 15 小时的影子里存在着"批量间停滞"。

需要加工的批量可以是 1000 件，但若搬运批量改成"单件流"的话，就可以将生产周期缩短到 1/3。

在一般的工厂生产中，同时存在着工序间停滞与批量停滞。如果我们思考以上做法，在含有 3 道工序的生产中可得到以下结果：

- 若改善了"工序间停滞"的话，生产周期可减少到 1/5 ～ 2/5；
- 若改善了"批量停滞"的话，生产周期可减少到 1/3。

如果同时做以上两种改善，所得到的相乘效果，实际上可能将生产周期减少到 1/15 ～ 2/15。类似地，如果 10 道工序能够转换成"单件流"，则因为改善了"批量停滞"，所以其生产周期可减少到 1/10，若再配合"工序间停滞"的改善效果，则可大幅地缩短生产周期到 1/50 ～ 2/50。

因此，采用以上对策本身，是丰田生产方式的基础中非常重要的想法。采用了这些对策与"快速换模（SMED）系统"，即使对极短交期的要求

- 采用"快速换模（SMED）系统"可以立即满足短交期的要求；
- 因为我们可以在非常短的生产期间内满足要求，所以我们不需要库存；
- 除此之外，采用了"快速换模（SMED）系统"，得以让工时与机器稼动率的损失最小化。

"D 与 P"的关系问题也可以从根本上解决。

R 公司是冷冻车的制造商，其业务是将冷冻库组装到汽车的后载车架上。在石油危机时，公司业务大幅萎缩，所以我访问了该公司，并问道："贵公司经营不善的原因是什么？"

其回答是："有 23 台成品车的库存，使得资金周转不灵。"

我又问道："为什么你有这么多的成品车库存？"

"因为订单的最终规格确定是在出货前 7 ～ 10 天，但生产周期需要 3 周，于是，我们需要先生产标准型产品，等确定规格之后，再装上各种配件。但由于石油危机所导致的经济衰退，使得订单中断了，预先装好的标准型车辆都成为库存了。"

观察了现场之后，我回到办公室，给出了以下建议：

"将生产周期由3周改善到3天如何……？也就是将目前标准车的生产周期缩短到3天。"

接着，制造经理说："噢！只有3天……那根本不可能……"

然后，我说道："是的，是有可能的喔！例如，以往'每批量要裁断10台量的钢板，现在只要裁断一台量。为此，我们需要有一种快速更换工装夹具的方法，以便能够迅速裁出产品所需要的尺寸。"

"因此，这样做能消除在每道工序上的工序间停滞，然后一个一个地实施单件流作业。为此，工厂则需要做布局改善。"

"同时，我们一定要缩短在冷冻库的夹层注入绝热材料，并在最终工序烘烤所需要的9天时间。"

制造经理又说："为了能缩短这9天的时间，一定要提高烘烤温度，但因此将会破坏产品的质量……"

我则回答说："不，不需要提高烘烤温度，只需将目前你分别烘烤10台批量的天井、底盘、右侧与左侧墙、后板、前门，改成烘烤一台量的所有零件，因此只需要1.5天就好了。"

制造经理又有异议，进而提出反对："但它们的长度与宽度各有不同……"

我又告诉他："为每个零件制作支架，并开始试验。"

第2个月，当我访问该公司时，制造经理告诉我：

"3天还是很赶，我们是否可以延长到5天？"

结果，"我们是可能在5天完成生产的"。

一年半之后，该公司完全没有成品车库存了，以后也没有保留库存的需要，所以经营状况也转亏为盈了。

这个案例显示了，该公司因消除了"工序间停滞"与"批量停滞"，彻底地缩短了生产周期，因此，大幅地改善了"$D:P$"的关系。

社会上许多管理者与督导者都漠然地认为，"批量生产比较有利"，或是"我们的产品不适合'流动'生产"，但从生产的本质来看，绝对不存在这样的事情。从生产管理的立场来看，"$D:P$"的关系是一个非常重要的问题，所以我们应做彻底的研究与改善。

《工厂管理》杂志（日本日刊工业新闻社出版）1979 年 5 月刊提到，在"多品种时代的第一线督导者群像"主题的座谈会中，《工厂管理》杂志的记者提问："今后，应用丰田生产方式于多品种、小批量生产，是否也可期待得到与目前为止一样的好处？"丰田汽车工业公司前副社长大野耐一先生做了如下回答：

> 如我在开始的时候说过的那样，丰田最初也是从小批量生产开始的。除此之外，我们还不得不生产各式各样的汽车。因此，我们如果不努力研究能顺利应对多品种、小批量需求的生产方式，将无法追上美国。那么，我们要采用什么样的生产系统呢？之后我们试验了新乡重夫先生所开发的"快速换模（SMED）系统"。
>
> 结果我们发现，如果我们可以熟练地换模，则没有理由认为小批量生产会提高成本。只有日本人自己才能为多品种、小批量、中批量，甚至有时大批量而生产不同的产品，构建出经济性的生产方法，没有其他人会去想这件事。
>
> 再让我们回顾一下事情的始末，我们从怀疑美国生产的、性能优异的机械设备是否适用于日本的生产环境开始，当我们进一步地思考时，发现许多因素是相冲突的。在美国，产品的种类并不多，属于大批量生产与大批量销售，其机械设备也适用于这样的生产环境，但如果这些机械设备被日本采用，它们就不会如此有效率。尽管美国的机械设备看起来很好，但是它们对我们而言，只是用了不成比例原则的昂贵机械设备。
>
> 因此，我们必须采用适用于日本管理环境的生产系统。

本章总结

丰田生产方式的最大特征，就是对"停滞"进行改善，但是"停滞"对加工、检验、搬运出现的问题具有补偿缓冲的作用。

实际的做法，我们应该先改善加工、检验、搬运出现的问题，然后就会自然地改善"停滞"现象。

第 3 章 | トヨタ生产方式のIE的考察

作业的改善

我们之前解释过,"生产活动"是工序与作业编织起来的网状结构。在进行作业改善时,我们必须先思考以下事情。

作业的内容

如我们之前已经说明的,工序是由加工、检验、搬运与停滞四个要素构成的。相对于各个工序要素,有加工作业、检验作业、搬运作业与停滞的存在。一般来说,各作业共通的内容可做区分,如图 3-1 所示。

- 准备、收拾作业——包括所谓的更换模具与工具,主要发生在一个批量作业的前后。
- 主作业——作业核心功能的部分,可以再进一步地做以下区分。
  - 主体作业——完成各工序主体功能的作业。
    - 加工——实际对产品切削。
    - 检验——实际检查产品的质量。
    - 搬运——实际变更产品的位置。
    - 停滞——产品储放在货架上。
  - 辅助作业——对主体作业起到辅助作用的作业。

- 加工——将产品装置在机器上或从机器上卸下。
- 检验——为检验而取放产品或检具。
- 搬运——为了搬运而装卸产品与搬运器具。
- 停滞——将产品放入货架或从货架取出的作业。
○ 与人无关的宽放——与作业有关的"不规律性发生的作业",例如:
- 作业宽放——与作业直接有关的"不规律性发生的作业",例如加注润滑剂、涂抹离型剂、清扫切削屑、管理缺陷品与对机器故障的处置;
- 车间宽放——各流程都会发生的"不规律性作业",例如领取材料、更换产品的容器。
○ 与人相关的宽放——与作业无关,对作业员所给予的"不规律性宽放"
- 疲劳宽放——休息,对人作业疲劳的补偿;
- 生理宽放——饮水、擦汗、上厕所等,对人的生理需求所给予的宽放。

对于各个要素,我们必须思考针对它的改善。

准备、收拾作业的改善(更换模具与工具)

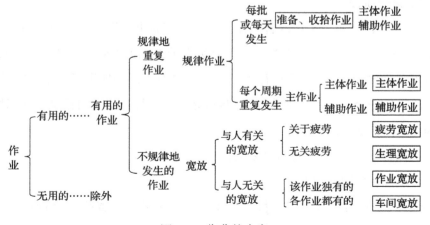

图 3-1 作业的内容

快速换模（SMED）或"一触换模"（OTED），是在更换模具与工具改善时最有效的方法。

逐渐形成的"快速换模（SMED）系统"

采用"快速换模（SMED）系统"，可以如下面所讨论的那样，显著缩短更换模具与工具的时间。

- 三菱重工的例子——以前 8 轴镗孔机更换模具与工具需要 24 小时，1 年后，缩短到 2 分 40 秒；
- 在丰田汽车公司——以前需要 8 小时更换螺丝制造机的模具与工具，1 年后，更换时间缩短到 58 秒。

以上是特别显著的例子，"从 2 小时缩短到 6 分钟"，"从 1 小时缩短到 3 分钟"，也就是说平均缩短到原来时间的 1/20。

在瑞士的 H.Weidmann 公司，一台 50 oz. 注塑成型机的换模时间从 2.5 小时缩短到 6 分 35 秒。另外，在美国的 Federal-Mogul 公司中，更换铣床刀具的时间从过去的 2 小时缩短到 2 分钟。

"快速换模（SMED）系统"的发展可以分为以下三个阶段。

1. 第一阶段

1950 年，我为了工厂改善工作，拜访了广岛市东洋工业公司。当时的第一个课题是"改善冲压机的作业""三台大型的冲压机（800t、750t、300t）的产能不足而成为瓶颈"。我前往现场观察，对冲压课长提出了希望："对这三台冲压机做一个星期的稼动分析"。也就是说，我提出了"用记录表详细地记录操作员的作业"的希望。

但课长立刻拒绝："没有必要吧！"

我反问："为什么？"

课长回答说："我已经安排了技术最好、最认真的操作员来操作这三台冲压机，这其中应该没有造成浪费的作业。此外，我们已经三班制运转了，所以除了增加冲压机之外，别无对策。因此，我向上司提案增购冲压机，但被拒绝了。"

接着我又做了如下建议性的回答："好吧！我可以了解你的处境，但总之，请让我做稼动分析，结果如果必须增加冲压机的话，我也将向管理层建议增加设备。"

课长这才接受了我要展开调查的建议。我开始进行"800t"冲压机操作员的稼动分析。第二天正好必须"更换模具"，我发现操作员 A 开始左顾右盼地在工厂里跑来跑去。为了不让他离开我的视线，我拿着作业观测板追着他。我问他："A 先生，有什么问题吗？"

他说道："噢！有一个模具的锁紧螺栓不见了，我正在找它。我确定已将它放在工具柜上，但现在找不到了。"

那么，等他找到之后，他就一定会回到冲压机这里来，于是我说："我会在冲压机这里等你。"

"是的，请在那里等我。"

于是，我在冲压机边坐下等待，但 A 先生好久还是没有回来。大约 1 小时之后，A 先生挥着汗，小跑步地回到冲压机旁。

我问道："噢！幸好你找到了，在什么地方啊？"

A 先生边擦汗边回答："我找遍了所有的地方，但仍找不到。我确定放在那个柜子上了，但没有办法，只好从旁边的冲压机拿了一根螺栓，把它切短了，并再绞牙，所以才这么晚回来。"

我边安慰他没有关系，边想着："将螺栓切短了，对这台冲压机当然是合适的，但当下一回旁边的冲压机要换模时，怎么办呢？"我开始担心起来。

之后，他又开始继续去找其他工具或修补模具，几乎费了一天才把模具换好。

我问道："以往都像这样在换模吗？"

A 先生回答说："是的，大概都得花上这样的时间。"

以下是当天三台冲压机的稼动分析结果（见图 3-2）。

机器	作业内容	准备、收拾作业	主作业 主体作业	主作业 辅助作业	宽放 生理	宽放 疲劳	宽放 作业	宽放 车间	为再研究改善重点的分类 准备与收拾作业			为再研究改善重点的分类 车间宽放		
										scc.	%		scc.	%
800t冲压机	主作业者	47.0%	3.0%	24%	1.0%	5.0%	6.0%	14.0%	搬运模具 锁紧模具 调整 拆卸模具 其他	869 2 940 5 475 1 789 610	3.5 11.7 21.7 7.2 2.4	搬运材料 等待吊车 冷却材料 协助隔壁冲压机 其他	574 776 902 34 1 162	2.3 3.1 3.6 0.1 4.6
750t冲压机	主作业者	46.3	4.27	23.6	0	1.84	7.34	16.65	搬运模具 锁紧模具 调整 拆卸模具 其他	1 469 2 033 5 968 307 1 963	5.3 8.2 23.5 1.2 7.9	搬运材料 等待吊车 其他	2 231 356 1 599	8.3 1.4 6.4
750t冲压机	助手	23.5	0	15.8	0	13.2	4.9	42.6	搬运模具 准备锁紧点 调整 锁紧模具 拆卸模具 其他	1 633 727 1 912 921 507 224	6.5 2.9 7.6 3.7 2.0 1.0	装卸材料与制品 等待准备与收拾作业 等待主作业 其他	3 711 5 635 701 380	14.8 22.0 2.8 1.5
300t冲压机	主作业者	40.0	9.0	27.0	0	2.0	13.0	9.0	搬运模具 锁紧模具 调整 拆卸模具 其他	2 000 2 849 3 424 799 1 699	7.9 11.3 13.6 7.2 6.7	搬运材料 等待吊车 其他	105 1 220 56	0.6 4.8 0.2

图 3-2 冲压机的作业分析

实际上,冲压成型的主体作业只有 3%,换模作业与作业宽放、车间宽放合计就有 67%。

此时,我突然认识到下列事情:

换模是由"内部换模",也就是"必须停机才能换模的部分",与"外部换模",也就是"可在机器运转时,先行或是延后作业的部分"所组成。于是,我们将其转化成了"内部换模"与"外部换模"的说法。

我们必须清楚地认识到要区分"内部换模"与"外部换模":

- "外部换模"一定要在机器运转中实施；
- 只有"内部换模"才要在机器停止时实施。

之后，我根据以上想法进行更换模具与工具的改善。结果是，与以往比较，内部换模的时间可以缩短到原来的 1/2～2/3。

2. 第二阶段

1957 年，我访问了三菱重工的广岛造船厂一个星期。在那里，我研究的课题是增加"大型单臂式龙门刨床"的产能，因为它是切削柴油引擎机床的瓶颈。

我到现场去调查，发现他们用龙门刨床切削超过 10t 的引擎机床的工作台，但更换机床时非常麻烦，结果刨床实际在切削加工（净稼动比率）的只有 50% 以下。我与非常能干的工厂长——冈崎松三先生一起商量各种方案，最终得出以下结论：

"就是这样！工厂配备另一台预备的刨床工作台，当刨床对机床加工时，我们在预备的工作台上准备另一台要加工的机床"，这样，就可以直接更换预先固定好机床的工作台。

工厂立即装备好预备的刨床工作台，在刨床的外面进行下一台机床的准备，结果和以往的流程比较，刨床的产能提高到以往的两倍。

在试验成功的晚上，我和冈崎松三先生小酌："这真是一个很棒的'作业改善'。"

现在回想起来，这正是将"内部换模"转化成了"外部换模"。

当时如果我能领悟到这"并非单纯的作业改善"，而是"思想上的改变"的话，我们的"快速换模（SMED）系统"一定可以提早 13 年诞生，这是我的一大遗憾。

3. 第三阶段

1970 年，我访问丰田汽车本社工厂的车身工厂，杉浦经理告诉我下列问题：

> 目前我们需花 4 小时做 1000t Scheoler 冲压机的换模，但德国的大众公司只花 2 小时，因此上级指示我立刻进行改善。

我提出了以下两个建议作为目标：

- 明确地区分"内部换模"与"外部换模"；
- 分别改善"内部换模"与"外部换模"的方法。

接着，该工厂花了将近半年时间，终于成功地将换模时间缩短到了惊人的 1.5 小时，我们二人对此非常满意。几个月之后，我又访问该工厂时，杉浦经理又对我说：

老师，又有大事了。上级又有了新指示：现在请将换模时间缩短到 3 分钟以内。

我当场愣在那里："噢！3 分钟……那将非常困难。"

但在那当下，我灵光一现："将'内部换模'转化成'外部换模'的话……"

也许在我头脑深处的潜意识里，一直存在着"三菱重工广岛造船厂的换模改善"。有此想法的瞬间，所谓"快速换模（SMED）系统"的想法逐渐浮现。

我一边说着"这么办如何"，一边立刻在黑板上用粉笔写下"快速换模（SMED）系统的 8 点想法"。

之后，该工厂以池渊课长和太田工长为中心，锐意进取，几个月之后，又达成了惊人的"3 分钟换模的目标"。

因为所用的时间是"个位数"，也就是在"9 分 59 秒"内完成换模，所以我们将其命名为单分钟换模系统（Single Minute Exchange of Die System）。

当时担任丰田汽车工业公司副社长的大野耐一先生，将这段时间的状况以"在生产现场，发挥人的智慧"为题，发表在日本能率协会于 1979 年 6 月出版的《管理杂志》中，其内容如下：

约在 10 年前，我们的公司也是尽可能地在工作时间内生产越多越好，所以，更换刀具或钻头的工作被安排在中午的休息时间或是晚上下班之后进行。

在这 10 多年来的增产期间,我们虽然规定本是每加工 50 个就要更换刀具,但因为操作员很不喜欢更换刀具的工作,所以刀具大都被使用到某个特定时间为止。在连动的生产线(transfer-machines)上有许多刀具与钻头,为此需要很长的时间换刀具。特别是,若有多轴磨床(multi-grinders)的话,则需要花半天左右。如果在星期三更换刀具,整个下午可能就要停止生产。为了避免这样的情形,这项工作就被安排在星期天进行。

但我们应该避免这样的做法。另外,保养的工作也应该在工作时间内实施,所以大家开始研究如何在非常短的时间内更换模具与工具。曾经服务于日本能率协会的新乡重夫先生倡导快速换模(SMED)系统,也就是在 10 分钟之内完成换模。公司以往的状况是花半天更换模具与刀具,只生产 10 分钟。也许你会说,花了半天更换模具与刀具,为何不是至少生产半天呢,那么答案将非常明显,这样做的话将生产出过多卖不出去的产品。现在我们正研究"秒单位的换模",说起来容易,但实际上做起来是非常困难的。然而,我们必须缩短更换模具与工具的时间。

如上所述,强调缩短更换模具与工具的时间,将对整个生产活动的改善带来非常大的影响。

因此,"快速换模(SMED)系统",在发展丰田生产方式时,具有非常重要的意义,成为其基础的方法之一。

"快速换模(SMED)系统"的 8 点想法

在实施"快速换模(SMED)系统"时,我们必须思考以下 8 点。

1. 区分出"内部换模"与"外部换模"

我们首先绝对要有以下认识:

- 可以进行"外部换模"的话,就一定要进行"外部换模";

- 只有在不得不进行"内部换模"时,才进行"内部换模"。

换句话说,我们必须认识到如果是"内部换模",则操作员绝对不能离开机器设备。

因此,我们有以下想法:

- "外部换模"——将模具、工装夹具与工具、材料等,根据使用的顺序与便利性预先放在设备边上,当然模具也必须完全地补修妥当等。
- "内部换模"——只有更换与锁紧模具是内部换模时的作业。

也就是说,我们分析目前的换模作业内容,在现状之下,可以"外部换模"的就实施外部换模,不得不进行"内部换模"时才进行内部换模。这样可将一般的换模时间缩短 30%～50%。

2. 将"内部换模"转化成"外部换模"

这是"快速换模(SMED)系统"中最具决定性的想法。例如,在冲压或是注塑成型机模具上加上垫块,让其高度一致,以取消调整冲程高度的作业;或者预先加热压铸的模具,以取消为了加热模具所实施的试行压铸。

3. 采用功能性的标准化

如果模具的形状与尺寸都能标准化,则可大幅地缩短换模时间,但要进行如此的标准化,则需花费很多经费。

于是,我们仅对换模时必要的功能(部分)标准化,例如在模具夹紧的部分加上铁块。我们只对模具夹紧的部分标准化,可以使用同样的夹具。

4. 使用功能性夹具

一般,我们几乎都使用螺栓作为夹具,而螺栓的特性是:

- 螺栓是只以转紧最后一圈来锁紧;
- 螺栓是以转松第一圈来放松。

但实际上,大多数状况是螺栓必须转上十几圈,才能锁紧或放松。

因此,真正的放松或是锁紧的功能只有第一圈或是最后一圈,所以我们应采用能以最少的圈数来锁紧的方式。于是，我们希望可采用"U形沟槽方式、夹具方式、梨形孔方式"夹紧。

除此之外，我们也要认识到，"螺栓并非唯一能锁紧或固定物品的东西"，还可以采用"楔子或凸轮"或"T形槽、正方槽的嵌合"，也就是说采用"卡匣方式"，这样的话，就可能使"换模时间以秒单位来进行"，也就是所谓的"一触换模"（OTED）。

除此之外，另一件值得思考的重要事情是"力量的方向与力量的大小"。因为反正螺纹可固定X（右与左）、Y（前与后）、Z（上与下）三个方向中的任一方向，所以令人吃惊的是，我们大都不太关心"需要在什么方向，用多大的力量"来固定。

在三菱重工，8轴镗孔机的定位器是以螺栓来锁紧的，因为其力量是：

- 冲击方向的固定器，锁紧力量为10；
- 拉出方向的固定器，锁紧力量为2。

于是，它"将拉出方向的螺栓改用弹簧，而定位器也不至于被拉出"。这样做可将锁紧与拆卸定位器的时间大幅地缩短。

5. 使用中间工装夹具

我们在仿形铣床（profile milling machine）的机床上更换被仿品或产品时，需要长时间停止机器。因此：

若我们"制造比机床稍小（约80%的面积）的两套标准化A、B中间工装夹具"，当固定于铣床的工装夹具A上的产品P在加工时，将接下来要加工的产品Q装上工装夹具B。当产品P加工完毕，我们就将装上产品Q的工装夹具B装上机床。因为中介工装夹具B也是标准化的，所以我们只要靠上定位挡块即可进行中心定位，所以可以在极短的时间内完成内部换模。

这种方法也可活用于使用多套模具的大型冲压机。在此情况下，同样地使用中间工装夹具，我们可利用外部换模先锁紧模具与中心定位，在内部换模时仅需将工装夹具装夹于冲压机即可。因为中间工装夹具都已经标准化，所以我们可以很简单地进行中心定位与锁紧，从而可以很有效果地缩短内部换模的时间。

6. 采用并行作业

在大型冲压机或成型机中，如果锁紧模具的位置是在左边与右边，或是前方与后方，却只有一名操作员更换模具，那么他就必须从右边走到左边，或是从前方走到后方等，进行无效的移动，因此延长了换模的时间。

在这种情况下，若由两名操作员并行作业的话，因为不需要无效率地移动，如果一名操作员换模需要 30 分钟，那么两位操作员并行作业的话，时间可以少于一半，或许 10 分钟就可以完成换模。

也就是说，如果我们采用了并行作业，所需要的换模总人工工时即使与一人换模时所用的时间一样，但是仍可以提升设备的稼动时间⊖。基于此观点，我们需要积极地思考如何实施上述方法。但是实际上，这种方法常被"没有多余的操作员"的理由所否决。换个说法：假设一名操作员需要 1 小时来换模，则他需要另外 30 分钟的协助时间，如果换模只要 6 分钟的话，协助时间就只需要 3 分钟。此外，因为绝对可以排除浪费的时间，所以我们需要考虑设置专职的换模人员协助操作机器的人来换模。

7. 消除调整

在一般的换模作业中有很多"调整"，占了内部换模时间的 50%～70%，因此，改善"调整作业"对缩短内部换模时间具有极大的影响。

但一般的工厂大都不太明白，"设置"与"调整"是完全不同的事。

- 设置——例如将限制开关从 150mm 处移动到 200mm 处；
- 调整——试着将限制开关移到新的位置，但由于效果不好，需要再小幅度地前后多次移动限制开关。

如果我们使用了量规（gage），并且"一次性立即正确地决定正确的位置"，那么定位就可被认定为"设置"，且为"零调整"。但是，因为未明确地理解其间的差异，实际上有许多人认为调整是绝对必要的，是更换模具与工具一

⊖ 这时我们只想到了提升设备的稼动时间，但若将此多出来的时间再换一次模具，缩小生产批量对于缩短生产前置时间会产生更好的整体效果。

定要做的工作。

如果我们认同此类"调整"的存在，那么除了会延长"内部换模"的时间外，还需要高度的熟练性与技术。然而"调整作业"会被"设定的精度"所影响，所以"如果使用量规，能精准地设置的话"，就可以完全排除"调整"。对于一般常采用"刻度设置"方法的实例，如果其所需要的精度并不是那么高的话，这是可以接受的方法。但若非如此，则需要另外的调整，因此这就不是合适的方法。如果因尺寸多而需要许多量规，很麻烦的话，也许该使用能精密量测且具有数值化读取机制的"光学尺"。

另外，我们常使用螺杆来设定决定尺寸的定位块的位置。例如，我们想将定位块从 50mm 处移到 60mm 处，使用螺杆的话，其移动范围将是 50.1mm、50.2mm、50.3mm……51mm……52mm……60mm，必须连续地移动。如果我们想要将位置从 50mm 移到 60mm，为何我们不能直接从 50mm 移到 60mm 呢？东乡制作所有下列实例，"我们以往用螺杆的转动来移动定位块，但现在将螺杆上的螺纹车削掉，并在其下端嵌入 U 形的量规，只要将定位块滑到量规处，从边上锁紧螺栓就可以了"，于是，定位块的设定变得非常简单、容易。

一般来说，机器装置有无限且连续的定位功能，但我们必须明确地理解，我们只需要有限且阶段式地设定位置。

例如，关于冲压机的调整模具闭合高度的功能：

- 某一冲压机制造商，因 A 制造公司要求 350mm 的模具闭合高度，而 B 工业公司要求 300mm 的模具闭合高度，所以制作了具有调整模具闭合高度功能的机器；
- 但即使冲压机具有调整模具闭合高度的功能，但这并不意味着 A 制造公司与 B 工业公司就需要制作不同闭合高度的模具，这两件事完全没有关系；
- 在 A 制造公司中，模具高度统一为 350mm；
- 在 B 工业公司中，模具高度统一为 300mm。

就像这样，我们需要思考如何才能不做调整。最近，我们常看到配备了电动且易于精密调整模具闭合高度功能的昂贵冲压机，但这是本末倒置、非常愚蠢且没有意义的想法。除了应谴责提供这样装置的厂商之外，花大钱购买这些设备的工厂经营者，是否更应对此没有智慧的做法进行深入检讨呢？

目前，为了能不做调整，也有如下极有效的方法出现。

最好的调整方法就是"不要调整"，因此可采用"最小公倍数"（least common multiple，LCM）系统。这个系统基于以下前提：在实际的作业中，位置的控制是"有限与阶段式的（不需要无段连续式）"。我们以图 3-3 为例。

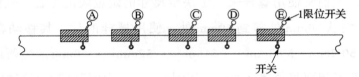

图 3-3　最小公倍数法

在 A、B、C、D、E 五个位置，也就是需要设定限位开关位置的地方，先分别设定五个限位开关，只有通电的限位开关会点亮灯光，因此，是不需移动限位开关的做法。

这就是所谓"保留其（定位）机构，只是变更其功能"的方法。

如果只使用一个限制开关，则该开关必须根据需求移动，结果很难将限制开关正好设置在该有的位置上，因此，必须试生产并做调整。

又如图 3-4 所示，在马达轴心的钻孔处利用"转盘式的定位块"，以"转盘式量规"或"楔形量规"用于输送机导引板宽度的变更等方法，也都是基于此"最小公倍数系统"的想法。

如果我们采用这样的方式，将可超越"快速换模（SMED）系统"，成为"一触换模"（OTED），实现秒单位的换模。

为了能实施"一触换模"，除了最小公倍数、LCM 系统之外，还有卡匣式系统与其他的许多想法。但所

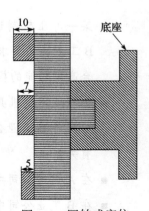

图 3-4　回转式定位

有这些,都是基于"不要调整的设置"的基本思想。

8. 采用机械化

在将模具锁上冲压机时,利用油压或是气压,在几个地方夹紧,是很方便的方法。

又如之前说过的,我们以电动的方式调整模具的闭合高度也一样非常方便。除此之外,最近许多公司采用了"夹具板外围尺寸的标准化,并精密加工将其插入专用的工装夹具,实施一触夹紧"。但是,成型是靠模具来完成的,因此对夹具板做非常精密的加工,从目的上来说,不是一个浪费的加工吗?

此外,因为已经采用了1~7项的做法以缩短换模时间(也就是利用SMED系统,将换模时间从1小时缩短到3分钟),而此精密加工夹具板的做法,大都无法将时间由3分钟缩短到2分钟。

换句话说,SMED系统是软件的思想,而非硬件的机构化,先决的问题是必须先正确地了解"内部换模"与"外部换模"的想法。因此,不得不说,若我们只被束缚于机械化的方便性,从而进行昂贵的投资的话,是非常愚不可及的。

以上所说的做法如图3-5所示。

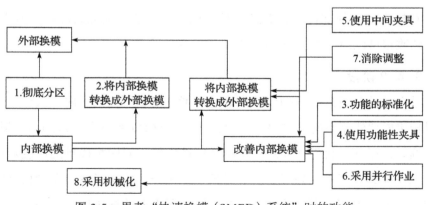

图3-5 思考"快速换模(SMED)系统"时的功能

换模技法的步骤

更换模具与工具的作业是由以下四个步骤组成的,所花费时间的比例大都如下：

①准备材料、模具、工装夹具与量具等——30%；

②卸下与装置模具或工具——5%；

③定中心并决定所需的尺寸——15%；

④试加工并调整——50%。

思考快速换模时的步骤

实施"快速换模（SMED）系统"时的步骤如下：

1. 第 1 阶段

因"内部换模"与"外部换模"几乎是完全混在一起的，因此一遇到更换模具与工具时，机器就必须停下来，也就是说换模时间等于"内部换模时间"。在进行"内部换模"时，相关人员才开始寻找换模所需的工具，或是才开始修理模具，大幅地拖长了更换模具或工具的时间。

2. 第 2 阶段

在此阶段，我们进行现状分析，尽可能地将立刻可进行的"内部换模与外部换模"明确地区分。因此，我们实施了准备材料、模具、工装夹具、检具的查检表等的外部换模，而且都是在机器作业的时间完成的。一般来说，这样的改善可以缩短 30% ～ 50% 的内部换模时间。

3. 第 3 阶段

进行现状分析后，我们应该彻底地思考，现在所做的"内部换模"是否可以转化成"外部换模"。这是"快速换模（SMED）系统"中最基本的想法。

例如，以往，我们需要对压铸机进行试压铸，同时将模具的温度适当提升，现在模具若能在"外部换模"时预热，从一开始就能生产质量良好的产品的话，那么就可取消以往"内部换模"时所需要的试压铸。这是一个最好的例子，诸如此类的做法，可以大幅地缩短"内部换模"时间。

4. 第 4 阶段

我们同时对以上三个步骤所改善的"内部换模"与"外部换模"进一步

做出改善。此时，我们采用以下两种方法可以得到极好的效果：

- 排除调整；
- 不要使用螺栓来锁紧的改善。

发展成"一触换模（OTED）系统"

迄今为止，我们已实施过好几百个"快速换模（SMED）系统"的改善，其中以下四项最有效：

①明确地区分"内部换模"与"外部换模"；
②彻底地将"内部换模"系统转化成"外部换模"；
③消除调整；
④改善为不用螺栓即可锁紧的方法。

依靠这些方法，我们可将更换模具与工具的时间缩短到以往的 1/20。

为了能消除调整，更进一步地应用"最小公倍数"，也就是"在需设定五个位置的场合，我们要在各设定位置上分别装设限位开关，即装设通电用的开关，只需要这个开关的 On-Off 就可切换功能"。也就是，我们保留各极限开关既有的设定机构，只是切换其功能的话，就可能以秒单位来换模了。

我们需要慎重地思考，"最快的切换方式就是不需要切换"。但是为了能够实现"快速换模"，首先最重要的是用一台机器示范给现场的操作员看，让现场人员进行"快速换模（SMED）系统是可实现的"意识革命是最重要的。

改善主作业

主作业由主体作业与辅助作业所构成。

改善主体作业

改善主体作业可被认为是对固有技术的改善，也就是改善加工技术、成型技术本身，或者是自动化加工。

改善辅助作业

改善辅助作业是诸如能更简单地装卸产品或是自动化上下料的事情。

将人与机器分离

现代工业,从某一方面来说,是让人手的动作由工具与机器来代替。也就是说,现代工业顺着以下顺序而逐步发展:

①人直接用手制作产品;

②用手使用辅助的工具制作产品;

③人力由其他动力替代,配合工具或机器来制造产品;

④高度发展机械化,机器完全取代了人的动作与力量,但是发生异常时,仍需由人来检验与处理;

⑤"检验异常"与"处理"都可由机器或装置执行,也就是产品可完全地自働化生产。

20 世纪 20 年代初期的日本,"将产品装置于机器上,开始转动,操作员则操作刀具来切削",由"人与机器联合作业"。逐渐地,机器化有了如下的发展:

产品被装置于机器上开始转动,刀具自动地切削,人手的作用与力量被高度地移转给机器。但是,因为机器的可靠性低,我们仍然对于进行"让人脱离机器"的做法有所迟疑。后来,即使机器的可靠度已经提高了,因为人的惰性与习惯,人若不站在机器旁边是不行的,所以操作员以监视机器作业的名义,一直被固定在机器旁边。然后,当机器异常已经很少发生,或者即使发生,也可被装置检测到时,长久以来习以为常的人与机器的紧密关系,仍难以被打破。

结果,丰田汽车公司领先于其他公司,率先打破"人与机器的强力黏结"关系,这也可以说是丰田生产方式的一大特征。

从 1945 年开始进行,到了 1955 年初期,机器工厂里虽然装设了 3500 台机器,但操作员只有 700 人。也就是说,一个人平均操作 5 台机器。

丰田采用了在某机器自动切削的时候，操作员将产品装夹在下一台机器上，或从机器上卸下产品，也就是"一人多机"的作业方式。

丰田之所以采用"一人多机"的作业方式，原因在于：

①设备在折旧之后，几乎可以说是被免费使用，但人要永久地被支付薪资。

②没有必要一味地追求高的机器稼动率，与其相比，降低成本更为重要。

以上想法可以进一步发展如下：

检验异常的装置高度发展的结果，就是要采用有人字旁的"自働化"，将人与机器完全分离。

关于人与机器的分离，有以下两个方向：

- 随着机械化的发展，采用"一人多机作业"；
- 将人的智慧赋予机器（有人字旁的"自働化"），完全实现人与机器的分离。

宽放的改善

宽放由以下两个部分构成：

- 与人无关的、与作业有关的宽放；
- 与人相关的宽放。

与人无关的宽放的改善

1. 作业宽放的改善

①润滑——考虑自动润滑，或采用润浸油的金属；

②切削油——考虑自动给油，或者不用切削油；

③排出切屑——考虑将切屑弄成粉状，或自动排出等。

2. 车间宽放的改善

改善车间宽放时，我们可以考虑以下方法：

①考虑自动供给材料，特别是大量材料的供给自动化；

②考虑自动存放产品，特别是在大量存放产品时，能够自动更换容器。

我们好不容易自动化了"主作业——切削、装夹或是卸下产品等",但意外的是,例如"排出切屑、供给材料、存放产品等"仍需要许多手动作业,所以我们必须特别注意这些地方的改善。

与人相关的宽放的改善

关于"疲劳宽放"与"生理宽放"的改善,我们必须从劳动生理学与劳动心理学两方面改善。

如前所述,工作是由工作意愿与工作方法所支撑的,无论我们如何将作业自动化,仍然无法永远地消除人的问题。

发展"前自动化"

一般,我们认为从手动作业进步到正规的自动化,共有23个步骤,而直到第20个步骤为止都只是机械化。即使说是自动化,我们仍然只是简单地将手动作业交给机器去做,所以只能称为机械化,绝不能称为自动化。

现在我们也认为,自动化的绝对条件是装置本身能够发现异常,并且也能自行处理。

大家已能接受装置能够发现异常,但是要装置能够自行解决异常,则会带来许多经济上与技术上的困难。

因此,我们应将"发现异常"与"相对应的处理"分离。

"发现异常"由装置本身处理,而"相对应的处理"则由人执行。

也就是说,在"正规的自动化"之前,有"前自动化"的存在。"前自动化"的构成如下:

"手的活动"的机械化	"头脑的活动"的机械化
1. 主作业的自动化	
2. 辅助作业的自动化	5. 检验异常的自动化
3. 工作宽放的自动化	
4. 车间宽放的自动化	
6. 思考"相对应的处理"与"执行"由人实施	

根据上述想法，我们将可以很容易且低成本地进行自动化，甚至可以得到正规自动化 90% 的效果。

松下电机的冲压工厂对 5 台 500t 冲压机实施"前自动化"的结果是，全部生产量的 43% 左右可以"前自动化"生产。其产品有 A、B、C、D、E、F、G 等 7 个种类，使用了以下方法：

① C 产品即使遇到午休，也可以无人连续生产。

② G 产品在下班时若已生产了 80%，可以回卷钢材，通过"快速换模"改为生产 H 产品。H 产品是小尺寸产品，一个钢卷可使用比较长的时间。于是，在下班后，H 产品可实现前自动化，在无人的状况下生产 3～4 小时。

③ 第二天早上，该工厂再将 H 产品换成 G 产品，继续将昨天未生产完的 20% 做完。

如此，该工厂将"快速换模"与"前自动化"的优点发挥到了极致。

为了能这样生产，该工厂增设了 5 套大型的产品储存设施，花了 600 万日元。但如果不这样做，该工厂则需购置新设备，投资 6000 万日元，除此之外，还需增加 5 名操作员。其报告内容如下：

> 不需要操作员在场的前自动化生产的产品成本，将仅为传统方式的 1/2。

丰田生产方式强调，"有人字旁的自働化"要设置"异常的检知装置"。这是一个"思想"，但我想它未必能成为一个系统。

在佐贺铁工厂中，我被八谷工厂长的问题刺激到了："机器已经自动化了，为什么操作员还得陪在那里呢？"

于是，这启发了我，使我产生了"前自动化"的想法。当我将此做成系统之后，突然觉悟："啊！这就是丰田生产方式中所称的'有人字旁的自働化'吧！"

本章总结

丰田生产方式中的"大幅地缩短换模时间",也就是"采用快速换模(SMED)系统",具有决定性的意义。

将以往主作业的"人与机器联合"的作业,改善成"人与机器完全独立"的做法,则为其另一大特征。

トヨタ生产方式のIE的考察 | 第4章

展开零库存的生产

丰田生产方式的最大特色是"零库存"。

因此，首先我们要对"库存"有所了解。

以往，我们都认为库存是"必要之恶"，并且总是将重点放在"必要之恶"的"必要"上。

然而，库存有以下两个特征。

产生的库存

①因为错误的需求预测所产生的库存。

②比需求过早安排而产生的库存，所谓"比需要得还早"其实有越早越好的意思，结果使得库存逐步增加。

③因批量生产所产生的库存。

④因不同的工作时间所需要的库存，例如，热处理是三班制作业，而最终装配却是一班制作业。

必要的库存

工序层面所需的库存

①因生产周期大于从接单到交货之间的时间，因此需提前生产而产生库存。

②为了均衡需求量的波动，提前生产而产生库存。

③为了解决加工、检验与搬运的管理不稳定问题，所产生的库存。

作业层面所需的库存

①为了弥补万一设备出现故障或是产品不良所产生的库存。

②因为长时间地更换模具或工具，增大批量所产生的库存。

结果，这"必要之恶"的必要性逐渐地向安全侧倾斜，大都在不知不觉中转化成了过多的库存，也就是大多成为"安全阀的库存"。

如上所述，"产生的库存"自不待言，即使是"必要的库存"，也都当然是不会产生价值的。因为库存是浪费，所以我们必须思考如何彻底地将其消除。

但并不是简单地减少表面的库存就好。如果我们只是不经思考、胡乱地减少库存，可能会产生延误交货或是降低机械的稼动率等副作用。

因此，我们必须找到需要库存的原因并加以改善，然后才能得到减少库存的结果。

所以，我们必须考虑以下基本的适用对策：

- 极端地缩短生产周期；
- 靠检验异常来排除设备故障与产品不良的产生；
- 采用"快速换模（SMED）系统"，以进行小批量生产，并思考可迅速应对需要变化的机制。

本章总结

我们只有正确地理解库存的特性，改善库存，并且找到其之所以"必要"表象下的根本原因，才可能彻底地消除库存。

上篇汇总

我们只有正确地理解生产的基本构造与功能，才可能正确地认知丰田生产方式的特征。

下 篇

以工业工程的视角考察丰田生产方式

トヨタ生产方式の IE 的考察

第 5 章　对丰田生产方式的理解
第 6 章　丰田生产方式的构成
第 7 章　丰田生产方式的工业工程构成
第 8 章　看板系统的部署展开
第 9 章　丰田生产方式的解释说明
第 10 章　丰田生产方式的展望
第 11 章　丰田生产方式的导入与推行
第 12 章　丰田生产方式的总结

- 也许不必将丰田生产方式视为一种"方式",但必须正确地理解其根本的理念。
- 极其重要的是我们要能认识生产方式与看板系统之间的区别。

第 5 章 | トヨタ生产方式の IE 的考察

对丰田生产方式的理解

丰田生产方式本身有其特征，但更重要的是，隐藏在其根本原则之中的理念具有更突出的特征。所以，正确理解这些理念是十分必要的。

当许多人被问到"丰田生产方式是什么"时，他们一般会有以下三种答案：

①外部眺望的人——那是"看板系统"（80%）；

②内部观察的人——那是"生产方式本身"（15%）；

③在其核心的人——那是"彻底地排除浪费的系统"（5%）。

我说："也许你认为'丰田汽车穿着一件好看的洋装，所以，我也买一件'。买了一件'称为看板系统的洋装'之后，你发现根本穿不进去，因为你的身体已经臃肿不堪。你需要的是改善你的身材（改善生产方式），除此之外，你还必须彻底地理解对基础健康的想法（彻底排除浪费的想法）。"

的确，这种"彻底排除浪费的想法"，正是我在《工厂改善的系统性思考》（*Systematic Idea of Improvement of Production Function*，日刊工业新闻社发行）中所提出的"改善的科学思考功能"（scientific thinking mechanism for improvement）。过去 30 多年以来，我不仅在丰田汽车工业公司的生产工程学（Production Engineering）授课中强调过，也在其他地方不断强调过这个观点。

我们将在稍后解释"生产方式本身"与"看板系统的想法"，但是为了真正地理解丰田生产方式，我们需要将以上比例进行反转：

①彻底地排除浪费——80%；

②丰田生产方式本身——15%；

③看板系统——5%。

丰田生产方式与看板系统

大野耐一在所著的《丰田生产方式》的前言中，清楚地解释了其意义：

- 丰田生产方式是一个"制造系统"；
- "看板系统"仅是为了达成 just-in-time 而运用的手段。

但在之后的说明中，许多地方把这两项混淆在了一起。例如，"看板方式的规则"中有一项：

- "看板"必须与材料或产品在一起，它的确是"看板系统"的规则。

但另一个"看板的规则"：

- 强调了绝不可将缺陷品送给后道工序。

这绝对不是"看板系统"的规则，它应该被认为是丰田生产方式的规则。

一般对于"管理的职能"，我们会提及以下三个（见图 5-1）：

①计划职能——对系统本身进行设定，例如决定工序系列、设定工厂布局与作业标准等。

②控制职能——对是否根据计划的规定"实施"做管理。

③检查职能——在管理的同时，将实施的结果与当初的计划进行比较和判定；如果

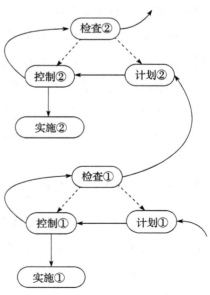

图 5-1 计划、控制与检查的循环

是计划缺陷，则需要修订计划内容；如果是实施缺陷，则需要在下一次实施中调整。

如此一来，管理职能可被认为是"计划、控制（实施是其另一个维度的体现）与检查形成循环，从而螺旋上升"。

于是，必然有：

- 丰田生产方式是计划职能；
- "看板系统"只是控制职能。

但是，一般我们在说明丰田生产方式的时候，会将这二者混淆。很多地方将丰田生产方式解释为"看板系统"，结果使得很多人对丰田生产方式的原则产生了误解。

本书将明确地区分和说明，"丰田生产方式"与"看板系统"是完全异于彼此的。

基本的想法

阅读了许多解释丰田生产方式的内容之后，我感到很吃惊的是，那些内容都是以丰田的专用语表达的。

换句话说，如果那已经是很明显而不需要解释的话，当然可以用丰田专用语或随处可见的省略语处理。那些理解或熟悉丰田生产方式的人，当然能够明白那些专用语的意思，但是那些现在才开始了解它的人理解起来就非常困难，或者在许多地方会产生误解。

为了避免这样的困扰，我将先解释一些丰田生产方式的基本要素。

什么是"过量生产的浪费"

丰田生产方式中强调到处都有"过量生产的浪费"。而在"过量生产"中，实际上存在着"两件不同性质的事情"，也就是：

①生产过多；
②生产过早。

假设企业有需要出口的产品，装船前已经没有多余的时间了。如果此时出现了不良品，将会很麻烦。因此，虽然企业的订单数量只有5000，但它会生产5100个，多做出100个。然而，没想到结果很好，企业只需要30个来替换不良品，多余的70个就浪费了。这是"生产过多"的例子。

与此相反，某企业订购了5000个产品，交期是12月20日，但5000个在12月15日就完成了。订单只要求生产5000个，这虽然不是"生产过多"，却是"生产过早——提前5天完成生产"。

丰田生产方式中所强调的"过量生产的浪费"绝不是指"生产过多"，而是指"生产过早"。

我访问A公司，问道："噢！你有许多库存，不是吗？"

"噢！不是，它们在下个月就会被用掉……"A公司回答得满不在乎。

但这只是A公司对于"它们不是'生产过多'"的辩解，它对于"生产过早"却毫无罪恶感。

在丰田生产方式中，生产过多虽然是当前议题以外的事项，但这样的事情是绝对不允许的，所以我们自然会对其加以思考。我们最需要面对的问题是，应该思考如何减少"生产过早"的现象。

相对于竞争对手20天的完成品库存，丰田汽车只有3天的完成品库存。这20天的库存并非不需要的库存，只是提早太多了。

所以如前所述，"过度生产的浪费"有两个属性，也就是：

- 生产过多；
- 生产过早。

如果我们不能理解丰田生产方式是专门处理"生产过早"的问题，就不能正确地理解丰田生产方式。

什么是"just-in-time"

丰田生产方式的两大支柱之一是JIT（just-in-time）。我们若将其译成中文应该是"刚好及时"。对"just-in-time"而言，不必太在意"in-time"（及时），而是要特别注意"just"（刚好），但即使加了"just"仍无法表示"刚好及时"。如果是刚好及时的话，应该用"just-on-time"表示更准确。

"just-in-time"是"把必要的东西，在必要的时间，按必要的数量"供给各道工序，但如果狭义地解释"just-in-time"的话，则是只规定了时间的条件——必要的时间，并没有规定必要的东西或必要的数量。

如果"及时赶上必要的时间"是唯一的条件（以往我们也未曾忽略这一点），例如强调"延误了交期是罪恶的"，为了防止这个问题发生，我们就会进行"提早生产——储备库存"。

但是丰田生产方式认为，"'过度生产的浪费'，也就是'生产过早'，是罪恶的"，所以无论如何都强调"刚好在'必要的时间'，供给'必要数量'的'必要物料'"。也就是说，"在'零库存'的条件下，就必要的东西，在必要的时间，只供给必要的数量"。

因此，我们必须承认，"'just-in-time'的真正目标是'just-on-time'，它是达到'零库存'的手段"，这一想法是合适的理解。

也就是说，"just-in-time"，无论词组本身是否合适，它与"just-on-time"有相同的意义，并持续地向那个境界靠近。

人与机器的分离

在丰田生产方式的特征中，我们可以看到"人与机器之间关系"的发展历程。

如何将人手与头脑的活动传递给机器设备呢？这可以说是一个进步的过程。表 5-1 中将有详细的说明。

第 1 阶段——手工作业

人用锉刀切削产品的阶段。

第 2 阶段——手动进给，自动加工

人给机器上下料，启动机器，并手动进给刀具。只有加工作业是由机器执行。

表 5-1　人与机器的分离

区分 阶段		手的活动				头脑的活动			
		主作业				宽放			
		主体作业		辅助作业		普通的方式		丰田的方式	
		切削	送	装夹与卸下	操作开关	检查异常	处理异常	检查异常	处理异常
1	手工作业	人	人	人	人	人	人	人	人
2	手动送料自动切削	机器	人	人	人	人	人	人	人
3	自动送料自动切削	机器	机器	人	人	人	人	机器自动停止（一人多机）	人
4	半自动化	机器	机器	机器	机器	人	人	机器（一人多机）	人
5	前自动化（有人字旁的自働化）	机器	机器	机器	机器	机器	人	机器（有人字旁的自働化）	人
6	正规自动化	机器	机器	机器	机器	机器	机器	机器	机器

第 3 阶段——自动进给，自动加工

由人给机器上下料，启动机器之后，机器会自动进给，开始加工。然后，人的工作是检验并处理异常（当然，这个工作在第一、二阶段也是由人执行）。

第 4 阶段——半自动化（自动装卸产品，自动进给与切削）

在此阶段中，机器完全自动地上下料，启动，自动进给开始加工。于是，人的工作只有检验并处理异常。

第 5 阶段——加工与检验异常的自动化

机器完全自动地上下料，启动，自动进给，开始加工。除此之外，机器还会自动检验异常。人的工作只是在机器检验到异常之后进行处理。

我在第一篇中称这个阶段为"前自动化"。

第 6 阶段——加工、检验异常与处理的自动化

在完全自动加工之外，不只是检验异常，连处理异常也由机器执行的阶段称为"正规自动化"（normal automation）。

丰田生产方式就是从上述历程发展而来的。一般来说，即使我们将人的作业逐渐地转移给机器来操作，但仍然没有想过"将人与机器分离"。

即使已经做到第三阶段的"自动进给，自动加工"，但我们仍然认为"人

必须要一直站在机器旁",还美其名曰"监视"。长久以来,这被业界公认为"理所当然的主作业"。

如此一来,如果"人必须站在机器边上"的理由是为了"检验异常"的话,那么让机器能够自行检验异常,发生异常时自动停止、发出警报就好了。也许第一个成功地"将人头脑的活动赋予机器,从而将机器与人完全分离"的行业,应该是纺织业。

这个想法被丰田佐吉先生(丰田公司的创办人)运用于他所发明的自动织布机中。丰田汽车工业的大野先生,因为曾在民生纺织公司(现在的丰田纺织公司)工作过,所以在丰田汽车工业工作的时候,基于同样的认识,对于机器作业即使能够自动进给与自动加工,但仍未做到"人与机器的分离",产生了如下想法:

> 因为机器能够自动进给与加工,那么只要追加自动停止装置,操作员就可对另一台机器上下料,并加以启动,也就是说可进行多机作业。更进一步,如果我们可以将检验异常的功能添加到机器上,就可发展出有人字旁的"自働化"。

一般的做法是在第四阶段中,在机器能够自动上下料、自动启动、自动进给、自动加工之后,人仍然负责检验与处理异常。当发展到第五阶段时,机器能够自行检验异常。

但是,丰田汽车决定从第三阶段"人为机器上下料,然后启动机器,由机器自动进给与加工"之后,直接进入第五阶段,即在自动进给与加工功能之外,如果能为机器配备检验异常与自动停止的装置的话,就可让人与机器分离。

因为此决定,我们不得不佩服丰田生产方式的远见与它的独到之处。

"人与机器的分离",是丰田生产方式随处可见的思想。若我们无法充分地理解这个想法,就无法真正地理解丰田生产方式。

低的机器稼动率也可以吗

据说与其他同行相比,丰田汽车的机器装备率高出了2～3倍。若以相同的生产台数来看，丰田汽车比其他公司装备了较多的机器台数，这被说成是丰田汽车的优势之一。如果我们仅从表面的统计数字看来，也许如此。但其实这是不了解实际状况的肤浅认识！为什么这样说呢？如果根据某些人的意见，"实际的机器稼动率平均而言不正是40%吗"？如果那是真的，那么，"实际上的机器装备率只是与其他公司一样，或顶多只是好一点而已"！

在1955年前后，机器工厂中有3500台机器，但顶多只有700名操作员。因此，平均一名操作员操作5台机器，也就是实施了"一人多机"作业。

一人多机作业是这样进行的：

某机器在自动切削的时候，操作员在另一台机器上进行上下料，并启动机器的作业，这样就可以使一名操作员负责多台机器。结果，**在一名操作员负责多台机器的情况下，机器在切削完毕的时候，如果操作员没有立即处理，就会降低机器的稼动率。**

在这样的状况下，如果减少一名操作员负责的机器数量，就可以提升机器的稼动率。但是这样做又可能出现操作员到达机器旁边时，因为机器尚未切削完成，反而使操作员等待的情形。在这种状况下，丰田生产方式几乎都选择了**"即使牺牲机器的稼动率，也应该优先消除操作员的等待"**。

之所以会这样，是因为"机器与设备的折旧有时间期限，在某个时间之后就可以免费使用，但人必须永远地被支付薪水，而且其薪水会持续地增加"。㊀

另外，人们一般认为，相比等待1小时的损失，操作员的成本是机器成本的3～5倍。例如，企业购买一台600万日元的冲压机，要在10年内折旧完毕的话，则每年需分摊60万日元，每月需分摊5万日元。而一名操作员的用人费，包括薪资及福利等间接费用，将是机器折旧费用的3～5倍。总的来说，因为企业购买机器一次要支付大笔经费，所以看起来很昂贵，但是实际计算起来，结果是大多操作员的成本远高于机器的成本。

丰田生产方式不太赞同机器稼动率低下是问题这一观点，而认为必须优先排除操作员的等待。所谓"7大浪费"也将"人员等待的浪费"视为一大问题。

综上所述，**机器的稼动率本身并非问题**，而是要从"哪一个可以有效

㊀ 根据丰田的年功序列制，平均每15年工资翻倍。——译者注

地降低成本"的角度来思考。如果是非常昂贵的设备，企业也许应优先考虑机器的稼动率，从而允许操作员的等待，但是即便如此，应一开始就预见到机器可能的低稼动率，并尽可能地用自己的知识，思考使用廉价机器的可能性。

也就是说：

- 自己思考，自己制造；
- 自己思考，请别人制造；
- 在别人制造的机器上加上自己的思考，改造设备。

所以，丰田的人都会这么说："虽然有好几千台机器，但每一台都包含着我们改善的想法。"除此之外，他们还自豪地认为："我们是世界上真正知道如何制造汽车的人。"基于这样的认识，他们对采用外部制造的计算机控制机器人等高价的专用机抱持着非常消极的态度。

在丰田生产方式中有所谓的"沉没成本"的说法，它基于的想法是，无论是怎么样的高价机器，若现实中是以高成本来制造的话，还不如把那台高成本制造的机器停下来，使用其他可降低成本的旧机器。

因为你一旦购入了机器，不论是否使用，都一样会折旧，所以，如果机器很昂贵，同时使用它又会导致制造成本高的话，那么停用昂贵的机器，使用其他能以便宜成本制造的机器，更加有利。

所以，企业在购买机器时，需要不断地从各种角度慎重地论证要买什么样的机器。一旦购入，其费用将会被埋没，所以企业只要追求实际加工时低成本的方法就好了。

基于这样的想法，目前低的机器稼动率并不是什么大问题，这样的想法成为推动"一人多机作业"的原动力。

总而言之，这样做的真正的目的是降低成本，而改善机器稼动率并不等于能提高生产率。这可以说是丰田公司"每人的生产率约高于其他公司20%～30%的一大理由"。

这样我们也就可以理解，为什么丰田汽车公司持续地投入一部分利润，用来强化其机器设备。如果我们只是简单地观察表面的统计数据，从而认为丰田汽车的设备装备率高于其他公司两三倍，这会导致对事实的误解。

在一般情况下，较低的机器稼动率对于季节性的需求增加也具有优势，具有只要增加操作员，就能立刻提升产量的优势。

而这非凡的成就在于，即使是临时工，也能在3天内熟练地操作机器。其背后的原因是，丰田存在一批技术专家，他们可以自豪地宣称："制造容易操作的机器，就是我们的工作。"唯有这样，丰田才能完成这样的成就。

只有这样正确地理解"机器的稼动率低也无妨"的真正意义，我们才能正确地理解丰田生产方式。

另外，参观丰田汽车的人常常质疑："在丰田非常明显地看到许多机器都是停着的，这种方法怎么能让它赚钱呢？"这是因为参观者只远远地看到表面的现象，而未理解根本的思想，正如谚语所说的"只见树木不见森林"。

切除盲肠吧

人们认为丰田生产方式具有以下特征：

一旦发生异常，机器除了能立即检验异常并且停止之外，也用信号灯告知这个异常，以实行"有人字旁的自働化"，或者在生产线，一旦发生了异常，任何操作员都可以停止生产线，并通过设置于各处的、称为"安灯"（Andon）的"异常"信息传达装置，达到"目视化管理"的目的。

为了能落实此功能，企业一方面要对现场的操作员强调，一旦发生异常，请立刻把机器或生产线停止，另一方面要强烈地要求现场的管理者尽力不要让生产线停止。上面提到的"目视化管理"就被认为是丰田生产方式的一大特征。

但是否真的如此呢？仔细一想，其实绝非如此。

这种对异常采取"目视化管理"，并立刻将信息传达给管理者的方法，确实有效。

但更重要的事情是，当该异常发生时，我们必须采取哪些行动或是措施呢？

也就是说，如果我们只是采取以下做法是没有用的：

- 当机器发生异常时，我们虽采取了紧急对策，但仍继续生产；
- 当产品出现缺陷时，我们只想办法修理以确保数量。

这就好像"患盲肠炎时，以冰敷缓和痛楚"的方法是没有用的一样。丰田生产方式的方法则是一患盲肠炎就进行手术，切除发炎的部分，强调实行终其一生都不会再患盲肠炎的对策，也就是强调必须采取防止再次发生的根本对策。

以前，曾有一次丰田的供货商交货延误了 2 小时，结果生产线停线了。当零件重新开始供应到位之后，生产才再开始。这时，工厂负责采购的主管去向厂长报告供货延迟导致停线的事故。

"今天因为零件进货延误，使得生产线停线，非常抱歉。"

但是厂长完全无法接受，并说道："你是谁？叫什么名字？处于什么职位上？"

为什么会这样呢？这是因为"你只是负责接受零件的责任者"，但是本来该负责的主管是谁呢？

- 如果发给供货商的订购指示方式不对，则订货的主管必须要来解释发生了什么事情；
- 如果供货商应该为此负责，则该供货商的负责人必须来解释情况。

也就是要做到，虽是因这样的状况而造成了延误，但既然我们已经采取了这样的对策，就要保证今后同样的问题将不会再发生。如果我们无法实施绝对不让其再度发生的对策，这意味着没有真正地解决这个异常。

虽然当异常发生时，我们立刻将异常以"目视化管理"的方式通知大家是很重要的，但更重要的是，一旦发生异常，我们应该以什么态度来采取行动？

在这个问题上，我们必须正确理解丰田生产方式所强调的"绝不是因为想把生产线停止而停止生产线，而正是因为不想停止生产线才要把生产线停止"。

从外观模仿丰田生产方式，比如"我们已经设置了'安灯'"或是"已经采用了目视化管理，可以安心了"，这只是实施了表面的对策，也许可以得到很多好处，但是无法期待得到真正的效果。

这种"切除盲肠"的想法，是丰田生产方式中随处可见、非常一贯的基本想法之一。如果未能完全理解这样的思考方式，你将落入肤浅解释的误区，从而无法掌握真正的丰田生产方式。

"因为要实施切除盲肠的手术，所以必须住院 3 天"，这与"一旦发生异常，即使把生产线停止，也要找到真正的原因，以防止未来再发生同样的异常"的想法是相通的。

生产管理的根本想法

接下来，我们将从经营与生产管理的角度，介绍关于丰田生产方式的根本想法。

非成本主义[一]

一般企业均以"成本主义"为其经营的基本方针，认为：

$$成本 + 利润 = 售价$$

所以，它们会主张通过"在成本上加上合适的利润来决定售价。当产品销路不好时，它们就会产生可能是销售的方法有问题，或者是产品没有那个价值"这样的想法。这一般被认为是正确的想法之一。

但是丰田并不认同这样的想法：

- 售价是由市场决定的，也就是根据顾客的选择决定售价。在此前提下，采用了**售价 - 成本 = 利润**的公式；

但是大部分公司都认同前面提到的所谓"成本主义"，例如：

- 因为油价上涨了，所以电价也必须上涨；
- 因劳工成本上涨了，所以交通费率也必须上涨；
- 因为原材料价格上涨了，所以钢铁价格也必须上涨。

[一] 丰田的教材中称为"降低成本主义"。

结果，它们非常轻率地就涨价了。

理应负责国家财政事务的政府部门，也会轻率地涨价。例如：

- 提高邮寄价格；
- 提高国营铁路票价。

政府部门大幅地涨价或者想着更大程度地涨价，从老百姓那里收取更多的税费，为什么它们不思考如何节减政府自身的经费呢？

丰田生产方式认为，利润是"售价减去成本的差额"。如果售价是由消费者决定的，那么就无法轻率地提升售价。鉴于此种情况，企业必须采取如下对策：

为了产生利润，唯有降低成本一条路。为了要确保企业的利润，降低成本是最优先的考虑。因此，企业需要思考的是"如何彻底地消除浪费"。

一般"商人的想法"则是"成本是多少"，而必须再加上多少的"利润"，所以"售价"必须是多少。

他们很简单地认为，由生产者决定售价。自然而然，为了尽可能地获取最大的利润，他们就需要努力地去购入最便宜的原料。但如果根本的想法仍然是"成本＋利润＝售价"的话，那么，他们是否大都只是在做表面上的努力呢？

现在，如果从工业从业者的角度来思考，由于售价是由消费者决定的，那么计算公式是"售价－成本＝利润"。

结果就是，如果要获利的话，唯一的对策是，"除了降低成本之外，没有其他方法"。也就是，除了必须要有"彻底地降低成本……彻底地排除浪费之外，企业无其他生存之路"的强烈意志之外，也要如同丰田一般，以严格的经营态度强调"每日的改善活动与每月的效率会议"，坚定地降低成本。

实际上，丰田曾有数次领先于其他公司降低售价的记录：

- 1952 年，将 120 万日元的 SF 四门轿车减价 10 万日元，1953 年再降价 15 万日元；

- 1954 年，Toyopet Super 减价；
- 1956 年，Toyo-Ace 分 3 个阶段减价；
- 1963 年，Corolla 减价 5 万日元；
- 1964 年，乘用车与商用车全面减价。

当然，丰田采取这些措施的一部分原因在于与其他汽车公司的竞争，但是经常领先于其他公司降低售价，除了是"非成本主义"思想的表现之外，还要有彻底消除浪费的成绩，才能够让减价的措施得以实现。

总之，如果企业是基于"成本主义——成本 + 利润 = 售价"的基本想法的话，也许它们也会努力消除浪费，但是它们的态度不会如此坚定。一家企业如果是基于"非成本主义——售价 - 成本 = 利润"的基本想法的话，因为"降低成本将成为它们产生利润的唯一出路"，所以它们会想尽一切方法致力于改善现状。

"公共事业"是主张成本主义的大本营，我们政府的财政事务不也是出于这样的想法吗？政府将支出的膨胀立即加到邮电等公共价格中，正是典型的"成本主义"做法。但是，政府究竟做了多少内部合理化改善的努力呢？如果真的做了，为什么政府无法给大众解释其实际的情况呢？如果政府的财政是由"非成本主义"所支撑的话，情况又会变得如何呢？也就是说，"其真正的意义是由人民的代表来决定税收的支出比率"，如果税收总额能够平衡政府财政支出的话，将会发生什么事情？

所谓的"节省的政府"，必须采取行动以便彻底地消除浪费。如果采取了一切方法后，政府所需的经费仍然不足，那么政府不是更应该尽力让人民确实了解需要那笔费用的理由吗？这不正是真正作为"公仆"的政府应有的态度吗？

彻底地消除浪费

1. 丰田生产方式与消除浪费

丰田生产方式常被批评为"是一种要从干毛巾中再拧出水的方法"。它也可用另一种说法来比喻，"当使粉末干燥时，不仅是要去掉附着于周围的水分，也要去掉粉末中所含的结晶水"。

换句话说，就是我们要从在一般工厂中被视为"那是理所当然"的事情中，再发现浪费。

在丰田生产方式中，如果我们仔细观察现场作业，可以将操作员的动作分为"浪费"与"作业"：

①浪费——我们曾反复地说过许多次，这是在作业上完全不需要的事，因此是必须立刻被消除的动作，例如等待、堆放半成品、重复的搬运、从一手交给另一手等；

②作业——有两种形式，第一种是没有附加价值的作业，第二种是增加附加价值的作业。

- "没有附加价值的作业"本来也可以被视为浪费，但它是在目前的作业条件下，不得不继续做的动作。
- 例如："为取得零件而进行的走动、拆卸外购零件的包装、操作开关等"，为了排除这些作业，必须改变部分作业条件。
- "增加附加价值的作业"是指变形、变质、装配等任何形式的加工。

加工就是赋予价值，也就是为了制造零件或产品，用手对原材料或是半成品等对象进行作业，以产出附加价值。加工的比率越高，作业效率就越高。

例如，装配零件、锻造素材、冲压钢板、焊接、热处理齿轮、涂装车体等。

除此之外，在生产现场存在着其他标准作业以外的"例外动作"，例如调整一下不正常的设备，或是修复工装夹具的缺陷，又或是修理不良品等。

这么一想，我们就能了解"提高附加价值的增值作业的比率"，应该远比大家想象得要低很多。

我曾不断地强调说，必须要将生产现场操作员的"动（动作）"（没有增加价值的作业）改成"働（工作）"（增加价值的作业）。也就是说，不论你是多么勤快地"动"，并不意味着你是在"働（工作）"。所有的人必须清楚地认识到，所谓"働（工作）"是"工序有进展，事情得以完成"。

所谓降低工时，是"提高增值作业比率"。大野先生强调："要以100%的增值作业为理想，并努力地达成，是我在完成丰田生产方式的过程中，着重发力的地方。"这种彻底消除浪费的想法，已经渗透到所有的现场，我们从表5-2中"丰田汽车的提案改善件数"之多可见一斑。而彻底消除浪费所得到的结果显示于表5-3中。丰田生产方式的"单台装配工时"，从世界规模的角度来看，遥遥领先于美国、联邦德国与瑞典。

表 5-2 丰田汽车的提案改善件数

年份	总件数	件/人	采用率
1976	463 000	10.6	83%
1977	454 000	10.3	86%
1978	527 000	11.9	88%
1979	575 000	12.8	91%
1980	860 000	18.7	94%

表 5-3 不同国家所需要装配工厂单台装配工时的比较（杉森氏报告）

	丰田高岗工厂	美国工厂	瑞典工厂	联邦德国工厂
作业者数量	4 300	3 800	4 700	9 200
生产台数（天）	2 700	1 000	1 000	3 400
每台车工时（人）	1.6	3.8	4.7	2.7
比值	1	2.4	2.9	1.7

2. 消除"工序与作业"的浪费

工序包括加工、检验、搬运、停滞，其中只有加工是会提高附加价值的行为，其他如检验、搬运、停滞都被认为同浪费一样。作业中只有"主体作业"是可以提高附加价值的行为，其他的准备、收拾（换模）、附属作业与各式各样的宽放都可被视为浪费。

但是大多数人从工序的立场出发，认为以下做法就是最好的改善：

- 如果不实施检验，将无法发现不良品，从而会产生问题；
  - 但因为检验很麻烦，所以如果采用"抽样检验"就比较好。
- 如果不搬运，下道工序将无法进行，所以搬运也是没有办法的事；

- ○ 那么我们就用堆高机来节省人力。
- 如果没有某些程度的半成品，将无法顺畅地作业。
  - ○ 那么我们采用自动仓储系统，从而可以自动存取库存。另外，为了掌握库存的状况，我们可以使用计算机来管理库存！

但是，如果我们对上述问题根据"着眼于问题根源"的观点来实施改善，就会产生以下措施：

- 实施不制造不良品的检验，例如在工序内设置"防错装置"，可实现"检验工时 =0，同时，不良品 =0"。
- 实施工厂布局的改善，让"搬运 =0"。
- 让各工序同步，⊖ "工序间停滞 =0"，同时进行"单件流"，让"批量停滞 =0"。
- 更进一步，在机器上配备侦测异常的装置，除了可让故障限制于最小范围，也可彻底地防止再度发生，因而不需要额外的库存当作缓冲。
- 若能达到"不良品 =0"，也不需要为不良品设置缓冲用的库存。

然而，很少有人会考虑这样的积极改善。

如果从作业的角度出发，一般人会思考以下措施：

- 如果不换模，则无法进行下一项工作。
  - ○ 但换模很费时间且很麻烦，因此如果能增加批量，那么就应该可以减少换模的单位工时。
- 上下料，或启动开关很麻烦，但若不做又无法加工。
  - ○ 统一产品的方向，并将其装入卡匣，因此可以自动装夹与卸下；
  - ○ 安装可以一触即启动的开关。
- 供给切削油、润滑油与清除切屑很麻烦，但是又不得不做。
  - ○ 自动供给切削油、润滑油；
  - ○ 让切削屑自动落下。

⊖ 同时做同一型号的产品。

- 供给原材料与储放完成品很麻烦。
  - 加长原材料尺寸；
  - 加大储放完成品容器的容量。

但在此情况下，我们也有必要根据"着眼于问题根源"的观点实施改善，彻底地进行如下积极改善：

- 采用"快速换模（SMED）系统"与"一触换模（OTED）系统"，大幅地缩短换模时间。
- 从前道工序就开始进行"单件流"，并采用简单的自动装夹，自动卸下完成品，依顺序、不必调整方向地搬运至下道工序，在下道工序中也能简单地自动装夹。
- 关于开关的操作，机械在自动装夹完工件之后，即可立刻进行切削，因此不需要操作员操作开关。
- 采用含油轴承，因此不需要供给润滑油，同时要考虑采用无油的切削工法，或者采用 Magic-cut（雾状喷油，比起一般的方法对刀具有 10 倍的冷却效果，另外刀具的设计与排出切屑的能力，也可以让刀具比一般的刀具延长 30% ~ 60% 的寿命。而润滑油的消耗量为一般方式的 1/10）。

工厂或者以精密锻造、铸造甚至冲压成型，取代机械加工，以消除切屑的发生，或者采用次优的方案，强制排出切屑并送至机械外，以便能够容易地清理。

- 整备自动补充材料的功能，或配备交换装载完成品容器的装置，因此可以长时间地无人作业。如果是中间工序，因其功能是联结前后工序，如果仅有极少的原材料与半成品库存，则不需要特别的储存装置。

但是，人们的一般做法是肯定现状，认为："是的，目前的做法的确对增加附加价值没有贡献，但在目前的状况下，我们必须这么做，否则不会有进度,'实在是没有其他办法了'。"或者,人们认为它们的确是恶魔,但它们是"必要的恶魔"。随着时光的流逝,"必要的恶魔"积习难返,因为人们忘了"恶魔",只记得"必要",甚至认为它们是有用的作业。

3. 何谓彻底地消除浪费

在许多工厂里,冲压机的开关有所谓的安全操作方式:冲压机操作员在做出冲压的动作时,如果双手没有一直按着开关,机器就会自动停止;哪怕一只手离开开关,机器也会瞬间停止。这个功能可以确保冲压机操作员的安全。

对于以上方法,丰田生产方式却认为冲压机操作员用双手持续地按着开关,就会让手等待,冲压机是可以用单手一触开关即可工作的设备,因此必须另外思考更好的方法。

的确,劳工安全卫生法中有这样的规定:"对于冲压之类的机械,在滑块与刀具运作的时候,必须要有防止任何身体的部位进入危险区域的措施。如果身体的任何部分侵入了危险区域,具有滑块与刀具能够立即停止的设计,则不包含在此项规定中。"

在丰田生产方式中,大部分状况是如图 5-2 所示的"一人多机"或"一人多工序"作业。

他们所采用的方法是,将冲压机的开关装在邻近的冲压机旁,在这里可用单手一触即动地遥控冲压机的启动。这么一来,冲压机操作员即使用单手一触即启动冲压机,仍可确保安全。在多台冲压机的状况下,生产力可提高约 50%。

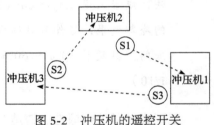

图 5-2　冲压机的遥控开关

当然,在此状况下,第三者也有可能侵入机械的工作范围,因此工厂需要设置合适的防止侵入装置。

大部分工厂认为,这样的方法是"为了安全,不得已的方法"。相对于此,如果我们转换一下想法,考虑"一直按着开关的动作是浪费",不是具有重大的意义吗?

我曾经问过 T 工业公司的 Sakurai 课长:"你在给冲压机输送钢卷板材时,

为什么要用毛毡滚轮为钢板涂油呢?"

他回答道:"那是因为在进行拉伸加工时需要润滑。"

我又问道:"噢!是吗?拉伸的确需要涂润滑油,但为什么对将要成为废料的部分也涂油呢?"

Sakurai 先生想了一会儿,答道:"因为是用毛毡滚轮涂油,所以整个板材都被涂油,也是没有办法的事。"

我继续说道:"'没有办法的事'这句话就是问题。如果我们能认真地思考'对将成为废料的部分涂油就是浪费'的话,就会想到其他的涂油方法,你不这么认为吗?"

过了一阵子,他们改变了涂油的做法,即对冲压模具的上模与下模喷油,从而摒弃了在会成为废料的地方涂油的做法。

这是一个在人们不会想到的地方,积极地发现了浪费的例子。

在大丰工业,一名操作员进行 14 台切削机器的多工序作业,但需在每道工序中按开关来启动机器。然后,他做了以下改善:将联动控制机器 1~7 台的开关,装在机器 8 的边上,于是一触开关可同时启动机器 1~7。而机器 8~14 的开关也连接起来装在机器 1 边上,一触即可立即启动整组机器 8~14。

结果,该工厂将以往需要 35 秒的周期时间,缩短至 4.2 秒。这个例子打破了"机器必须一台一台启动"的既成想法。既成想法已经被打破,变为"机器只要在下一个周期开始之前,启动并完成加工就好了"。

4."没办法"是不行的

丰田生产方式认为如下思考方式是行不通的:

"总之,如果不这么做是不行的。"

"但,因为没有办法,所以行不通。"

丰田认为,从现在没有问题的状况中或认为是非常正常的状况中,找出浪费现象进行改善"是非常重要的。

我们不应该有这样的观点:"虽然那个动作不会增加附加价值,但又不得不需要,不得已啊",而应该要有坚定的信念,即坚持认为虽然这个动作"没有增加附加价值"，目前只能暂时接受，但是未来，一定要将其改善并加以消除。

认为"没有办法"而永久妥协，或是坚定地认为"最近的未来，一定要彻底地改善"，这二者之间是完全不一样的。一旦我们肯定并接受了现状，就永远不可能再改善了。

因此，我们不断地从认为没有问题的状况中找出问题，这种积极态度是非常重要的。

在这一点上，我们必须先彻底理解"浪费不是用来消除的，浪费是用来被发现，然后再消除的"。

5. 改善加工与主体作业

到目前为止，我们的介绍局限于"增加附加价值的行为"：

- 工序——加工（变形、变质、组装与分解）；
- 作业——主体作业（实际进行切削等）。

我们主张，除了应该消除只会增加成本的浪费行为之外，也绝不可以忘了对加工与主体作业本身的改善。即使它们是可以增加附加价值的行为，我们也必须思考："难道没有更好的方法来增加附加价值吗？"因此，我们需要更积极地思考，并采取以下改善措施：

- 从价值工程（value engineering，VE）与价值分析（value analysis，VA）的角度，重新思考实际的产品与材料；
- 例如，改用了真空成型技术之后，除了可以防止溢出的毛刺之外，还可以大幅地减少缺陷产品的发生，这就是加工方法本身的改善。

6. "5W1H"与5次为什么

在任何场合中，我们都要以询问"为什么？为什么？为什么？……"来彻底追求根本原因，并且孜孜不倦地努力找到真正的原因，也就是真因。这就是丰田生产方式强调你是否可以重复5次询问"为什么"的意义。

丰田生产方式非常强调要自问自答"5W1H"，并且通过重复地询问5次为什么来发现问题，这是丰田的基本科学态度。也就是说，丰田生产方式主张"5W 是 5 个 why"，如果我们重复问了 5 次为什么，那么就可能知道真正的原因，找到真正的原因之后，也就可能知道应该如何做（how）了。

当然，这绝对不是否认构成现象本身的各个要素。

- 什么？ what——生产的产品；
- 由谁？ who——生产者；
- 如何做？ how——生产的方法；
- 在哪里？ where——生产的地方、空间；
- 什么时候？ when——生产的时间、时机。

只是用"为什么"（why——根本原因）来对以上各项要素"what、who、how、where、when"问"5 次 why"，强调如果只是各问一次为什么是不行的。

但也无法否认，为了探求根源原因，我们要了解以下三个层次：

- X——调整聚焦；
- Y——多重原因；
- Z——系列原因。

我们应该明白，**5 次"为什么"**可以提醒我们防止发生这样的情况：在探求 Z——系列原因的情况下，仅仅探究了一个层级上的原因，就不再继续探求更深层次的原因。我们应该去探究最深层次的**"系列原因与措施"**，找到真正的原因，而不应该倾向于接受一些简单的改善。

"5W 就是 5 次 why（为什么）"，这是强调彻底追求"真因"的重要性。虽然这样的表述方式有点僵化，但我们必须将意思表达正确。

大量生产（mass production）与大批量生产（large lot production）

大野耐一先生所写的《丰田生产方式》一书的副书名是"以摆脱规模的管理为目标"（Beyond Large Scale Production），书中对此并没有做更多解释。而其他阐释丰田生产方式的书，则完全没有提及这一话题。毕竟，这句话作为副书名一定有其重要意义！

我原本以为他的意思是"所期望的适当规模的管理"，但读完之后，发现这本书是说"与美国的大量生产方式相对应的，是日本的丰田生产方式"。

大野先生在书的前言中，有如下叙述："丰田生产方式是源于第二次世界大战之后日本汽车产业所肩负的使命，是从多品种、少量生产的市场限制中发展出来的。为了对抗欧美汽车产业已然成熟的大量生产方式，争取日本汽车的生存空间，经过长年而屡败屡战的试行错误之后，丰田生产方式终于成为确实可行的生产方式以及管理方法。"

这样的叙述，可能会让人认为："丰田生产方式是'大量生产系统'的反义词"。但是否真的是这样呢？

美国的大量生产系统主张："大量生产可降低每辆汽车的单位人工成本。同时，较低的折旧费用负担也可降低成本。这样就可以降低售价，由此所爆发出来的需求进一步可以促进大量生产，从而形成'大量生产－大量销售'的良性循环。"

抽象地说，大量生产本身在可降低专用机与模具的折旧费用方面，具有绝对的优势。

例如，德国大众汽车公司由于长期不必做甲壳虫汽车的换模，的确获得了大量生产的红利。当然，丰田汽车的卡罗拉在生产量方面，创造了单一车种的世界纪录，应该可以确定它也受惠于大量生产。

但是，大量生产会受到市场特点左右。一般可以这么说：

- 美国市场适合少品种、大量生产；
- 日本市场适合多品种、少量或中量生产。

以上选择只能由市场特点所决定，无法由企业自己来决定。

但生产方式的特点则不同于市场特点，要采用大批量生产方式或是小批量生产方式，完全由管理层决定。

这是因为，即使总体上有大量的需求，但实际产生的订单被分割成了单个的少量小订单。相对于此，集中成大批量再生产的方式一定会导致大量库存。

即使总的生产量不多，企业却依然进行大批量生产。虽然大批量生产是进行下去了，但大量库存将不可避免地长时间存在。

因此，如果管理者坚定地认为"库存就是浪费"，那么，不论需求的特点是大量还是小量，都不应该考虑大批量生产，而应该以小批量生产方式作为努力的方向！

也就是说，"大量生产"与"大批量生产"是完全不同的维度。

丰田生产方式的最大特征被认为是："强调过量生产就是浪费"，除了具有库存本身就是极大浪费的强烈意识之外，也正面地对应日本市场"多种少量"的需求特点，以"多品种小批量生产"为努力方向。

因此，即使日本市场可以允许大量生产，丰田生产方式仍然以"小批量生产"为方向。我们必须清楚地理解，"大量生产"与"大批量生产"绝非同义词。

此外，我们必须明白，丰田生产方式并非大量生产的对立面，而是大批量生产的对立面。

因此，为了能进行小批量生产，企业一定要大幅地缩短换模时间。为了响应这个需求，我提出了"快速换模（SMED）系统"与"一触换模（OTED）系统"。

结果，丰田为了符合日本市场的实际需求状态，思考出了"多品种、小批量生产"的方式。要发展这种生产方式，采用"快速换模（SMED）系统"成为一个绝对必要的条件。

接单生产的发展方向

丰田生产方式的另一大特征是以接单生产为发展方向。

1. 大量生产即预估生产

若换个角度来思考，以前所称的大量生产可被称为预估生产或是计划生产，但从结果上来看，它的实际情况就是预估生产，如图 5-3 所示。虽然生产计划依据的是以往的销售统计与大规模的市场调

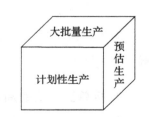

图 5-3　大批量生产的特点

查,但是真正的需求经常与计划有很大的差异。

相对于此,丰田生产方式是"小批量生产、接单生产,并顺应实际的需求,以确定(而非预估)生产为发展方向"。

在高速发展的情况下,因为是卖方市场,所以即使是预估生产,实际的需要是顺应生产的,也不会产生多大的损失。但无论如何,生产因有了消费者实际的需求才得以产生。

我曾提过:"丰田汽车只生产'一定'卖得掉的产品,而 S 电气公司生产'可能'卖得掉的产品,二者之间是不同的。"

2. 季节性商品的预估生产

S 电气公司生产季节性商品。它以往的做法是在每年的 10 月底之前,根据市场调查或是销售部门人员的预估,生产整个冬天所需要的商品。自 11 月起,它只能被动接受市场动向的变化,在大多数情况下都是以守着不必要的库存来结束。

后来,它改变了根本的想法,开始实行接单生产的方式。但是因需求受到季节性波动的影响很大,到 10 月底为止,它只生产了 70% 的需求稳定的产品(而这些产品以往在 10 月底前会 100% 生产完毕),11 月开始到第二年 1 月底,则只生产卖得出去的产品。为了能随着市场波动而生产,它除了采用"快速换模系统"之外,还大幅地缩短了生产交付周期。对于特定产品的新订单,从供应商提出要求开始,它可在 10 天内将货物运至销售点。

那一年的夏天非常热,气象局的长期天气预报、有经验的农夫以及老练的渔夫都认为那将是一个寒冷的冬天。因此,其他部门都进行了大量的预估生产,但结果出人预料,那年是个暖冬,结果留下了大量的库存。

但这个部门呢?令人吃惊的,新旧方法之间差了 40 亿日元。也就是说,如果仍然按照原有的做法,这个冬天过后,将留下 40 亿日元的库存。

结果,由于它改用了接单生产的方式,只需要比需求多出 10% 的库存,就可以运作了。

3. 接单到交货的周期时间(D)与生产周期时间(P)

D 与 P 的关系,是对实际生产活动造成极大影响的要因。

D——从接单到交货的周期时间（交货周期时间）；

P——从第一道工序开始到完成的周期时间（生产周期时间）。

如果：$D > P$ 则没有问题。

例如：交货周期时间 $D=20$ 天

生产周期时间 $P=10$ 天

如果状况是相反的，$D < P$，则会有问题。

例如：交货周期时间 $D=10$ 天

生产周期时间 $P=20$ 天

这样将会延误交期，因此一定要让"$D > P$"。为此，工厂有了如下对策：

到某中间生产流程为止，先行预估生产，让其后续的生产流程的 P' 可以短于 D，即"$D > P'$"。

但是，在这种情况下，如果预估正确，当然是没有问题的。但如果正好相反，我们可以想象的是，大量的库存将停滞于中间生产流程前，陷入困境。为了避免这样的状况，我们需要改善工序间等待与批量等待，从而大幅地缩短生产周期时间，绝对的生产周期时间 P_0[⊖] 将可低于 D，"$D > P_0$"（见图5-4）。这才是对于上述问题的最彻底改善。

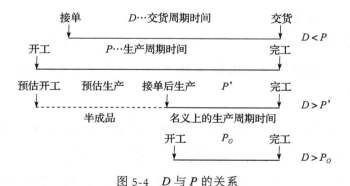

图 5-4 D 与 P 的关系

4. 接单生产的特点

基本上，丰田生产方式是以接单生产为方向的，在日本，订单往往要求多种、少量、短交期地生产。

⊖ 详参第 2 章"生产周期时间（P）与接单到交货的周期时间（D）"。

其对策是：

- 多种——以"快速换模（SMED）系统"来解决；
- 少量——可以采用"快速换模（SMED）系统"，尽可能小批量生产；
- 短交期——采用小批量、同步（流动）、单件流生产，以大幅缩短生产周期时间。

但还有一个问题会让接单生产难以实施，就是需求量的变动。

对于一个月中的变动，我们可以用一个称为"均衡化"的想法解决（将在后面进行阐述），这里的问题是一年内每个月之间需求量的变动。

也许，我们可以有这样的对策，也就是"准备库存，以均衡化一年内的负荷"，但丰田生产方式认为"库存，也就是生产过量，绝对是浪费"。

因此，丰田生产方式不会准备库存，它的基本想法是"以其弹性的生产能力来应对"，也就是说：

- 在第一班与第二班之间各有 4 小时的间隔，因此可以靠加班增加 50% 的产能；
- 在一般情况下，一名操作员操作 10 台机器，此时赋予机器的负荷（稼动率）只有 50%；
- 当预测需求增加时，工厂可雇用临时工，让一名操作员只操作 5 台机器，这样机器得以发挥 100% 的能力，也就是可以增加一倍的生产能力。

但在此状况下，工厂的人必须自己先将机器改善好，让临时工可以在经过 3 天的训练后，独立作业。这是丰田生产方式的一大特点。

以上做法可以让工厂弹性的能力来应对市场的变动，而丰田生产方式与其他公司比较，据说操作员的人数要少了 20%～30%，因此，现场平时即被严格地要求持续改善，以便能持续地节省冗余的人力。

5. 满足需求周期的长短

曾经有这样一个故事：一名被派遣到联邦德国的日本商社人员，在当地租了房子，他到商店想买一套衣柜，但没有一家可以立刻交货的商店。

因为必须订做才行，他问道："要多久呢？"商店的回答让他大吃一惊："半年"。他再问道："没有办法早一点交货吗？"商店的回答是："我做的衣柜非常耐用，可用一辈子，你为什么不能等个半年呢？"哇！这与日本有太大的差异，让人无言以对。

的确，美国与欧洲对"交期"有不同的概念。但是纵使国家不同，想要尽快得到你想要的东西不是人类本能的欲望吗？

在英国，订购当地生产的奥斯汀小汽车，最快的交货期是接单后的 6～10 个月。

在美国也是一样，当订购通用或福特的汽车时，你可能需要等待 3～6 个月。但是，订购日本车将能更快且准时交货。⊖

最近在美国，因日币升值，美国当地汽车的价格 3000～4000 美元，而日本车的价格为 3500～4500 美元，实际上比美国车贵了 500 美元。但即使如此，因为日本车具有"耗油量低并且较为舒适"的口碑，所以销路仍然比较好。除此之外，"订货之后能立即交货"对销售有一定的促进作用。

之所以如此，也许是因为丰田美国分公司做了非常好的市场调查，当然这与丰田销售公司对美国市场安排了适当的交付策略也有关系。但丰田汽车工业公司对于交付的要求，以及调整交付周期即可应对的生产体制，则具有更重大的意义。此外，这些都是在"零库存"的状况下进行的，可谓是丰田生产方式的一大特色。

对于丰田而言，例如接到了 Celica 的特殊订单，它可在 10 天内交货。

- 今天你如果向经销商的销售员订货，订单将立即被电报联机送到丰田销售公司的总部，并且与丰田汽车工业公司联络；
- 在丰田汽车工业公司中，订单将立即被输入计算机，并将生产指令送到组装工厂；
- 2 天内，工厂将生产完成该汽车；

⊖ 文中背景为作者写书的当年。——译者注

- 总计 6 天的运送时间与 2 天的宽放期间，车辆可以送达日本任何地方的顾客手中。

若是标准车型的话，丰田销售公司保有库存，一般来说，可以立即交货给顾客。同时，它也会立刻通过上述信息与物流网络，使丰田汽车工业公司立即生产同样的汽车，以补充自己的库存。

6. 强有力的市场调查

如上所述，在丰田生产方式中，汽车可在 2 天内被生产出来，但这并不意味着从材料到成品车的生产周期时间是 2 天。

因为车体、大梁与各种零件都已事前根据确定的计划做好了，因此这 2 天只意味着立即根据顾客的需求组装与涂装（色），在 2 天内生产出来。

因此，丰田对于车种与数量，仍然需要在较早的时候以较高的精准度予以掌握。

丰田销售公司每年两次对包括非汽车拥有者在内的 6 万人，做"需求趋势调查"，仅费用就要 1.2 亿日元。除此之外，它每年也对各个项目做五六次调查。据说它每年花在市场调查的费用就在 6 亿～7 亿日元，长期需求预测的正确性很高。

每天日本的汽车类别"订单台数"，在次日早上 9 点之前会被报告给丰田的经营高层，他们可以据此立刻修改已经决定的生产计划。这不就是贯彻其"彻底执行接单生产，不制造卖不出去的车子"的基本方针吗？

7. 丰田生产方式中的生产计划

丰田制订生产计划时必须从两个观点来思考：一是可以多正确地掌握需求，二是如何顺利地应对生产计划。在这种情况下，它若是以"预估生产"为基调思考的话，相对比较容易解决，但若是以"完全没有库存"为基本条件来思考生产计划的话，就会遭遇许多困难。

因此，企业为了能顺利地运作丰田生产方式，必须巧妙地整合生产计划与信息系统，如图 5-5 所示。

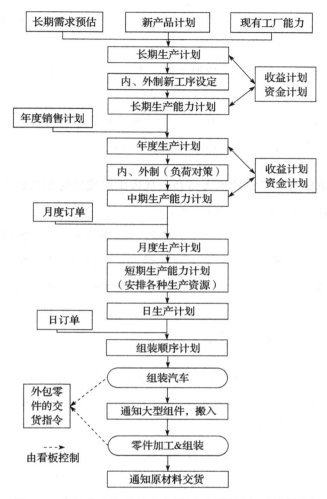

图 5-5　丰田生产方式的生产计划（引用杉森氏的报告）

①年度计划：丰田每年要生产多少辆汽车，要有大致的数量，那就是销售台数。这一数字会受到市场调查结果很大的影响。

②月度生产计划：

- 例如对于将要在 3 月生产的汽车，1 月时就要非正式地决定种类与数量。
- 2 月时就会确定 3 月要生产的车种、型式与其他项目等生产内容。
- 上述 1 月的非正式决定，与 2 月确定的生产计划信息，都会被发送给零件供货商作为参考。

- 2月时，企业会做出精细的每日生产计划。此时"均衡化"将会被彻底地安排到日程计划之中。
- 2月的下半月，各生产线将收到各种类别的每日生产量的信息，这被称为"日均衡"。
- 3月时，日程计划将会被更进一步地均衡化，从而成为"顺序计划"，此时只通知最终组装线的某一特定工位。

这乃是丰田信息系统的最大特色。从该组装线的特定工位开始，向上游的工序以所谓的"看板"来传达信息。

如果从以上制订生产计划的方法来看，即使是丰田生产方式也可被视为"预估生产方式"。虽然消费者喜欢在短期内就能收到汽车，但生产汽车的确需要一段时间，所以 D（从接单到交货的期间）与 P（生产期间）无法完美地配合。

因此，丰田生产方式做了如下处理：

- 在较早阶段，根据强有力的市场调查，做出"预估生产计划"。
- 随着生产的临近，"预估生产计划"会被转换成"接单生产计划"。
- 在实际生产时，会尽量根据实际的订单再调整，然后将顺序计划传达给最终组装线的最前端。如果已发出的生产计划需要调整，也只通知最终组装线的最前端，而其前道工序则靠"看板"来传达情报。所以，任何调整都可准确且简单地进行。

一般的工厂则是这样的情形：

一旦决定了月度计划，生产期间即使想要调整，实际上是不可能的，最快只能在下个月的计划中反映出来，因此就会产生不必要的库存。

结果，在"制订生产计划"的阶段，丰田生产方式与其他方式的程序是非常相似的，但是在基本思考方式上，即是实施"预估生产"还是"接单生产"，却有极大的差异。我们若从另一个观点来观察，则可将其想象成"计划是极端的僵硬还是具有弹性"的差异。

丰田生产方式如图 5-6 所示。

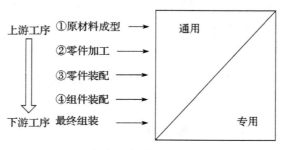

图 5-6　生产工序的通用与专用特性

"加工的通用性，由上游工序逐渐地向下游工序递减，成为专用性，同时预估生产计划也逐渐地从上游工序向下游工序转换成接单生产计划"，这也是其一大特征。

也就是说，从原材料成型、零件加工、零件装配、组件装配到最终组装的过程，逐渐从通用性转换成专用性。其内容如下：

①原材料成型——铸造、锻造、冲压成型等；

②零件加工——钻孔、切削加工等；

③零件装配——油箱、装配活塞等；

④组件装配——装配汽化器、引擎等；

⑤组装最终——组装车辆、组装配件等。

在上游工序中，各车种可能是通用的，但在下游工序中，每个车种都显示出其专用性。特别是外观的涂装与配件等，都是根据每一位消费者的要求而设定的，非常强调其专用性。所以，企业在该阶段中如果能实现"接单生产"，那么就能充分地使顾客满意。在这一点上，丰田生产方式具有非常高的弹性应对能力，并满足严苛的"零库存"条件，从而被视为了不起的生产系统。

8. 关于所谓的"超市系统"

丰田生产方式也被称为"超市系统"，具有以下优点：

①顾客可以自由地选择想要的商品；

②顾客选取商品并且自行搬运，因此可以降低销售工时；

③工厂只会补充卖掉的商品，因此不但可以切实地掌握顾客的消费趋势，而且可以消除不需要的库存。

但它也有以下顾虑：

它无法保证今天卖出去的商品，明天也卖得出去。这可能导致不必要的库存。

一般人们常被问到以下问题："在棒球赛中，三成打击率的球员在今天第一轮的打击中击出了内野滚地球，第二轮则击出了外野高飞球，均被接杀，第三轮能打出安打吗？"可能有下列两种答案：

"他有三成打击率，这一回他一定可以安打。"

"噢！他今天表现不好，我预估第三轮又会是一个普通的飞球。"

我则认为："当然有很大的可能是普通的飞球。"我想将所谓"三成的打击率"，想成某人整个球季的"打击率是三成"比较好。

但丰田生产方式则认为："后道工序的装配线取用了零件产品之后，本道工序就向前道工序取得另一个零件，制造并补充被装配线取走的零件产品。各道工序都只补充被领取的产品。"这也就像"三成打击率的球员若在第一轮打出安打，也有可能在第二轮打出安打"⊖的想法。

有些学者做出如下批评："丰田生产方式必须在每道工序后方都备有半成品库存，所以是种增加库存的方法。"

在此观点上，这样的主张可以说是对的，但我们也必须了解另一面的事实："丰田生产方式只补充卖掉的零件或完成品，并不补充卖不掉的零件或完成品。"

我们应比较下列两种库存，哪种产生的不必要的库存比较多，再做判断：

①实际需求与根据长期预测所做的预估生产之间不匹配所造成的库存；

②超市系统为了弹性反应需求所生产的库存。

⊖ 这个比喻有点让人难以想象。在丰田生产方式中，各道工序后备用的库存，第一次因顾客的需要而被领走之后，再度补充先行准备的库存，有多大的可能性会再被后道工序领走呢？

如上所述，超市系统的基本态度是追随实际的需求。丰田生产方式由此得到启示："如果能跟随实际的需求并弹性地生产的话，很自然地就会发展为由后道工序向前道工序领取零件的方式。"

生产管理系统有时被这样阐述："生产方式有两种，即推式系统与拉式系统。"但这仅论及"手法的形式"而已，与其如此考虑，还不如从其基本的观点出发来思考，"以接单生产为方向，必然会采用'拉式系统'"，这样能更好地理解丰田生产方式。

福特方式与丰田方式

1. 福特方式与丰田方式的对比

大野先生在他的书中用很大篇幅将福特方式与丰田方式进行了对比。

他提道："福特方式与丰田方式哪一个占优势呢？因为这两个系统每天都进行改善与改革，所以我对这个问题很难迅速给出答案。然而，我自己有信心的是，丰田生产方式适用于低速成长时期的生产。"

他同时也认为："如果同品种、同型号的零件集中性生产，也就是让批量集中变大，那么冲压生产过程将不需要换模就可以持续地大批量生产，这样的做法至今仍然是一般的常识。这正是福特生产方式大批量生产的关键。"

"增加批量的数量，根据计划进行大量生产，对降低成本有很好的效果，美国的汽车工业已经证明了这点。"

"丰田方式则与其反向而行，我们在现场的口号是，'批量要尽可能的小，冲压机的换模要快'。"

除此之外，在介绍了福特方式首次试验"流动生产"的场景之后，他据此说明：

这个流动作业的基本模式对于世界各汽车工厂而言是共通的。最近虽然有沃尔沃方式的例子——一名操作员可组装整台引擎，但主流还是福特方式的流动作业。

索伦森（Solensen）先生所叙述的福特方式的场景大约出现在1910年，

当时"流动作业"的基本模式至今为止仍没有很大的改变。

丰田方式与福特方式一样，以流动作业为基本作业。其中的差异在于，索伦森先生为处理放在仓库的零件而吃尽苦头，与此相反，丰田方式不需要仓库。

在此我想请各位回忆一下"just-in-time"的定义，是"在必要时间，只供应必要数量的必要零件到各最终组装工序的线边"。

2. 福特方式与丰田方式的不同点

那么，福特方式与丰田方式之间的区别是什么呢？想一想，我们大概可以列举出以下三点。

（1）大批量生产与小批量生产

一般来说，许多人认为福特方式与丰田方式之间的差异在于"少品种大量生产与多品种少量生产"。这也许并没有什么错误，但并不是正确的理解。

是应该采用少品种大量生产，还是多品种少量生产，应该由市场的特点来决定。换句话说，这应该由顾客的需求来决定，而不是由企业判断、自主选择。

同时，"高成长还是低成长"的问题，也会受到社会环境的变动所限制，也同样由不得企业自主选择。当然，在高成长的环境中，容易形成卖方市场，但在低成长的环境中，一定是买方市场，所以企业必须根据上述情况改变它们的态度。

就像之前提过的，如果可以大量生产，对专用机械、工具与模具的折旧将比较有利，这也成为支持大量生产的绝对有利条件。

现在的问题是，我们应该选择执行大批量生产还是实施小批量生产呢？

美国的汽车工业深信："扩大批量与计划性的大量生产，最有利于降低成本。"在很长的一段时间内，该行业"都持续着'大量生产'与'预估生产'"，而今后也很有可能继续下去。其结果是：

- 因为预估计划与实际需求间的差异，造成了大量的库存；

- 大批量生产的结果是，在工序之间堆积着大量的半成品。

这两个现象造成了大量的库存。这样的现象在低成长期间，则可能进一步地扩大。

但既然如此，它们为什么仍然坚持大批量生产呢？原因可能在于以下几点：

①可以大幅地减少更换模具与工具所导致的时间损失；

②因为实施大批量生产，从而可进行高度的分工，可能减少工时与降低成本；

③因为实施了高度的分工，所以可以由非技术工来作业，从而可以降低成本，促进就业与消费。

但关于以上各点，我有以下思考：

①如果可以实现如"快速换模（SMED）系统"般革新性地缩短换模时间的话，就完全没有实施大批量生产的理由了。

②即使是小批量生产，仍有许多共通的作业，而各小批量累积成为大量生产的话，就不会削弱分工的效果了！

③如同第2项的理由，非技术工的工作机会也将不会减少。

因此，必须实施大批量生产的理由将烟消云散。

如果我们能有效率地实现"小批量生产与短交期生产"的话，那么就能否定"预估生产、计划性生产、推测生产"的必要性，从而采用"接单生产与根据实际的需求生产"的方式，这不就是丰田生产方式的本意吗？

从这样的论点来看，相对于福特方式的大批量生产，丰田生产方式是以小批量生产为努力方向，因为感到需要大幅缩短更换模具与工具的时间，从而采用了"快速换模（SMED）系统"作为武器——这是它最大的特征。

（2）在装配工序采用"混流生产"

在最早的时候，汽车的装配作业是由几名操作员围着一辆汽车完成的。

但这个状况被福特做了破天荒的改革。它将汽车一辆一辆地移动，运用分工方式，在各道工序中装配零件，采用了所谓的"流动作业方式"的装配作业，实现了划时代的生产力提升。如大野先生所说："即使到今日，福特式流动作业的基本模式并没有什么改变。"

他同时也说明:"丰田汽车装配作业的形式,与福特的基本模式完全是一样的。"

问题在于其内容。基本上,福特方式虽是"一辆一辆"流动,却是所谓的"大批量生产方式",因为:

①上旬,连续流动着 20 万辆 A 车型;
②中旬,流动着 30 万辆 B 车型;
③下旬,流动着 40 万辆 C 车型。

但是丰田生产方式则进行着所谓的"均衡化生产"。

它每天重复着"A 车型 2 辆,B 车型 3 辆,C 车型 4 辆"的混合流动,追求以下优点:

- 因为实施了小批量生产,所以可以不必保有成品库存;
- 可以快速响应需求的变化;
- 回溯到源头工序为止,赋予平均的负荷。

因此,基本上丰田生产方式可以被认为是"活用了福特系统的流动作业方式",但从"零库存"的观点看,则可以被视为福特系统的修复与升级版。在这个意义上,丰田方式与福特方式并不对立。此时,我们将丰田方式视为"进阶的福特系统"更为合适。

因此,我们必须理解它们各有如下特征:

- 福特系统——少品种、大批量、单一产品的流动;
- 丰田系统——多品种、小批量、混合流作业。

(3)从零件到组装的连续流作业

福特方式的确是这样运作的,装配作业是"一辆(车)流动作业",补给装配线的零件都在零件加工工序中进行着批量作业,而且批量都相当大。

相对于此,丰田方式则是在装配工序也实施"单件流作业",除此之外,与其相连接的大梁焊接工序或是零件加工工序也采用"单件流作业"。同时,它也进行着与装配线直接连接的连续流作业方式。

在同一家工厂内生产的零件，或是由零件供货商所提供的零件，都是以非常小的批量生产，并直接被供应到生产线附近。

也就是说，基本的生产方式是"从零件加工到最终装配为止"以连续流作业来链接。

与此不同，福特方式只在装配线采用了"单件流作业"，而装配工序与零件加工工序是分离的，同时零件的加工也是以大批量方式进行的。这与丰田方式有决定性的差异。

因此，丰田方式可以彻底地降低库存，也可以大幅地缩短生产周期，一方面很容易匹配需求的变动，另一方面也可以将完成品库存控制在最小限度。

3. 丰田系统是福特系统的升级版

对于以上诸多想法，我们汇总如下：

①在最终的装配工序中，丰田承袭了福特方式的"单件流作业"；

②福特方式的装配工序是进行着"少品种、大批量、单一产品的流动作业"，而丰田方式则是"多品种、小批量、混合流动作业"；

③福特方式的装配工序与零件加工工序是分断的，但在丰田方式中，装配工序与零件加工工序是连续流动的；

④"单件流作业"只被福特方式用于装配工序，零件加工工序大都采用大批量生产方式，但丰田方式则尽可能地以非常小的批量生产。

※　　　※　　　※

了解了以上特点之后，我们可以知道：丰田方式并非对立于福特方式，应是"更广泛与更进步的福特方式"。如果说其中有什么冲突、对立的话，可能仅限于福特方式在装配工序与零件加工工序方面采用了大批量方式，但丰田方式则导入了小批量方式。

对于这一点，如果从另一个角度来思考的话，我们可以知道，"为了匹配日本市场的特点，丰田发展出了一个较少库存的生产系统"，可被视为丰田生产方式的一大特色。其最基本的关键点则在于，采用了"快速换模（SMED）系统"。想要采用丰田生产方式的企业，绝对不可忽视这一点。

◐ 本章总结

丰田生产方式是彻底排除浪费的方式，以降低成本为其至高的课题。具体地说，因为它具有强烈的"消除库存"的意愿，所以必须排除隐藏在库存之后的现象。因此，不做"预估生产"，而是以"接单生产"为努力方向，具有极大的意义。

除此之外，在作业层面强烈地意识到"机器与人分离"，也是其另一大特征。

トヨタ生产方式のIE的考察 | 第6章

丰田生产方式的构成

只要丰田生产方式是生产活动与管理活动的方式,它就与一般的生产管理方式一样,需要从工序与作业两个方面来研究。

工序的改善

丰田生产方式最大的特点被认为是"just-in-time",但那仅是为了实现"零库存"的手段而已。

所以,用什么样的方法实现"零库存",才是其最大的特点。

除此之外,均衡化也被认为是一大特点,它究竟又具有什么意义呢?

同时,最近非常流行的"并行作业的 Nagara 方式[⊖]",又是什么呢?

在丰田生产方式中,我们要彻底地认识"工序是由加工、检验、搬运、停滞所构成的,但其中能增值的只有'**加工**'"。

在改善"检验"与"搬运"的同时,我们对以往放任、形同忽略的"停滞",却错误地认为,"它可缓和工序间所发生的问题,有其用处""它是恶魔,但是必要的恶魔",从而将重点放在其存在的必要性上。然而,丰田生产方式非常强调"过量生产的浪费",它不是指"生产过多",而是对"生产过早"

⊖ Nagara 方式是指同时进行与主要作业有关的作业,比如边做 A 作业时,边做 B 作业。并行作业是比较容易理解的翻译。

大加批判，从而强调应该彻底地消除"生产过早"的浪费。

在考察丰田生产方式的时候，我们常常将"过量生产的浪费——零库存"等投影在各个方面，**真正的目的则是要联系到"降低成本"**。如果不能认清这一点，我们就无法正确地理解丰田生产方式。

相对于以往"停滞是必要的"观念，我认为应该从正面思考"为什么需要停滞"。我认为，如果说彻底地"改善停滞"，也就是消除"过量生产的浪费"，是丰田生产方式的最大特点，绝非言过其实。

一般我们讨论工序管理时，研究生产的对象（产品）、生产的主体（人、机器）、方法（工序工艺）、空间（布局）当然是非常重要的。但实际上从"时间"的角度来讲，则有**"排产管理与产能管理"**两大重要课题。

为什么会是这样的呢？这是因为：

- 排产管理——到什么时候可以完成——来得及吗？
- 产能管理——可能做得出来吗？（是否平衡了负荷与产能？）

这可以刚好被想象成下述关系：

- 若不能准时到达车站，你将错过火车（排产）；
- 即使你准时到达了车站，但火车已经客满了，你也不可能搭上火车（产能）。

排产管理与 just-in-time

1. 编制生产计划的方法

一般在工序管理中，我们可以如下编制"三阶段的生产计划"：
①长期生产计划——横跨 1 年、半年、3 个月的长期生产计划；
②中期生产计划——1 个月的生产计划；
③短期生产计划——1 周、3 日或 1 日实际的生产计划。

我们之前曾提过的丰田生产方式的做法如下：
①长期生产计划——根据市场调查，决定长期的生产计划。

②中期生产计划：

- 例如将 3 月生产的产品，提前 2 个月，也就是在 1 月，"非正式"地就每一车种的数量，通知丰田的生产工厂与其零件供货商；
- 2 月，确定车种、车型与其他细节的生产内容，并提供给丰田的生产工厂与其零件供货商做参考；据此，制订详细的日程计划。在这个阶段中，已彻底地将"均衡化生产"考虑进日程计划之中。

③短期生产计划：

- 在 2 月下旬，通知各生产线"种类的每日生产数量"，这被称为"日均衡"；
- 3 月，每天⊖将排产计划，甚至更彻底均衡化的"顺序计划"，只通知到最终生产线的第一道工序；
- 如果实际上必须变更计划，则只要修改送到最终生产线第一道工序的"顺序计划"即可，而其前道工序会根据"看板""自动且容易地、准确且迅速地调整"。

如此看来，丰田生产方式的"长期生产计划与中期生产计划"，与其他一般的工序管理方式并无不同，而其最大的特点，可以说是"在短期生产计划阶段，具有对变化非常敏感且容易、准确并迅速调整的功能"。

2. 排产管理与"零库存"

丰田在排产管理上与一般的工厂不同，最不同的两点是：

- 基本上是以"接单生产"为方向；
- 彻底坚持"零库存"。

（1）零库存与 just-in-time

"just-in-time"直译为"刚好及时"，它虽然强调了"just"（刚好），但无法表达出"刚好来得及"的意思。如果丰田只考虑"及时"，那么与一般工厂

⊖ 甚至更短的发布计划的间隔期间，因此有仅发布小量、正确生产指示的效果。

的想法是完全相同的。哪一家工厂会认为不需要"及时"呢?

从这个观点来看,丰田生产方式与一般的生产管理方式是完全一样的。

而二者的最大差异在于,一般的生产管理方式是在"可以保有一定库存"的条件下生产。丰田生产方式则强调"以'零库存'并且'及时'"为条件开始生产。此外,它主张"过量生产是浪费",进而发展出"必要的产品,在必要的时间,生产必要的量"的想法。

这样的话,应该用 just-on-time(刚好准时)来表达。但这样的"表述问题"并无真正的意义。毋庸置疑的是,丰田生产方式的真正目的是"正好在需要的时候,且在零库存的状下能来得及生产"。

如果要做到"零库存",第一件想到的事情是"完成车的库存是'零'"。根据这样的看法,就一定是"仅制造能卖得出去的车子,所以'必须要有'接单生产'的努力方向"。

但是即使想这样,从接单到交货的"交货时间(D)"与"生产周期(P)"之间的大小关系,并非都能满足接单生产的要求(即 $D>P$)。

我们进一步思考得出最接近接单生产的方式,采用了所谓的"超市方式"。也就是说,根据这一假设——顾客今天买了这部车,推断出它符合顾客的喜好,最近的将来再卖出的概率很高,从而将本次销售时刻到下一次可能销售时刻之间的周期设定为"交货时间(D)",以此来补充产品,这就是所谓"超市"的想法。

这也许会被认为是一种"预估生产",但比起在非常早的时候就做假设,并一下子大量地预估生产,这种方法可大幅地减少完成车库存。

如果被认为能够卖得掉从而补充的车子,结果无法如预期般销售,虽然可能存在某些程度的库存,但是因为不会再补充卖不出去的车子,所以与纯粹的"预估生产方式"相比,自然能够大幅地减少库存。

我们将这样的想法运用于加工工序的阶段时,就形成了"看板系统"。因为各工序只补充被下游工序消耗的产品,所以在工序之间,不会毫无根据地加工卖不出去的汽车零件。

这样一来,如果极力地向实际接单靠拢,那么工序之间的进展方式就自然会由"拉式方式"取代"推式方式",同时为了能够应对市场的变化,无论如何,采用"快速换模(SMED)系统"就成为绝对必要的条件。此外,企业也希望能够彻底地缩短生产周期。

如果"零库存"是至高的追求,不容许高性能机器设备全负荷运转来制造库存,那么丰田生产方式所称的"必要量才是生产量"的重要主张,就会理所当然地被接受。此外,企业不会像以往一样,必须以机器设备的能力为中心来生产,或者只以重视机器设备的稼动率为导向来生产。

(2)彻底地缩短生产周期

据说在丰田汽车工厂,早上在上乡工厂开始加工铸造的引擎气缸,傍晚就被装上汽车下线了。我还听说,锻造曲柄轴在机器设备工厂开始加工1小时之后,就被装上汽车下线了。

如果真是如此的话,这究竟有什么秘密呢?

1)缩短工序间等待

在工序间出现的"等待",有以下两个特点:

- 工序间等待——批量生产1000件产品,因为在等待前一批产品加工完成,所以整个批量处于等待的状态。
- 批量等待——批量生产1000件产品,
  - 当加工第1件产品时,其他999件产品是处于等待加工的状态;
  - 当加工第2件产品时,剩下的998件产品仍然处于等待的状态,加工完成的第1件产品则处于等待其他产品加工完成的状态。

结果"尚未加工的与已加工完成的产品"都被锁定在等待的状态,直到整个批量完成。

在一般工厂中,加工时间与工序等待的时间比率如下:

  加工时间∶工序等待时间

    40∶60

 甚至 20∶80

如果我们拿最大差距的比率(20∶80)讨论:若能将工序间等待时间减

少到 1/2，则生产周期可减少到 60%[一]。若能完全消除工序间等待时间，则生产周期可以减少到 1/5[二]。

如我们曾说过的，对缩短生产周期而言，"缩短工序间等待时间"会比"缩短加工时间"更有效果，而且更容易实施。

因此，"让各工序以'工序平衡与同步（流动）'来生产"是唯一的对策。

这么一来，不论其"批量"是 3000、300、3 或 1 件，只要满足各工序的"加工时间"是一样的条件，则就会同步（流动），而不会发生工序等待。但如果各工序的机器设备产能不一致，当然其加工时间也无法一致，此时只要让加工速度快[三]的工序暂时等待一段时间，就可以有"名义上一样的加工时间"。

但是如果批量大，就会发生"批量等待"[四]，从而延长生产周期。

2）缩短批量等待

我们曾解释过，为了消除"工序间等待"，各工序只需实施"工序平衡与同步（流动）"即可，这样做最高可将生产周期缩短到原来的 1/5，但不可能缩到更短。因此，若想更进一步地大幅"缩短生产周期"的话，则我们必须思考如何"减少批量等待或消除批量等待"。

但是一般来说，因为"批量等待被隐藏于加工时间的阴影之中"，所以导致这样的改善大都被忽略，如图 6-1 所示。

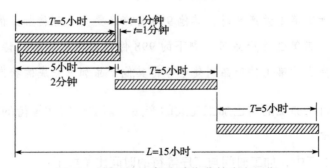

图 6-1　批量生产与流动作业的生产周期

[一] 20% + 80% ÷ 2 = 60%

[二] 20% + 0% = 20% = 1/5

[三] 加工速度快、能力高的工序，可暂时停机，降低稼动率，否则，只会制造库存而已。

[四] 在工序上虽不会发生工序等待，但因整批未到齐，所以无法向下道工序前进。

①如 3000 件产品依序在 3 道工序中加工，各工序的加工时间是 5 小时，于是全体的"生产周期"是 15 小时，这与三道工序"加工周期"的合计完全一样。

②如果将此 1～3 道工序的加工方式改成"在前道工序加工完成 1 件之后，就立刻流向后道工序"，每个的加工时间是 1 分钟的话，则：

$$生产周期 = 5 小时 2 分钟$$

与前一种方法比较，生产周期的比较如下：

$$5 小时 2 分钟 \div 15 小时 = 1/3$$

这样可将生产周期缩短到 1/3。

我们采用这种方法的话：

- 如果使 5 道工序实施"单件流"的话，生产周期 = 1/5；
- 如果使 10 道工序实施"单件流"的话，生产周期 = 1/10。

这样可以大幅缩短生产周期。

但是，企业以往要实施"小批量生产"时，经常会遭遇现场工人巨大的抵抗。这是因为工人认为，"需要长时间来更换模具，所以大批量生产可以减少单位的加工工时"。但这样的想法有很大的误解。

加工的批量的确可以有效地降低加工的单位工时，而搬运的批量则可以有效地降低生产周期。也就是说，"即使加工批量一样是 3000 件"，但在加工 1 件之后，立即将其搬运给下道工序，也就是实施"1 个"的搬运批量，就可以实现"3000 件的批量"加工的最短生产周期。

但是，为了实现这种缩短生产周期的做法，会有"3000 倍的搬运次数"的缺点。所以，如果想要实施"单个流"，无论如何都必须进行"改善布局，采用可简单地搬运到下道工序的方法"的重要对策。

3）缩短生产周期

如上所述：

①"让各工序平衡与同步（流动）"，就可消除工序等待，将生产周期降到 1/5。

②实施"1个的搬运批量",若是10道工序实施"单个流",将可让生产周期降到1/10。

若同时消除工序等待与批量等待,将可能使生产周期缩短到 $1/5 \times 1/10 = 1/50$。

基于这样的做法,生产周期的极限将被一道工序的加工批量所需要的周期所限制。然而,决定加工批量的最大要素在于更换模具所需时间的长短。也就是说,如果可将以往1小时的换模时间,缩短到6分钟,也就是达到原来的1/10的话,那么加工批量即使由3000件降到300件,则换模时间与加工时间的比率保持不变。也就是说,它对稼动率的影响仍是一样的。

在此案例中,加工批量降到1/10时,加工时间由5小时降为0.5小时,若再加上"工序间等待=0""批量等待=0"的条件的话,将可大幅度地缩短生产周期:

$$1/50 \times 1/10^{\ominus} = 1/500$$

以往的做法是进行"3000件的批量生产",再加上工序等待与批量等待,则需要10天的生产周期。如果将"批量改为300件",再加上"让10道工序平衡与同步(流动)、单件流生产"的话,则整个300件的加工只需要0.5小时。也就是说,生产周期被大幅地缩短到30分钟。

这就是在丰田生产方式中,极力地强调"创建连续流"的理由。

为此,我们必须要有以下三个对策:

①各工序必须平衡与同步(流动)(消除工序间等待);

②搬运批量必须是1(消除批量等待);

③为了消除因此所增加的搬运次数,必须改善布局。

而这就是"在丰田汽车,早上开始加工铸造的引擎部件,傍晚就能装上汽车"的谜底。

4)流水线化与总量控制系统

丰田生产方式认为"让它流动"是基本条件,并强调如果无此条件,丰田生产方式将无法运行。

⊖ 加工批量减为1/10,加工时间因此减为1/10之故。

让它能"流动",就是"流水线化",因此需要以下必要条件:

①各工序必须平衡与同步(流动);

②各工序间都必须实施"单件流"的流动作业方式;

除此之外,我们也希望:

③实施小批量生产。

但若实施了"单件流",将会显著地增加搬运的次数,因此必须有以下两个对策:

①改善工厂内的布局,实现不需要搬运或进行极简单的搬运;

②以传送带等简单搬运手段连接各工序。

但事实上,第2项中以简单的搬运设备连接各工序,却是麻烦的或性价比不高。因此,我们最常采用的方法是第1项中的改善工厂内布局。

关于改善布局,无论如何,如果我们只将同种类或是同性能的机器设备集中在一起,即所谓的"工艺专业化布局"是不行的,必须采用根据产品的加工系列,将机器设备按"工序系列布局"。而工序系列布局则有以下三种状况:

①单一工序系列布局——单一、大量的产品,整个月都制造同样产品时的布局;

②共通工序系列布局——单一产品无法满足整个月持续流动所需的数量,但产品A、B、C、D都使用共通工序时,它们即可顺次地流动;

③类似工序系列布局——A、B、C、D、E、F各产品并未全部使用共通工序,只有一部分使用了共通工序,大部分实施了这种类似工序的"最小公倍数"的布局。

丰田生产方式最常采用"共通工序系列布局",但是在一般工厂中,产品间共通的程度并不高,所以大都不得不采用"类似工序系列布局"。

在这样的状况下,若你希望根据你自己工厂的生产特点,做最有效率的机器设备布局的话,参考拙著《改善机器设备布局的技法》"第3.5.2节中的(2)根据搬运的难易度系数决定机器设备布局的方法"(日刊工业新闻社发行),将最为方便。

企业完成了"流水线化的工厂布局改善"之后,将获得以下显著的效果:

- 必然可以消除搬运工时;
- 因为加速了产品的流动,所以可以快速地反馈产品的质量信息,从而可以"降低不良率";
- 减少或是消除了"工序间等待"与"批量等待",因此可以减少由此而产生的停滞;
- 可大幅地缩短生产周期。

企业自然可以得到以下更进一步的效果:

- 由于大幅地缩短了生产周期,企业可迅速地应对接单生产,进而大幅地减少成品库存;
- 工序间停滞同时因为消除"工序间等待与批量等待"而减少,所以"可实现零库存生产"。

虽理论上这样的"流水线化"具有许多优点,但实际上也会招致一些问题。

其最大的问题是"各工序的机器设备有不同的加工能力"。

但是丰田生产方式最忌讳"过量生产的浪费",也就是以"零库存生产"为方向,因此"拒绝大于必要量的生产"。

也就是"必要量"才是生产量。

这么一来,生产能力低的机器设备,能够生产必要量就可以了,即使机器设备具有高生产能力,也不允许生产多于必要量的产品。

因此,企业希望有能与"必要量"匹配的机器生产能力。但实际上,企业有高于所需能力的机器设备。

对于此种状况,丰田生产方式在"必要量"才是生产量的前提下,在能力高的机器设备与能力低的机器设备之间,设定了"少量的库存"。

- 当该库存达到20件时,生产能力高的上游工序机器设备即停止运转;

- 当该库存降到 5 件时，生产能力高的上游工序机器设备即再开始运转。

"企业将能力高的机器设备间歇地同步于生产能力低的机器设备，所以能以最小量的库存让两台机器设备同步（流动）。"这样的方法即被称为"总库存量控制方式（full work control）——当库存达到上限时，即停止生产的控制方式"。结果，在此状况下的生产量可以"同步于必要量"。

即使如此，一般的工厂大都仍采用让能力高的机器设备满负荷生产[⊖]并堆积库存，然后长时间停止生产，如此一来，就会产生"过量生产的浪费"，并发生随此而来的浪费连锁反应。反之，如果企业无法认识到丰田生产方式中"高稼动率可能无法降低总成本，因而并不是必要的"，也就不会采用此"总库存量控制方式"。

所以，企业在采用总库存量控制方式，并进行"工序平衡、同步（流动）、单件流作业"的流水线化之外，再采用"快速换模（SMED）系统"以进行小批量生产的话，其所产生的相乘效果将会非常显著地缩短生产周期。

因此，企业

①可以紧密地顺应接单生产方向所必要的短交期，而且可以让完成品库存最小化；

②可以在极短的生产周期内加工产品，所以对短期内的需求预测非常精准，这一点也有助于保有最少量的成品库存；

③可以非常快速地应对需求的变动，也可以让成品库存最少；

④可以让生产工序间的"工序间等待与批量等待"最少，所以可以实现"零库存生产"。

企业在成品与半成品两方面，可显著地减少或消除库存。

5）同步（流动）与吸收波动

在进行团队的"流动作业"时，企业一定要追求同步（流动），也就是绝对需要追求生产线的平衡。

因此，企业一定要彻底地进行作业分割或是设定标准作业，并努力地让

⊖ 这样做常出于节约能源或容易管理的目的，在前后制程是两班化生产之间，有一个制程是一班化生产，或是顾客是两班化，前工序的供货商却是一班化生产。

设定效率的损失最小化。但不论企业如何仔细地设定，在实际作业时一定会发生标准时间的波动。例如：

- 螺丝锁得稍微比较紧，因此比平常多花了点时间；
- 捡起掉落的螺丝，多花了点时间；

人们总会遇到这样的小事情，从而不可避免地会发生某种程度的时间波动。在这种状况下，人们一般会有这样的对策：

- 在每名操作员之间，放置"在制品库存"；
- 如果作业提早完成了，就提早开始对存于上游工序的库存作业；
- 如果作业落后了，下游工序的操作员就用存于上游工序的库存作业；
- 如果作业延误的话，就由接下来提前完成的作业挽回。

于是，"储存于操作员间的库存扮演着吸收工序间作业时间波动的角色，从而可避免操作员间的互相等待"，这样的对策被普遍地使用。

如果只为了吸收波动、实现缓冲功能的话，一般在工序间有"一个库存"就足够了，但即使如此，实际上可以看到"几个"或是"十几个"库存。

这是因为没有受到类似这样的约束："一名操作员所需正常的作业宽度是75cm⊖"，甚至认为，"因为装配所需零件的箱子很多，所以是无法避免的⊜"，结果操作员大都对于多出来的库存，完全没有罪恶感。

在这种状况下：

- 如果我们考虑立体地配置零件箱的方法，往往可以得到将操作员间的库存降到一半以下的效果。

以组装作业为例，因为"组装零件时，必要的零件只有一个"，所以如果可以

⊖ 以下叙述对大的零件盒所出现的问题与对策做了解释，却未解释零件箱为何会放得比较远；只说明了库存多，超出了作业者所需要的量，未说明原因是零件箱的收容数太大，若不解决此问题，即使充分利用了作业范围的立体空间，也无法将一名操作员所需的零件盒放进75cm的范围内。

⊜ 为了减少处理零件的工时，在工序边上放置多种类或是多量的零件，牺牲了最佳工序布置与作业编成，是本末倒置的例子。

实施以下对策的话，就可以有效地防止因为零件箱的尺寸而扩大作业范围的现象：

- 制作回转式的零件箱，使必要的零件转到操作员的手边；
- 思考制作将必要的零件，在必要的时候，供应到操作员手边的装置；
- 对于这些装置，不能只单纯地从"平面"，也要从"立体"的方向来思考。

这么一来，我们就会想到"将各工序间的库存量控制在最小范围"。

丰田生产方式的努力方向是把库存量降到最低，因此不容许工序间库存的存在。但无论如何，我们绝对无法避免操作员作业时间的波动，所以采取"互助合作方式"。也就是说，团队在交接工作时，存在两种方式："游泳的接力方式"和"径赛的接力方式"。当采用"游泳的接力方式"时，不论前一棒的泳者游得多快，手如果不接触到泳池墙壁，下一棒的泳者就不得跃入池中。当采用"径赛的接力方式"时，则有一个固定的"接棒区"，如果前一棒的跑者比较快，则可在接棒区的尾端交棒；反之，如果后一棒的跑者比较快，则可在接棒区的前端交棒。于是，跑得快的人可以帮助跑得慢的人。

在丰田生产方式中：

- 在工序的中间是没有库存的；
- 如果作业延迟了，相邻的操作员会努力地帮助落后的操作员。

这就是"互助合作方式""不需要库存，却可吸收工序间的波动"的方法。

6）设定"节拍时间"（takt time）

丰田生产方式是这么解释的：节拍时间是需要以几分几秒来组装1件产品的时间，这个时间必须从产品的"必要量"反过来推算。节拍时间是"1天的可用工作时间"除以"1天客户需求的必要量"。

我们绝对不可以被表面效率的改善假象所欺骗。

改善前，10名操作员每天可以生产100件产品；改善后，10名操作员每天可以生产120件产品。在这种情况下，10名操作员每天也不能生产120件产品。这是因为"必要数本身才是最重要的"，绝对不可以忘记"1天的必要数只有 100 件"。真正的改善效率是"以 8 名操作员来生产 100 件"。

这就是以下两个决定节拍时间方法间的差异：

- 是由必要数来决定的吗？
- 是由人与机器设备的能力来决定的吗？

乍看之下，两者好像没有什么差异，但企业往往因此犯下错误，所以要格外小心。这就好像即使汽车最高具有 180km/h 的速度，但在限速 80km/h 的道路上，因车速超过 80km/h 被罚款，就是非常不值得的事情。

况且，丰田生产方式是根植于"过量生产是浪费"，也就是"零库存"基础上的。因此，很自然地，所有的节拍都必须要以"必要数（客户需求）"进行计算。

7）工序间的物流

我们要彻底地探索丰田生产方式的根源的话，就会发现，其最理想的形态，就是一贯地从原材料的制造（锻造、铸造、冲压）开始，到机器设备加工、零件装配以及局部装配与最终装配"持续地以单件流来连接"。

但是迄今为止，现实中的那个形态仍然未彻底地实现：

- 从车架工厂到最终装配工厂；
- 从涂装工厂到最终装配工厂；
- 从机器设备工厂到最终装配工厂。

从与最终装配工厂邻近的工厂开始，进行着非常频繁的"物料流动"。

在丰田汽车公司，也许你正巧会碰到挂着"优先通过"标示牌、"由拖车头拖着的 30 多节拖车"，这些拖车采取"小批量混载"，要补充装配的零件，供应到最终装配工厂。因为这些零件不得被耽搁，所以标示着"优先通过"。据说，任何人，即使是公司的总经理都要让路。

另外，锻造、铸造、冲压工厂与机器设备工厂也使用许多叉车，高频度地搬运零件，而这些活动都与"节拍时间或看板"整合，有条不紊且利落地进行着，这也就是所谓的"水蜘蛛方式"。其中的"小批量混载"是为了实现

"零库存"的另一大特色。

如前所述,丰田生产方式强调彻底地"消除过量生产的浪费"。其结果如表 6-1 所示,丰田具有特别突出的表现。

表 6-1　各国汽车公司的库存周转率(＝营业额 ÷ 库存金额)

年度	丰田	A 公司(日本)	B 公司(美国)	C 公司(美国)
1960	41 次	13 次	7 次	8 次
1965	66 次	13 次	5 次	5 次
1970	63 次	13 次	6 次	6 次

资料来源:摘自杉森先生的论文。

3. 采用"快速换模(SMED)系统"

(1)"快速换模(SMED)系统"乃是思想革命

对丰田生产方式而言,如果说大幅度地缩短换模时间,正是它最核心的奥秘,绝非言过其实。

其理由是,如果你是以"接单生产"为方向,并希望零库存的话,毫无疑问,你将遇到需要解决"换模时间长"这一无法绕过的难题。

我一直对"缩短换模时间"保持着高度的兴趣,并逐次地改善。1970 年,我访问丰田汽车时,听说当时更换 1000t 冲压机的模具需要 4 小时,但西德的大众汽车公司只需要 2 小时。我试着解决这一难题,几乎花了半年的时间来改善,终于成功地将换模时间缩短到了 1.5 小时,并且为我们终于超过了大众汽车公司而高兴。

大约过了两三个月,我再次访问丰田汽车公司时,被告知管理高层要求将那套 1000t 冲压机的换模时间缩短到 3 分钟,我想:"这真是个难题,要怎么办呢?"我突然灵光乍现,想到"将'内部换模'改成'外部换模'就好了"。于是,我脑海中逐步地浮现出实施"快速换模(SMED)系统"的想法。在接下来的几个月中,我们将换模时间扎扎实实地缩短到了 3 分钟。

当时,我虽然想:"将换模时间从 4 小时改善到 1.5 小时已经非常了不起了,为何又提出'3 分钟内完成'这样的严苛要求呢?"但是,随着我对丰田生产方式的研究日益加深,我深刻地感觉到:"为了要在零库存的状况下实现接单生产，必须实施小批量生产，为此，'必须大幅地缩短换模时间'，这出自管理者[一]的需求。"同时，我也领悟到：丰田生产方式的核心奥秘之一，就是采用"快速换模（SMED）系统"。

解说丰田生产方式的经济记者则认为："曾需要3小时的换模时间，在短短的3分钟就可完成，这是否表示以往操作员是在浪费时间呢？"

这样的解释是基于肤浅的认识而导致的彻底的误解，应该说："之所以能够缩短换模时间，绝非'工作强度'的问题，而是基于'意识革命'的科学方法所实现的'思想变革'。"

又有些人从"熟能生巧"的立场来解释："为了能将更换模具的时间从3小时缩短到1/60的3分钟，以公式求之，需要34万次练习。"这相当于30年的时间，即通过练习来达成目标所需要的时间。

除此之外，还有这样的补充："当然缩短换模时间的成果不只是靠练习，也包括工装夹具的改善、方法的改良等，以及丰田人的智慧与不服输精神。"

丰田汽车公司只花了3个月的时间，就将换模时间从3小时缩短到3分钟。这不是熟能生巧的问题，而是因为"科学的'快速换模（SMED）系统'给予的支持"。这件事情不只发生在丰田汽车公司中，许多日本企业"仅仅在几个月内，将更换模具或工具的时间缩短到1/20，已有数千个例子可以证明"。同时，我们比较丰田汽车冲压机的换模时间与世界水平的话，发现丰田汽车的冲压机换模时间大幅地短于其他国家（见表6-2）。

表6-2 各国冲压机换模时间的比较（以引擎盖与叶子板为例）

	丰田	A公司（美）	B公司（美）	C公司（西德）
换模时的停机时间	9分钟	6小时	4小时	4小时
换模次数	1.5次/班	1次/2班	—	1次/2天
批量	1天（注）	10天	1个月	—
每小时的冲压数（SPH）	500～550	300	—	—

注：对每月1 000辆的小量车种来说则是7日的量。
资料来源：摘自杉森先生的论文。

[一] 管理者必须将其观点传达给公司的各部门；反之，各部门要以管理的立场来思考自己的工作。在满足顾客的立场上（经营的目的），管理者与各部门是站在同一阵线上的，因此站在同一立场，从而容易建立共识。

（2）"快速换模（SMED）系统"的重点项目

在近10年实际试行"快速换模（SMED）系统"的过程中，我们当然必须思考之前曾说明的快速换模的"8项基本技巧"等基础技法。我们将这些重点浓缩成以下4点：

①明确地区分"内部换模"与"外部换模"；

②极力地将"内部换模"转换成"外部换模"；

③改善功能性的锁紧夹具，特别是要思考"无螺栓化"；

④彻底地消除"调整"。

因为①与②是非常浅显的内容，在此省略不予说明，以下对③与④加以说明。

（3）改善功能性的锁紧具

工人在螺栓上锁上螺帽来锁紧时，需执行以下三个动作：

①试着将螺帽旋上螺栓，嵌合约一个螺牙；

②再旋转螺帽；

③直到最后一个螺牙，锁紧到所需的扭力。

在这些动作中，最困难的是动作①，需要做出以下动作：

- 对准螺帽与螺栓的中心；
- 螺帽必须与螺栓成直角进行安装。

如果工人无法做到以上的程度，螺帽就绝对无法对接上螺栓，所以在这个时点上比较花时间。因此，我们会有如下想法："是否有不必将螺帽从螺栓上拆下来就可锁紧或拆下的方法呢？"

我们会想到："既然螺帽与螺栓的锁紧只有最后一牙是有效的，那么拆下时，是否也只要放松最初的一个螺牙就可以了？"

这些简单的想法，出乎预料地，都未被充分地理解。

有一次我曾这样告诉现场的人："在换模时，我只接受锁紧或放松一个螺牙，如果多转一牙，每一牙罚款10万日元。"

结果，上述行为引发了以下诸多改善：

- 有 1 个加硫缸，周围有 12 个螺栓，盖子上的螺栓孔被改成"梨形"状（见图 6-2a），也同时使用了"U 形垫片"。工人只要放松一牙，取下 U 形垫片，将盖子逆时钟方向旋转到梨形的大孔位置，就可取下盖子，此时螺栓螺帽仍留在原处，结果大幅地缩短了加硫缸的切换时间。
- S 工业公司需要做马达电枢绕线的工作。工人以往为了取下绕线完成电枢，首先要整个卸下螺帽、垫片。于是，该公司采用图 6-2b 中的做法，使用外径小于绕线轴内径的螺帽，另外使用 U 形垫片来压紧，要取下电枢轴时：
  - 首先松开一个螺牙的螺帽；
  - 取下 U 形垫片；
  - 穿过还锁在螺栓上的螺帽，取出绕线完成的电枢轴。

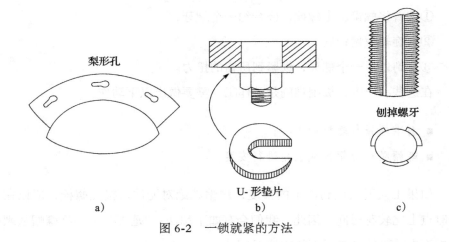

图 6-2　一锁就紧的方法

这样切换下一个产品的时间减少到以往的 1/10。

- 美国的 FM 公司以往需要花费 2 小时来更换模具，结果缩短到了 2 分钟。在这个案例中，我也向他们说明，"只接受松开一牙就可更换模具，但若松开超过一牙，每一牙就要罚款 1000 美元"，于是开发出了图 6-2c 中的方法。
  - 将螺栓的螺牙分成 6 等份，每隔一等份削去螺牙；

- 相对于螺栓，螺帽也如法炮制；
- 锁紧时，将螺帽有螺牙的部分套进螺栓上没有螺牙的部分，直到底部，再锁紧一牙即可。

于是，该公司得以实现"一锁就紧"。当然这时的螺帽比一般的螺帽要厚一些。

如果再深入一点，我们要思考："不用螺牙的固定方法"则是更有效率的固定方式。毕竟，"锁紧螺牙的目的是固定"。

是啊！"螺栓只是固定某些东西的方法中的一种。"但大多数工程师都认为："要固定东西，当然是用螺栓。"

他们都认为螺牙万能，而忘了思考用螺牙以外的方法来固定，诸如"凸轮、楔子等"，或者很多场合使用的更简单的嵌合，也就是"卡式、一拍就好"的方法。

在此状况下，非常重要的是要思考"受力的方向"。

受力的方向有三个：X——右与左，Y——前与后，Z——上与下。此时，如果你思考"哪一个方向需要力量"，将可采用非常简单的固定方法。

- 以冲压机的模具为例，模具本身的前后左右并没有大的重量负荷，只需要简单的固定即可，但在垂直的方向上：
  - 下模，机床支撑着向下方的力量；
  - 上模，只需要让其本身的重量不会落下即可；
  - 最大的负荷来自上下模接触时的压力。

如果我们这样思考的话：将上下模两侧的尺寸标准化，使用 L 形的定位块，让其可定位于 0.15mm 的误差范围内，只有前后的移动是使用楔子来固定的。我们用这种方法，对于 50t 以下的冲压机模具就可简单地以推进或拉出的方式来换模，一般只要花 15 秒即可。当然在此状况下，我们必须先将模具高度标准化。

- 8 轴镗孔机有定位器，以往是以螺牙来嵌合，而且位置是在机器的背面，操作非常不方便。

而定位器的目的是"挡住产品并决定尺寸"，因此我们做了如下改善：
- 将螺牙车削掉，用圆筒（柱）来嵌合；
- 在装配部做出沟槽，从定位器拉出弹簧，挂上装配部的沟槽，利用其弹力确保定位器不会产生移位。

在此案例中，左右与垂直方向都由圆筒状的嵌合来固定，而向前的拉力几乎没有，向后的推力则由圆筒的底部来承受。我们以这样的方法完全满足了所需的功能，而更换模具的时间则可缩短到原来的 1/10。

一般，我们在思考如何锁紧的改善时，都立刻会选择诸如"油压、气压或者磁力锁紧装置"等昂贵的装置，但如果真正"正确地认知固定的功能"，则可以思考出许多便宜且简单的方法。

（4）消除调整

为了缩短更换模具的时间，最重要的是不要调整，也就是要对"可以设置，但不要调整"的意义有正确的理解。

因为这二者具有不同的特点，但一般都没有被正确地理解。

- 设置——如果限制开关已经被事前安装于下一个工作位置的话，只要一次就可准确地定位，而不需要调整；
- 调整——移动限制开关之后，还需启动机械，再前后移动、调整以确定限制开关的正确位置。

令人吃惊的是，许多人竟然误认为"调整本来就是更换模具作业的一部分"。

因此，为了"消除调整"，有效的想法是采用"最小公倍数系统"。

- 如果有 5 个要设置限制开关的地方，事前就在各个位置装置 5 个限制开关，并分别接上独立的电源开关。如果希望第 2 个位置的限制开关启动，就让第 2 个开关通电，其他限制开关则不通电。

这么一来，就可实现"一触即切换限制开关"，同时完全不需要调整,也就是所谓"保留机构,只切换功能"的想法。
- 有一个作业是要在马达的轴上钻一个锁螺丝的孔。共有 8 种轴长,因此需要根据其种类调整定位器,但当移动定位器时,就需要调整。

    现在我们则使用一个圆盘,装置 8 种厚度的定位器,只要配合轴长,将相对应的定位器转过来,就完全不需要调整,而且可以"一触定位",如图 3-4 所示。
- 有一种切削照相机零件的自动机器。有 5 种决定刀具位置的"基准工装夹具",而且在装置刀具之后,为了调整,需要高超的技术与几小时的时间。

其改善对策是在圆筒的外缘做出相对于五种工装夹具的沟槽。当产品变更时,我们只要旋转圆筒型基准工装夹具,并在所需的位置插上插销,即可缩短更换工装夹具的时间,只需几分钟,而且完全不需要熟练的技术。

另有以下案例:

为汽车制造螺旋状弹簧的机器,需要处理 6 种高度不同的弹簧。因此,我们需要旋转螺杆来调整定位器的位置。调整之后,我们还要根据试做的结果再调整。

为此,我们将整个螺杆的螺牙车削掉,并在其底部准备了可分别嵌合的 6 个种类的定位工装夹具。我们只要根据需求,放置特定的定位工装夹具于定位器中,不需要调整即可设定所需的位置。

有许多机器都使用螺杆来调整位置,"虽然机器所配备的装置具有无限且可连续调整位置的功能,但我们只需要有限且阶段地决定位置的功能"。

所以,当我们需要将定位器从 100mm 移动到 120mm 时,我们并不需要慢慢地从 100.1mm、100.2mm、100.3mm ……101mm ……102mm……连续地移到 120mm,只要"一下子从 100mm 移到 120mm 就好了"。此外,实际上我们所需要的只是极少且有限的阶段数而已。

但为什么会变成这样的情况呢?因为机器制造商并不知道各公司使用机器的状况,所以他们提供了具有"无限且可连续调整位置"功能的机器。但各个实际使用的工厂则有适合自己工厂作业的最便利的方法，而这些方法往往只需要"有限且阶段的位置"。因此，你只需根据你自己工厂的实际需求来改善机器就好了。

令人意外的是，在不理解这件事的情况下，大家都盲目接受制造商所提供机器的功能，照本宣科地沿袭着非常困难的操作方法。对于这一点，我们需要慎重地检讨。

总之，通过实际地试行"快速换模（SMED）系统"，我深切地感觉到："也许机器制造商考虑到了如何制造产品的功能，但他们是否几乎完全没有考虑如何简单地更换模具的方法呢？"

所以我想到，"实际使用机器的人应该根据自己工厂的实际情况，自己思考如何改善"。

到此为止，"快速换模（SMED）系统"的基本想法是一样的，但是各工厂在实际使用时，也会因自身的不同而采用许多不同的方法。

（5）快速换模（SMED）的效果

如果采用了"快速换模（SMED）系统"，我们可以期待会产生以下三个效果：

①因为缩短了更换模具的时间，所以可提升机械的稼动率（operation ratio）；

②因为可以小批量生产，从而可以大幅地降低成品库存与在制品库存；

③因为可以迅速地应对需求的波动，立即调整生产计划，所以可以应对车种与交期的变化，也因此可以大幅地减少完成车与在制品库存。

虽然有上述三个效果，但一般的工厂经常只看到眼前的"提升机械的稼动率"。

丰田生产方式则认为"必要量就是生产量"，因此生产比需求还多的数量就是"浪费"。因为丰田生产方式以降低成本为优先考虑的事项，所以它认为，"即使降低机械的稼动率也是正常的"。

丰田特别小心于"别改善了机械稼动率，却招致了过量生产的浪费"，因此反而特别重视②、③项"减少成品与在制品库存"的效果。

正是因为这样，丰田生产方式在将1小时的换模时间缩短到3分钟之后，继续"缩小批量，进行 20 次换模"。

随之而来的还有其他效果。最近我访问不同的工厂时，常听到管理层提到以下插曲。

"我们做了'快速换模（SMED）系统'之后，大幅地缩短了更换模具的时间，因此可以小批量生产，不只是大幅地减少了完成品与在制品库存。更有甚者，最近，当出现更换模具以外的问题时，以往的话，在现场的人们总是态度消极地说'那是不可能的'或是'那很困难的'，但因为当初被认为不可能的'更换模具'都被改善了，现场就产生了'我们来挑战这个问题'的积极正面气氛，这是最大的效果。"

因此，"将以往认为不可能的事变为可能"的经验，可以让操作员更有信心，这不正是"快速换模（SMED）系统"的最重大效果吗？

※　　　※　　　※

在读了许多解释"丰田生产方式"的书之后，我发觉，虽然强调了"必须缩短更换模具的时间""如果缩短了更换模具的时间，可以得到这样的好处"，但完全没有提及"如何才能缩短更换模具的时间"。

其理由可能是，那些作者并不了解"快速换模（SMED）系统"，而只是单纯地认为"经由想到的作业改善，缩短了更换模具的时间"，或者只是站在"使用者"的立场，而非"创新者"的立场，所以对该话题有所保留。如果是这样，读者虽然可以了解其重要性，但无法理解缩短更换模具时间的方法。

如果想使"丰田生产方式能适用"，必须正确地认识其真正的核心在于适用"快速换模（SMED）系统"。因此，我建议对这个课题有兴趣的读者，务必阅读我的另一本书《工厂改善的原点志向》中"4.2 更换模具的革命，展开快速换模（SMED）系统"（日刊工业新闻社）。

4. 产能的弹性

对于实际的需求，我们无法妄言：

- 在整年中，每月的需求量都是一样的；
- 在每月中，每天的需求量都是没有波动的。

如此看来，我们不得不承认需求量的波动是无法避免的。

但是，这么一来，我们就会让生产现场感到非常困扰。生产管理通常的做法是保留成品与中间工序的半成品库存，以缓冲需求的波动。

与之对应的是，丰田生产方式则强调：

- 要彻底地消除"过量生产的浪费"；
- 采用"零库存生产系统"；
- 拒绝"预估生产"，以"接单生产"为导向。

所以，我们必须站在与以往完全不同的立场来思考，但是如果草率地实践这样的想法，将会适得其反，出现大量的工时浪费。

那么，丰田生产方式是怎么处理的呢？基本上，它是这么认为的：为了响应需求量的波动，必须构建"弹性的产能"来应对。

（1）当需求增加时

1）如果预测长期需求的增加

例如高速增长时期会有大量需求，或根据长期的需求预测，确实会有增加的话，我们可以采取下列方案：

- 平常采用"一人多机"或"一人多工序"作业，机器设备负荷只有50%的地方，在需求增加时，雇用临时工将每人操作的机器设备数量由10台降到5台，就可使得产量加倍；
- 但在这个方案中，我们需要预先思考将机器设备改善为很容易操作的类型，以便能让新员工3天内就可以独立作业；
- 在组装工序时，一般来说每一名操作员的工作是负责"1分钟节拍时间的作业"。如果增加临时工，每一名操作员的工作内容成为"30秒节拍时间的作业"，这样就可以使产量加倍。同时，我们也要改善作业方法，以便让临时工可以很容易地胜任工作。

2）如果只是短期需求的增加

如果是轮班作业，在一、二班之间各有4小时的空档的话，我们就可安排加班，这可以增加 50% 的产能。如果只有日班作业，我们就可以按需求安排加班，这也可以增加产能。更进一步地，通过改善设备和工作方法，我们能获得一定的富余能力，届时可以用来应对增加的需求。除此之外，我们也可以机动地获得间接人员的支持。

（2）当需求减少时

需求减少时的调整，是个非常困难的问题。一般的公司都是预估可能增加的未来需求，或者认为闲着没事就是损失，因此生产目前没有必要的产品，从而造成库存堆积。但丰田生产方式认为，"过量生产的浪费"是最大的改善目标，不允许生产库存。所以，

- 在零件加工生产过程中，丰田会让操作员增加操作的机器设备台数；
- 在组装生产过程中，丰田会延长节拍时间，减少操作员的人数。⊖

以上方法当然是有效的，但最大的问题是如何活用多出来的剩余工时。解决方案如下所述。

基本的想法是，"与其制造不需要的库存，不如让操作员闲着"，同时进一步实施以下措施（在日本，经营者的责任之一就是确保员工的工作稳定，他们不会轻率地一会儿遣散或一会儿召回操作员）：

- 解决平常惦记着但没时间解决的许多工厂内的漏水问题。这一项可以节省 100 万日元的水费。
- 保养或是维修平常没时间处理的机器设备。
- 练习更换模具。
- 制作改善所需的工装夹具等。
- 也许可以将以往外包的订单改为由自己的工厂来生产。从财务人员的立场来看，这样的做法也许会造成"由于自己的工厂劳务成本高，而造成损失"的现象。但从"闲置的工时是免费的"这一角度来看，管理者则一定要认为"由自己的工厂来加工是有利的"。

⊖ 不论需求与产能间的差异如何，调整在线人数或作业时间，以维持生产在线相同的作业密度（作业量÷作业工时）。波动的作业密度将影响作业质量。

如前所述，有许多解决方案可以被考虑，但是比起需求增加，需求降低时的解决方案实施起来要困难得多。因此，我们平时需要持续地改善，以最少⊖的操作员人数来满足订单的需求。

结果就是：

与竞争对手相比，在相同产量的情况下，丰田比其他汽车公司的成本低了20%～30%。

所以，我们必须有这样的认知："要以最少的人数来生产"，而不是"以最少的机器设备台数来生产"。也就是，我们要让机器设备保有余力，在需求增加时，只要增加操作员人数，就可以简单地增加产能。

如果我们平时无法做到这个样子，就很容易落入以下思考盲点中：

工厂太过重视机器设备的稼动率⊖，让机器设备发挥最大产能。当需求增加时，工厂即使可以增加操作员人数，但无法简单地增加机器设备，结果就是在需求降低的时候生产大量库存，以应对未来无法掌握的需求变动。

结果，工厂将会坐拥大量不需要的库存，即使未来可能会需要这些库存，但也会因大量的库存而负担不必要的费用。

5. 消除不良

（1）采用不制造不良的检验

以往的生产管理方式认为，为了防止因发生质量不良可能造成的整个生产线的混乱，必须准备些库存。

但是丰田生产方式认为"过量生产是浪费"，从而无法接受库存，因此必须彻底地防止不良的发生。

其方案是必须将"发现不良的检验"改成"不制造不良的检验"。

我们在之前的章节中已经说明，必须采取以下"不制造不良的检验"：

⊖ 当需求减少时，要处理的剩余工时也将比较少。

⊖ 这是吊诡的地方，机器设备高负荷运转，提前生产，有了库存，却又不得不利用其他的时间生产以应付需求的变动。"当需求变动时，库存却派不上用场，只好再利用其他时间生产库存中没有却又不得不交货的产品"，这是典型的"双手有满满的库存，却又交不出货的窘境"。TPS只做客户现在要的，立即出货，没有需求时，让所有的资源（例如这里所说的机器设备）等待（＝看得见的富余能力）。

①源头管理方式；

②自主检验方式；

③顺次点检方式。

（2）采用全数检验

为了实施"不制造不良的检验"，企业必须实施"全数检验"。这是因为所谓"抽样检验"，虽然有统计理论的基础，但它顶多是"检验方法的合理化"，而绝不是"质量保证的合理化"。

对丰田生产方式的解释中，有这样的描述："用高速自动冲压机进行批量作业，在滑槽上堆积了 50 片或 100 片之后，检验第一片与最后一片，如果这两片都是良品，就将它们搬到料架中。如果最后一片是不良品，就回溯追查是从哪一片开始的，挑出不良品，并找到防止不良品流出的对策"。这也是一种"全数检验"，所以我们绝对不要认为在高速生产中只能实施"抽样检验"。

对丰田生产方式的解释中，还有这样的说法：在连续流动的产品中取样，实行单纯的抽样检验也是不适用的。

在下列两种情况中，是否存在错误？

①关于出现不良品的特点，有以下两种情况：

- 偶发不良——虽然出现了两三件的不良品，但之后的产品都是良品（例如由材料缺陷导致）；

- 连续不良——一开始有不良品，接下来的也都是不良品（例如模具的冲头折断了）。

如果不良品的特点是"偶发不良"，且发生在 100 片之中的话，那么"检验批量的首末件"的检验方法将无法发现不良品，不良品将混在良品之中。

②如果不良是连续不良，假设一个极端的例子"第二片就是不良品"的话，那么在 100 片中，就必须废弃 99 片。

结果，这样的检验方法，基本上只能被当作"发现不良品的检验"。实际上，如果目的是要消除不良品的话，即使是使用了高速冲压机，也要根据上述目的，开发"低成本的高速检验装置"，要能做到"不仅要发现不良品的检验"，而且要做到进行"不制造不良品的检验"。

（3）"防错"（POKA-YOKE）仅仅是手段

事实上，"不制造不良品的检验"方法被称为"防错"。丰田生产方式也积极地推荐采用"防错"的方法。

某些书中对此有这样的解释："为了能在生产工序中制造100%的良品，需要改善工装与夹具，以及在一开始就设置防止不良品发生的功能，这样的功能被称为'防错装置'。"

例如，"防错装置"具有以下功能特征：

①如果发生误操作的状况，产品将无法装入工装夹具；

②如果原材料不正常，机器设备将无法开始加工；

③如果发生误操作的状况，机器设备将无法开始加工；

④自动地修正误操作与错误的动作，然后开始加工；

⑤后道工序能够检验前道工序产生的不良品，并停止加工不良品；

⑥如果漏掉操作，后道工序就无法开始工作；

⑦其中①～④的防错装置是要作为"自主检验"，而⑤～⑥则是适用于"顺次点检"的防错功能。

关于检验，我们有下面两种方法：

①感官检验——以人的感觉来检验，例如颜色的浓淡、电镀的亮度，目前是根据人的感官来检验的项目；

②物理检验——不必靠人的感觉来检验，而是依靠各种检验设备，实施物理性的检验项目。

如果"物理方法"可行的话，就有可能将其作为"防错装置"，但是最好能够利用它们作为"源头检验"或"自主检验"。

理由是，"无论如何，'顺次点检'仍有出现一个不良品的可能性"，因此顺次点检仅使用在只能"感官检验"的地方。

总而言之，防错仅仅是手段，而非目的。

在实际作业时，我们首先要决定"应采用源头检验、自主检验，还是必须依赖顺次点检？"

然后,"为了执行上述检验,我们才出现作为'全数检验的实践手段'的防错装置"。

但如果我们以防错来做顺次点检,必须理解这一点:"仅仅限于技术或是经济的原因,做源头检验或自主检验很困难时,才能采用顺次点检"。

前面提到过的关于防错的六点,说明了"防错的功能",但并未说明应该如何思考才能发挥其功能。

为此,我们将做出以下说明:

纠正功能

- 停机方式
- 警告方式

还有,**设定功能**

- 接触式
- 常数式
- 动作顺序

有了上述理解,我们在实际思考如何使用"防错"时,将会更加方便。

总之,防错仅仅是手段,而非目的。所以,我们必须充分地了解:"如果只是单纯地设置了'防错功能',并不能达到所期待的结果。"因此,"为了什么检验方式而采用'防错'",也就是"如何思考作为目的的检验方法",具有很重要的意义。如果我们对此没有清楚的认识,将无法实现"彻底地消除不良"(零缺陷)。

6. 消除故障

对于消除故障,我们本应在"作业的改善"中解释,但在丰田生产方式中,它与工序观点中的"零库存"有很密切的关系,所以在这里进行说明。

(1) 目视管理

一般生产方式认为,由于机器设备发生故障,会造成生产中断,所以必须准备一定的库存。

但丰田生产方式以"零库存"为导向,因此不允许库存的存在。

那么，当发生机器故障时，该怎么处理呢？丰田坚持如下做法：

如果人或机器设备的作业发生异常的话，就停止作业或机器设备。此外，它仔细地教育现场的操作员，如果"异常"发生了，就请立即停止机器设备或是生产线。

与此同时，丰田强调，管理人员需要思考的是如何避免停止机器设备或是生产线。

结果就是，现场操作员把机器设备或生产线停止，而管理人员努力不让机器设备或生产线停止，二者处于竞争的状态。

一旦发生了异常，操作员立即拉动作为目视管理用的"安灯"○，将该异常通知管理人员，也让每个人都知道。这个"目视管理"的功能，可以说是丰田生产方式的一大特征。对于这一点，还有许多的说明与解释。但实际上，真的是这样吗？

当然，将异常立刻目视化地显示给大家是非常好的，也是一个了不起的特征。但更重要的是："当异常发生了之后，将采取什么样的解决方案？"

(2) 重要的是防止再次发生

很多工厂即使出现了异常，大都只会进行应急处理，敷衍现状地继续工作。如果是这样，好不容易建构起来的目视管理系统，也将无法得到有效的结果。但是，丰田生产方式对此仅做了"必须防止再次发生"的简单说明。其实，我们可以将其做这样的解释：

"当你患盲肠炎时，到底是要从外侧冰敷以消解痛苦，还是进行外科手术，防止其再次发生呢？"

不同的选择会造成非常不同的结果。

因此，丰田生产方式强烈主张"防止再次发生"，坚持"要把盲肠切除"。

如前所述，"如果只是简单地模仿表面，装设目视管理的'安灯'等，而不能彻底地处理发生的异常，那么目视管理就无法得到有效的结果"。

"目视管理"是有必要的，但更重要的是'彻底防止再次发生'，这才具

○ "安灯"是"目视管理"的典型代表，管理者看到此灯亮时，便立刻走过去，确认状况，采取行动。

有真正的意义。

同时，我们要理解：丰田生产方式并不是因为真的想停止机器设备或生产线而把它们停止，恰恰是因为不想停止机器设备或生产线，才将它们停止。

曾经有一名 A 电气公司的人，听到了对丰田生产方式的解释之后，对其成果非常钦佩，正准备回去时，又听到解说者继续说："各位先生，当你们看到丰田生产方式的结果时，一切都似乎是令人惊叹的，但是如果你不做也可以的话，还是不要做比较好。我们的库存非常少，当我们走过现场时，我们总会仔细地观察'是否有机器设备发出不正常的声音'，或者'操作员是否有奇怪的动作'。我们从早上 8 点上班到下午 5 点下班，一直紧绷着神经……"这是他对丰田生产方式印象最深刻的地方。

如上所述，"如果公司高层管理者无法下定决心'在出现异常时停止机器设备或生产线'"，就不应该采用丰田生产方式，对实现"零库存"也就不要妄想了。

接着，我们才可以开始思考"有人字旁的自働化"。

需求均衡与产能控制及均衡化

一直以来，流程管理有两大功能：

- 排产管理——什么时候能够（及时）完成？
- 产能管理——工作能完成吗（需求与能力是否平衡）？

因此，以下二者的平衡是非常重要的问题：

- 需求——需要完成的工作量；
- 产能——为了完成该工作，人与机器的能力。

对此，丰田生产方式采用了"均衡化"。但是，"均衡化"到底是什么意思？它又包含哪些内容呢？

1. 什么是均衡化

丰田生产方式特别强调"生产的均衡化"，它是丰田生产方式的一大支柱。

对此，我们有以下说明：

丰田生产方式就是为了实现"前道工序"只生产"后道工序"取走的数量，因此，所有的生产工序为了可以在必要的时候生产必要的数量，必须准备好所需要的人力、设备与其他的生产要素。

在这种状况下，如果后道工序在向前道工序领取物料的"数量"和"时间"都是不规律的话，那么前道工序就不得不保持人力与设备的冗余，这将造成非常大的负担。

后道工序向前道工序领取物料的不规律性越大，则前道工序所必须准备的人力与设备的冗余就越大。

此外，丰田生产方式通过"看板"，不仅对丰田汽车工业工厂内的各道生产工序，还对外部供应商的生产工序，以所谓的同步（流动）进行连接。因此，如果最终工序的生产或者需求是不规律的话，其不良影响将会逐级向前道工序传递，直达零部件供应商。

为了防止这样的恶性循环，首先是汽车制造商，更明确地说，是丰田汽车整车装配线的生产波峰，必须被分割（削减）到更低的水平，同时，生产波谷需要变得更浅。通过削峰填谷，使得流动的表面更平静无波。

丰田生产方式将这样的做法称为"生产均衡化"。

正如以上介绍，"生产均衡化"的目的，在于"使上游工序的需求均衡"。

2. 需求与产能平衡的平均化

如前所述，产能负荷表示需求与产能之间的关系，可以下列方程来表示。

$$产能负荷 = (产能 - 需求) \div 产能$$

例如：

$$需求 = 280 \text{ 小时}$$

$$产能 = 8 \text{ 小时} \times 20 \text{ 天} \times 2 \text{ 班} = 320 \text{ 小时}$$

$$产能负荷 = (320 - 280) \div 320 = 40 \div 320 = 12.5\%$$

也就是拥有 12.5% 的冗余产能。

不论需求有多大，只要与之对应的产能足够大，需求都可以被消化。反之，不论需求的绝对值有多小，如果对应的产能相对较小，那么需求就可能无法被消化。因此，我们必须随时思考"需求与产能的平衡"，也就是"产能负荷"。

顺带一提，我们必须从两方面来考虑"产能负荷"。

- 整年中，各个月份的产能负荷状态；
- 一个月中，每天的产能负荷状态。

对于整年中的"产能管理"已经在"产能弹性"章节中进行了说明，所以这里我们将对"一个月中，每天的产能负荷状态"加以说明。

为了让这个问题更容易了解，我们假设合计一个月的需求与产能已经取得平衡了。上旬、中旬、下旬之间的状况则如图6-3～图6-5所示。

上旬的10天——需求是30万件A产品，占了产能的50%；
中旬的10天——需求是60万件B产品，占了产能的100%；
下旬的10天——需求是90万件C产品，占了产能的150%。

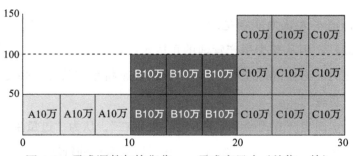

图6-3　需求调整与均衡化——需求变异大（单位：件）

因此，从整个月来看，需求与产能是平衡的（100%），但上旬、中旬、下旬是不平衡的。如果作业就这么进行，将会得到以下结果：

- 如果上旬只用了50%的产能生产30万件A产品，那么将会因需求不足而产生等待。
- 中旬的需求与产能是平衡的。
- 下旬则因有30万件超过需求50%，所以必须加班或是雇用临时员工来生产。

结果出现了上旬等待、下旬又必须加班的不合理现象。因此，在这种状况下，如果根据以往的管理方式的话：

①将中旬产品 B 工作量的 50%，提前到上旬生产；
②将下旬产品 C 工作量的 50%，提前到中旬生产。

如此一来，我们将可以简单地完成"平衡上中下旬的需求与产能"，但这种方法产生了产品库存。即使这样，传统上仍然认为，"虽然会产生库存，但比起上旬等待、下旬又必须加班的'浪费'，这种方法还是相当有利的"。

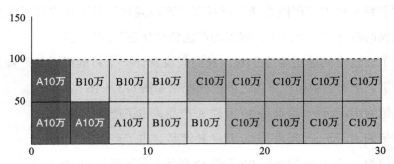

图 6-4　需求调整与均衡化——平衡了需求与产能，但仍产生了库存（单位：件）

因此，很多人认为库存是缓冲产能负荷不平衡的有效方法，虽然明知"库存是恶魔"，但从整个生产管理的角度来看，仍然是一种有效的方法，所以可以称之为"必要的恶魔"。一般来说，大家将重点放在"必要"二字上，却忽略了"恶魔"。

但是，丰田生产方式始终拒绝"库存的存在"，认为"过量生产是浪费"。因此，我们必须思考"如果是这样，应该采取什么样的行动"。

如之前的假设，需求是这样的：

- 上旬的 10 天——30 万件 A 产品；
- 中旬的 10 天——60 万件 B 产品；
- 下旬的 10 天——90 万件 C 产品。

但是，在一般重复生产的环境中，并不会出现如下情况：

- 在 3 月 10 日之前，需要一批 30 万件 A 产品；
- 在 3 月 20 日之前，需要一批 60 万件 B 产品；
- 在 3 月 30 日之前，需要一批 90 万件 C 产品。

更别说实际的消费者，谁也不会集中一次只需要一种产品，但实际的情况有可能是下面描述的这样吗？

累计了各个小量的需求，在3月上旬制造了30万件A产品，然后逐渐地销售给消费者。而在大部分时间里，这些A产品都是以库存的形式存在的。

所以，对于整个月的需求——A产品30万件、B产品60万件、C产品90万件，我们是否可以分散生产呢？

- 在上旬的10天，A产品10万件，B产品20万件，C产品30万件；
- 在中旬的10天，A产品10万件，B产品20万件，C产品30万件；
- 在下旬的10天，A产品10万件，B产品20万件，C产品30万件。

也就是每10天分别生产一次1/3 A产品、1/3 B产品、1/3 C产品。例如：

- 上旬10天的1/6的时间是生产A产品；
- 上旬10天的2/6的时间是生产B产品；
- 上旬10天的3/6的时间是生产C产品。

如果能够如上面这样生产，那么在上中下旬之间先行生产的产品B、C的库存，将可降到原来的1/3。

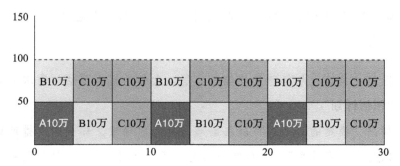

图6-5 需求调整与均衡化——平衡了需求与产能，且降低了库存（单位：件）

如果生产的单位时间可以进一步地分割，例如从10天→5天→3天→1天……细分的话，那么库存就可以更进一步地大幅降低。

如果极端地彻底分割，例如，在同一生产线上持续地重复装配1件A产品、2件B产品、3件C产品，就可以将库存维持在最低水平。这就是丰田生产方式所采用的"混线生产"。

结果，我们就有了如下考虑：

- 彻底地追随实际的需求；
- 彻底地思考没有库存情况下的均衡需求与产能。

在经过彻底的考虑之后，"需求与产能的调整，以及库存的存在，是两个调整冲突导致的现象"，以往的这一想法被完全颠覆了，导入的是全新的"需求与产能调整系统"。这正是卓越的丰田生产方式非常具有原创性的一点。

3."分割生产"与"混线生产"

（1）需求计划的特点

以往的流程管理系统大都将"需求计划"区分为以下三个阶段：

- 主排产计划——年度的需求计划；
- 中期排产计划——月度的需求计划；
- 详细排产计划——1~3天的需求计划。

这些需求计划可能是"预估计划"或是"可执行计划（确定计划）"，主要根据接单到交货的周期（D）与生产周期（P）的关系来决定。

一般来说：

- 因为主排产计划横跨的周期长，所以大都是根据预估的需求而做出的"**预估计划**"。
- 如果"确定的订单"可以在生产周期之前确定，那么中期排产计划可以是"确定计划"，否则就仍然是"预估计划"；如果计划是一个月确定一次，在该表计划的较早期就会是"确定计划"，但是该计划的后期，就会成为"预估计划"。因此，结果就是生产计划会不断地变更，从而造成一片混乱。

- 详细排产计划虽然横跨周期短，但是如果生产交付周期比确定订单的时间长，那么详细排产计划也必然是"预估计划"。

所以，到底是要执行"预估计划"还是"确定计划"，这与"计划周期的长短"并无关系，主要取决于确定订单时间的长短与生产交付周期的关系。

以上描述可以称之为：

- 预估计划——预估生产；
- 确定计划——确定生产。

然而，即使该产品的本质是"按订单生产"，也有其确定的特点，但是如果确定订单的时间短于生产周期的话，我们仍然不得不进行"预估生产"。

因此，接到订单到交货的时间与生产周期的关系，对是否能确定生产具有决定性的影响。

（2）减少成品库存

如果我们进行"预估生产"，就无法保证预估可以100%实现。因此，我们将无法避免成品库存的出现，一旦持有不必要的库存，就很有可能会蒙受巨大的损失。

以往，我们对这个问题的主要对策是，"尽一切努力请客户提前更早确定订单"。但是，客户往往有自己的立场。除此之外，如果是一般大众购买的商品，还牵涉诸如商品的种类、数量与时间等不确定的要素。

即使是这样，我们是否只能得出除了"预估生产"之外，别无他法的结论呢？

丰田生产方式因为坚持根本不考虑"预估生产"，而是以"按订单生产"为导向，所以不会要求"提前更早确定订单"，而是以"彻底缩短生产周期"为导向。

所以，我们需要思考以下对策：

- 采用"快速换模（SMED）系统"以实行"小批量生产"，大幅地缩短生产周期；

- 采用"工序平衡、同步（流动）与单件流作业"，大幅地缩短生产周期；
- 采用"快速换模（SMED）系统"，可迅速地对应订单的变更。

如果采用了以上方法，我们在以下两点上，可以显著地减少"成品库存"：

- 可在接到确定订单之后再开始生产；
- 因为只做极短时间内的预测，所以可以明显地提升预测的准确率。

（3）分割生产方式与计划的时间单位

无论生产交付周期可以缩短到多短，生产计划的决定时间如果横跨了较长的周期，那么现场仍然无法避免地要实行"预估计划"！

例如，即使生产周期时间是3天，但如果是按1个月的预测来设定生产计划的话，该月度后半段的计划已经超过了"确定订单"的范围，所以还是不得不根据预估来计划。

因此，如果我们想要减少成品库存，关键点是除了缩短生产周期以外，还要同时处理缩短生产计划的确定周期。

这样一来，我们应该调整以往用1个月的周期时间确定生产计划的做法，而采用"分割生产方式——SPS（segmental production system）方式"，例如设定这样的"生产计划的确定周期"：

- 半个月——H计划；
- 10天——T计划；
- 1周——W计划；
- 1天——D计划。

但即使这样，为了准备下列计划，我们提前预告了1个月的生产计划：

- 物料计划；
- 设备计划；
- 人员计划；
- 其他计划。

但是，

- 确定的生产计划被分割成"合适的周期时间"来发布，如半个月、10天、1周或是1天；
- 这里"合适的周期时间"对"生产周期"有决定性的影响。

A 电气公司采用了"10 天的 T 计划"如下：

- 上个月的 15 日发布下个月的"1 个月预估计划"；
- 上个月的 25 日发布下个月"上旬确定计划"；
- 当月的 5 日发布当月"中旬确定计划"；
- 当月的 15 日发布了当月"下旬确定计划"。

它改变了以往"汇总 1 个月的 A 产品批量制造"的方法：

- 将 A 产品分散到各时间段生产；
- 在确定每个时间段的计划时，不会受到已经发布的月度预估计划影响，而是根据实际的接单情况，发出修改过的 10 天计划。

这样做之后，A 公司得到了这样的效果：

- 工厂与经销商的库存降低了 1/2；
- 对经销商的变更订单要求，以往只能反映到下个月的生产计划中，但现在可提前反映到下一个 10 天的生产计划中，因此可以显著地降低接单后无法交货的情况。

所以，"资金的周转率"（turnover）也获得大幅的改善。

这样的"分割生产方式"，一定可以进一步从"10 天计划"改善成"周计划"。为什么这样呢？因为我们最近的"生活形态大都是以周为单位"。但是在这样的状况下，"当初的月计划与新的周计划之间要如何调整"则又成了一个问题。

当然，我们可以进一步地思考"日计划"。但如此一来，"计划的弹性"

或者"现场更换模具的适应性"必须要有更大幅度的改善。

据说丰田汽车采用的是 10 天计划[1]（T 计划）。

（4）分割生产方式与小批量生产方式

迄今为止，我们已经解释了：

- "分割生产方式"是将"确定生产计划的期间"分割。

但实际上更大的意义在于：

- "分割生产方式"是"分割生产批量的方式"。

我们曾在**"产能负荷的平均化"**章节中说明过，其客户需求的例子是：

- 上旬的 10 天——30 万件 A 产品；
- 中旬的 10 天——60 万件 B 产品；
- 下旬的 10 天——90 万件 C 产品。

每 10 天的产能是 60 万件。因此，"企业在上旬因为需求不足，所以会发生等待，但在下旬又因为需求过度，而不得不加班"。

在这样的情况下，企业一般会提前生产库存，以平均化产能负荷，但我们认为："真正的'需求的本质[2]'并不需要在下旬一下子生产 90 万件 C 产品，在 1 个月内分散地生产即可。同样的想法也适用于 A 产品与 B 产品。"

有了这样的理解之后，如果我们可以这样生产的话：

- 上旬的 10 天，A 产品 10 万件、B 产品 20 万件、C 产品 30 万件；
- 中旬的 10 天，A 产品 10 万件、B 产品 20 万件、C 产品 30 万件；
- 下旬的 10 天，A 产品 10 万件、B 产品 20 万件、C 产品 30 万件。

---

[1] 即使是 20 世纪 80 年代的做法，丰田汽车在 10 天计划之外，仍然逐日发布每日的实行计划，保持微调日计划的余地。目前依托信息技术的进步，已无 10 天计划，丰田汽车直接根据月计划与每日的订购实际情况，发布每日计划，指示供应商的物料供给与其他的准备事项。

[2] 实际的需求应该是平均的，例如卫生纸的需求是平均的，但是被需求背后的人为方式扭曲成集中的订单与生产。

这样做除了可以大幅地降低库存，也可能调整产能负荷。此外，如果我们能以更小的量生产的话，

- 每5天生产A产品5万件、B产品10万件、C产品15万件。

我们将可以进一步获得"降低库存，更进一步提升调整产能负荷的程度"的效果。

如果更彻底的话，

- 在1天内，生产A产品1万件、B产品2万件、C产品3万件。

当然，"库存可以更进一步地降低，而产能负荷的平均化也可以进一步地提升"。在这样的情况下，我们可以分配时间段，做1日批量的生产：

- 上午08:00～09:20，A产品1万件；
- 上午09:20～12:00，B产品2万件；
- 下午13:00～17:00，C产品3万件。

但如果是这样，"将生产的单位分割得越来越小，而进行'小批量生产'的话，将会发生高频次的'更换模具'，因此'改善更换模具工作'，也就是采用'快速换模（SMED）系统'就成为绝对必要的前提条件"。

许多采用"分割生产方式"的工厂都获得了显著的效果，当然我强烈建议你采用这种方法。但是，装配线就必须先进行如下改善：

- 以"外部换模"的观念准备接下来要用的零件，并先供应到生产线的边上；
- 需先将工装夹具准备好，以便能"一触即换"地更换工装夹具或机器；
- 训练操作员，让他们能够很容易地执行相应的操作；
- 适当地运用顺次点检或是自主检验，特别是"防错功能"，以防止不良品的产生或是错误的操作。

最近大部分工厂的装配线产生了以下实际效果，"即使换线，更换产品，

生产线也不会出现空的托盘"。但无论换线时间有多快，如果生产在线产品A与产品B的节拍时间①不一样，将会因此产生损失。

例如：

- A产品——节拍时间＝30秒；
- B产品——节拍时间＝20秒。

工厂从换线更换产品，到完全变更成新产品之前，将不得不根据最慢的作业所用时间30秒来安排产品的流动，所以"工序与产品数越多，就会产生越多的浪费"。这种现象在以下两种情况下都会出现：

- 从快（短）的节拍时间切换为慢（长）的节拍时间；
- 从慢（长）的节拍时间切换为快（短）的节拍时间。

"因此，越是小批量生产，换线次数越多，换线的损失就越多。"

对于这个问题，丰田生产方式是这么解决的：

- 将不同的产品混合流动，也就是混线生产；
- 因为A产品与B产品是混合流动的，所以"节拍时间，将会以30＋25＝55秒来流动，即没有变更产品时的换线损失"；
- 于是，当长节拍时间的产品流动时，操作员就必须跟着输送带，边作业边一点一点地移动。

丰田生产方式中有许多种组合的"装配车辆"流，因为其组合并不相同，目前大量采用的是"复杂形式的混线生产"。所以，即使是"小批量的分割生产"，如果工厂安排了预备操作员②，在需要的时候，协助较长节拍时间的作业，也将能大幅地减少换线时的时间损失。

- A产品——3台；

---

① 我们将这里的节拍时间当成不同制品的不同作业周期时间，比较好理解。
② 丰田生产线外的班长承担这样的工作，各作业者的标准作业中没有宽放，如果有异常或是周期时间较长的作业，就拉"安灯"，呼叫线外的预备者（班长）支持。班长既可以随时了解异常，进行接下来的改善，也可以有效率地活用人力。

- B产品——2台；
- C产品——1台。

（5）混线生产的优点与缺点

我们如果思考混线生产的优点与缺点，则会产生如下结果。

优点：

①产能负荷的"平均化"，也就是可提升丰田生产方式中所谓的"均衡化"。

②可以对上游的零件加工工序与供应商提供均衡化的需求。

③更好的效果是可以"大幅地减少产品库存"。

④能排除在工厂内暂时储放库存，之后再送到销售部门的"二次搬运"，也就是改善了"直通率"（non-stop ratio）。据说A电气公司提升1%的直通率，一个月就可以节省30万日元。

同样地，T电气公司实施了"大型冰箱：小型冰箱＝1：2"的混线生产的比率，于是可以将产品从工厂直接送达店铺，完全消除掉以往"放在工厂里的中间库存"，取得了很大的成效。

⑤如果原来由两组少数操作员分别制造产品A、B，新的做法能将两种产品综合起来混线生产，进行更细致的分工，从而可以提高效率○。

缺点：

也许表面上从产品A更换到产品B时不需要换线，但实际上对操作员来说，"他必须在脑袋○里对每个产品做切换"。因此，工厂必须采取下列措施：

①必须让操作员进行多岗位作业的训练（操作员的弹性）。

②工装夹具、工具与机器的通用化，能够"一触即换"地更换模具，或者配备多种工装夹具与工具，以便可以分别用于不同的产品。

○ 将作业者的小孤岛集合成大岛，提升了流动速度，使每名操作员分担的作业内容（周期时间）减少了。

○ 混线生产会给操作员造成很大的精神上的压力，如何减轻其精神上的负担也是让生产可顺利进行的技术。

③为了避免出现错误的作业，或是装错、少装了零件等，设定顺次检验或是自主检验，特别是防错功能，以防止不良品的出现。

④对装配线的零件供应，必须小批量且正确地补给。

如果上述措施执行得不够彻底，生产线将会不断地发生"不良品与降低生产效率"等事故，使得好不容易才整理出来的工装夹具与工具、机器全然没用，反而招致了更大的损失。

（6）采用分割生产方式与混线生产方式

不论是分割生产方式还是混线生产方式，都是小批量生产。它们在以下两点上或许会有程度上的差异，但可以产生完全相同的结果：

- 减少完成品库存；
- 对上游工序的零件加工工序或零件供货商赋予均衡化的需求。

①虽然混线生产具有吸收产品间"节拍时间差异"的优点，但有必须经常变更作业，更换工装夹具、工具，或者需要选择性地使用等明显缺点。所以，如果企业没有进行充分的准备与训练，将会招致很大的损失。

②丰田生产方式中的产品既大又贵，由于生产成品库存的损失非常大，所以，企业只有在克服了"混线生产方式"的诸多困难之后，才能采用该方式。你也可以将它想象成"极端的分割生产方式"，非常有效，但也伴随着许多困难。如果企业在没有充分准备的情况下，就草率地模仿，事实上是非常危险的。特别是有不少人简单地认为，"丰田生产方式就是要实施'混线生产'"，这可以说是一个非常大的误解。

③一般工厂即使不采用"混线生产方式"，只采用"分割生产方式"就可以产生令人满意的成果。

重要的是，我们不可以认为"预估生产是唯一的生产方式"，即使产生了不必要的产品库存，也认为是因为"市场的变动"造成的，所以没有办法。

我们应该思考的是，"生产的本质乃是'必须忠实地完成已经确定的订单'"，并且彻底地大幅缩短生产周期，以及克服所有的困难，以追求降低成本！

我们还必须正确地认识到，存在于其核心的是小批量生产，更深入的部分是"大幅地缩短换模时间"，也就是采用"快速换模（SMED）系统"，而其中最重要的课题是采用"一触换模（OTED）系统"。

4. 均衡化与"零库存"

综上所述，不接受成品库存，同时又进行产能负荷调整的"混线生产方式"，难道不应该被视为一种新的"均衡化"标准吗？

另外，丰田生产方式具有"不会将生产的波动"传向"上游工序"的最大优点，但其实"具有将成品库存减少到最小化的效果"才应该被评价为其最大的优点吧！

以往人们主张，工序管理的重要功能是"产能负荷的调整功能"㊀，但其措施大多数都"允许库存的存在"。

相对于此，丰田生产方式认为："零库存的条件具有'改善优化'的基础，那么在满足上述条件的同时，又要做产能负荷调整的话，还要做些什么才行呢？"于是，它想出了"用'混线生产方式'来做产能负荷调整——均衡化"，这是它的一大特征。

5. 均衡化生产的考察

我们从以上说明可以知道，"均衡化生产"有以下优点：
①可以最小化产品库存；
②可以均衡上游工序的需求。

实际上，T 电气公司"实施着 1 台大型冰箱跟着 2 台小型冰箱的混线生产，产品仓库里的库存几乎是零"。

以往，"在上半个月制造大型冰箱，在下半个月制造小型冰箱，运送给店铺时，则是大小型冰箱混合着运输，结果仓库大都被大型冰箱占满了"。实施混线生产的结果是"可以一边生产，一边立即送货，因此成品将不需要被送到产品仓库，而被直接送到店铺"。

除此之外，"该公司可以确认大小型冰箱实际的销售状况，立即变

㊀ 在有产能负荷时，先行生产，即使生产的产品成为库存也在所不惜。

更生产线上大小型冰箱的混线比例,这个措施可以更进一步地减少产品库存"。

同样,A 电气公司的洗衣机部门将完成日接近的出口用洗衣机以"分割生产方式"来装配,因此不需要产品仓库中的库存,从而得到了很好的改善效果。它对其他产品采用"分割生产"或"混线生产",也同样可以得到从工厂到店铺"无停滞,提升直通率"的结果。

也就是说,比起将一天产量的产品送进仓库之后,再从仓库领出堆放,用卡车送到各店铺,不同的做法是,将产品从装配线的尾端直接装上卡车出货给店铺,如果能提升 1% 的直通率,就可以实现 30 万日元的成本降低效果。

在最近的半年内,该公司的直通率提升了 15%,每月可使成本降低 450 万日元。

另外,在实际的例子中,如果不同产品的"节拍时间",也就是一个工序所需的作业时间,分别如下:

$$X——30 秒$$
$$Y——45 秒$$
$$Z——60 秒$$

"当变更装配的机种时,该作业必须与较长的节拍时间同步,于是会发生切换时间的损失"。如果变更产品的次数多的话,一般会发生 10% ~ 20% 的损失。

但如果是混线生产,其节拍时间将会是:

$$X + Y + Z = 30 + 45 + 60 = 135 秒$$
$$135 秒 \div 3 = 45 秒$$

于是,实际的生产线是根据"平均节拍时间"㊀来流动的:

- 在组装 X 产品时,几乎是在同一位置,在停止的状况下作业;
- 在组装 Y 产品时,是在普通的状况下作业;

㊀ 加权平均的节拍时间。

- 在组装 Z 产品时，作业区域会超过既定的作业范围，需要稍微移动地作业。

如上所述，实施"$X+Y+Z=Q$"的节拍时间的话，其合计的节拍时间是一样的，因此可以进行 3 台一组的同步（流动）生产。在实际生产汽车的例子中，车种间切换的损失已被削减到零。

但混线生产也会产生下列问题：

①因为连续变更车种，很可能出现作业动作的错误；

②担心因为变更车种，而可能装错或漏装零件；

③每台变更的话，就需要不同的动作。

因此，该公司就需要思考以下措施：

①为了能进行不制造不良品的检验，必须设置合适的"防错"装置，让操作员不会出现作业动作的错误；

②在共通的工序中，尽可能地将类似动作完成品的作业组合在一起；⊖

③加设合适的"防错"装置，以避免操作员装错零件或漏装零件；

④将可使用相同工装、工具的工序的车种组合在一起，或者必须分别使用不同的专用工具时，思考能够"一触即换"地切替工装、工具的方法。

虽然考虑了以上各点，但实际试做了"混线生产"之后，你将会发现"知难行易"，实际情况并不如想象般有那么多问题。同时，从一开始试行，你就会看到 10%～20% 的生产率改善，并看到成品库存大幅地减少。各地方也都有类似的事例可以证明。

并行作业 Nagara⊜ 方式

最近丰田生产方式在积极地展开所谓的"并行作业"系统。它源自日语，意思是"在做某事的时候，同时做另外一件事"，例如"在看电视的时候，做……"

⊖ 同作业、同功能、同零件安排在同一道工序中作业。

⊜ 其他作业与主作业同时并行，日文原来的意思是"一边做……一边做……"

我第一次实际看到"并行作业",是在 S 汽车公司。它进行车体组立的焊接作业时,边上有一台简单的冲压机。操作员完成焊接作业之后,将一块铁板放进冲压机,并且按下开关,于是,冲压机的上模被油压缸驱动,慢慢地下压,"喀喳"一声将铁板打穿。○

其方法是,"操作员完成了约 1 分钟的焊接作业之后,走到冲压机前方,将已经完成的一件产品取出,再放进下一块铁板并启动设备,然后,将取出的产品焊接到车体上"。

虽然我称之为"简单的冲压机",实际上是这样的:"由油压缸来驱动模具的构造,动作很慢,制作的成本很低,约 10 万日元就可以完成"。

看了这样的设备,我认为"并行作业"方式具有以下三个极具意义的特征:

①可以活用非常短的"宽放时间"。在上例中,"放进铁板与按下开关的作业",只需要约 2 秒,而这 2 秒是从焊接作业的宽放时间中争取出来的。

②接下来是"工作的同步(流动)"。如果每分钟只需要一个零件,那么就不需要以更快的速度来生产。因此,工厂使用油压缸驱动的缓慢、便宜的冲压机就足够了。

传统上是在冲压工厂使用冲压机,以高速成型,然后放进容器并用堆高机搬运,但实际上并不需要那么高速的机器。

③最后,打破了以往认为"冲压产品就得在冲压工厂生产"的既有观念,"只单纯地思考'产品的工序系列',超越既有'工厂的框架',一贯地进行'单件流作业'"。

我在 K 制造公司也看到过如下描述的"并行作业":

"在机械加工的生产线上,零件完成钻孔、改螺纹之后,被放进线边约 1m³ 的箱子中,一盖上盖子,就自动启动开关,开始作业。之后,操作员再从箱子中取出零件,装上小配件并装上电线等,实施单件流作业",而该

○ 目前这样的做法仍活用于国瑞(台湾丰田)的车身焊接线。前道工序的冲压机只生产一种没有安装方向灯孔的叶子板,当车身需要有方向灯的叶子板时,就利用线边的小型冲孔机,生产一片有孔的叶子板。

"1m³ 的箱子"实际上就是"一个对零件喷漆的设备"。

那里有大约 100 个这样的喷漆单元，可配备在任意一个零件加工线与组装线边上，这样一来，约有 80% 的以前的喷漆作业，现在已经不需要在喷漆车间完成。

结果，工厂因为消除了搬运与停滞，所以大幅地降低了工时，缩短了生产周期，当然也大幅地减少了库存。

也许有人会怀疑，这种方法是否消耗了更多的油漆？答案是"不需要像以前一样进行宽幅喷漆，只需要针对各零件的特定部位喷漆就好了。事实上，油漆总成本是降低的"。

可以这么说，"以往我们好像在喷漆房中涂装空气"。噢！好像的确是这样，那场景给我留下了深刻的印象。于是我一看到这种方法就感到，"这正是加工→涂装→装配工序，综合一贯的单件流作业"。

还有一次我去欧洲考察时，参观了意大利米兰的一家工具制造公司。当时该公司的总经理说："欧洲共同市场成立之后，我们可以工作得轻松一点。原因是材料不需要缴关税，因此我们可以便宜地取得材料，同时产品也因为不需要缴关税而容易销售。如果没有欧洲共同市场，也许我们无法如此成功。"

听了他的话之后，我对欧洲共同市场的威力留下了深刻的印象。与此相似的事情是，"我们将锻造车间、铸造车间、冲压车间、金工车间、喷漆车间与装配车间的各个疆界撤除了，完全根据产品的工序系列，忠实地实施"单件流"，也就是完成了'综合性的一贯流动作业'"，这乃是"并行作业方式"最重要的意义。

最近，我常有机会在实施丰田生产方式的工厂中观察"并行作业方式"。但也许是因为受到字面上理解的影响，在大部分事例中，人们只想到"有效地活用宽放时间"，但实际上必须理解，它应有以下更积极的意义：

"你不应该受限于以往的工厂框架，而应该从更高层次的观点来进行'综合性的一贯单件流动作业'。"

从此之后，"并行作业方式"发展为丰田生产方式的一个方向。"并行作业方式"可以更进一步地发展，迄今也已经有许多采用此方式的实例。因此，极为重要的是我们必须正确地认识"并行作业方式"的真正意义。

结论

工序由"加工、检验、搬运、停滞"4种要素组成，而"只有加工是会提高附加价值的要素"。

其他的"检验、搬运、停滞是不会增加附加价值"，只会增加成本的工作而已。

因为丰田生产方式是以彻底地消除浪费为方向，所以"不会增加附加价值的工作都是'浪费'"，进而，无论如何都必须消除"检验、搬运、停滞"。

这样一来，我们必须采取以下措施。

- 对于产品的"检验"，必须采用"不制造不良品的检验"与"100%的检验"，而实际的做法是积极地采用"防错功能"，从而大幅地降低工时，并以"不良品=0"为目标。也就是"改善不良品产生的条件本身"，从而让不良品无法出现。
- 对于产品的"搬运"，改善工厂的布局并积极地流水线化，消除搬运或是只要最少的搬运即可。万一仍然无法避免搬运的话，工厂要采取有效率的搬运方法。
- 最后是关于"停滞"的问题："停滞"即库存，具有补偿工序中"加工、检验与搬运其他三个要素"不足的特点。例如，"即使机器故障或产生了不良产品或是搬运的延误，此时的'停滞'，也就是库存，将起到缓冲上述异常的作用，从而可以避免生产流动的混乱"。

诚如已经说明过的，以往的生产管理方式中的想法是"库存可以稳定生产的流动，有点像润滑剂的作用"，所以"被认为是很有用的麻烦"。

然而，"库存只具有'麻醉药的作用'，我们一旦认同了它，就会逐渐地陷入中毒昏迷的症状，如果无法逐步地增加库存就不会安心"。

而丰田生产方式完全否认了以往"库存是有用的东西"的想法，并且正面地挑战"为什么需要库存",思考"改善需要库存的本质原因",可以说这实际上就是"改善的源头"。

当我们越追求丰田生产方式的想法,就越会发觉在本质它存在着消除"过量生产的浪费",也就是"消除停滞""零库存"等所有方面的浪费的愿景。

在此意义上,认为"丰田生产方式是在全面否定生产管理上盲点的'停滞',也就是在以往被认为是'有用的库存'上的意识革命,是一种革新的生产方式",才是极为正确的理解。

也就是说:

- 需求的本质是接单生产,它具有多品种、少量的特点;
- 为了对应上述状况,必须彻底地实施"小批量生产",因此产生了"需要大幅地缩短换模时间"的强烈需求,进而发展出"快速换模(SMED)系统",并获得显著的进展;
- 又因为需要大幅地缩短生产周期,从而采用了"单件流作业",并从装配工序逐步地回溯到上游工序,以"从零件加工到装配工序的一贯流动"为方向;
- 从在"零库存"的严苛条件下,试图达成上述目标并获得成功的事实中,我们可以发现丰田生产方式的卓越思考,以及它会有如此惊人收益的根本理由。

如果公司不做此根本性的理解,而只是模仿表面的"丰田生产方式",认为"丰田生产方式是一种 just-in-time 的领料方式[一]",而匆忙采用的话,将会带来相反的效果,不仅会造成自家公司的困扰,更可能会让零件供应商非常困扰。对于这一点,公司必须先要有正确的理解。

最后,我感觉很有必要讲述下面这个故事。

在本书中,我曾一再强调:"'消除库存'正是丰田生产方式的特征",但实际上,"'消除库存'并非其最终目的,而存在于其深处的'降低成本'才

[一] 这是丰田生产方式中最容易被误用的方法,如果条件没有全部满足,将足以带来相反的效果从而草草收场。

是其真正的目的"。

因此，可以说"消除库存"顶多只是"降低成本的手段"而已。

数年前，我邀请了大约 50 名曾参加过丰田汽车工业公司生产工程培训班（production engineering training course）的前期受训人员举行同学会，公务繁忙的大野耐一先生也特地来参加。

大家高兴地谈着各种怀念的往事，酒过三巡，我正与第一期的学员有马先生谈话时，偶然听到坐在我旁边的大野耐一先生的谈话。与大野耐一先生谈话的是第二期的学员，由丰田汽车工业公司派遣到 TUDA 铁工公司的泷村社长。

大野耐一先生是这样说的："噢！是这样啊！如果是那样的话，那么泷村先生保留些库存吧！总之，公司得以赚取利润为目的。"

"但泷村先生……可别认为'库存可以一直存在喔！'"

我对视库存为眼中钉的大野耐一先生竟会说出"放些库存也可以"的话，瞬间感到大吃一惊。

接着他所说的"泷村先生……可别认为'库存可以一直存在喔！'"才让我领悟了大野先生的真正意图，使我印象深刻。

一般来说，我们总是认为"如果赚钱的话，放些库存也是无伤大雅的事"，从而对此妥协。但时光荏苒，当初的来龙去脉已不可考时，我们大都逐渐地将库存视为"理所当然"。

但我们应该这么认为，"在现在的条件下，也许不得不暂时保留一些库存，但是本质上，保留库存就是浪费"，从而"追求总有一天，即使没有库存也能赚钱的方法"。我对这种"追求本质改善"的积极态度印象深刻。

在此意义上，"'消除库存'到底只是'降低成本'的手段而已"。因此，在某些状况下，我们可以接受库存的存在。

但我们绝对不可以一直满足于此，而忘记了"本质上，库存是浪费"的认知。我们应该更进一步地追求更高层次的手段，追求"即使没有库存，也能'降低成本'的方法"，这才是丰田生产方式的一大特征。有了这样的想法，才可以说是有了真正的理解。

小结

丰田生产方式具有"消除库存"的一大特征,只有在"消除库存"的立场上思考,才能正确地理解"just-in-time""均衡化"与"并行作业"的意义。

作业的改善

支撑生产活动的要素除了"工序"之外,还有另一个支柱——"作业"。

因此,就丰田生产方式而言,"作业的改善"也非常重要,并且我对此有一些关键性的想法。

作业的内容

正如之前已经说明的,作业的内容可以分为以下几个类型。

1. 作业前的准备与作业后的收拾清理工作

这些工作主要处于一个批量的作业前后,以及穿插在有用的作业中,具有一次性的特点,例如"换模"就是如此。

通常来说,"如果换模需要花很长时间的话,那么增加生产批量,就可以降低单位产品的生产工时",因此,大家大多会采用"大批量"生产的方式。

但是,这样做的话就会增加"半成品"的库存,于是为了调和"换模时间长"与"库存增加"这两点之间的矛盾,有人想出了"经济批量"的做法。

但这个做法的前提假设是"无法大幅度地缩短换模时间"。

然而,如果根据"快速换模(SMED)系统"的观点,我们将完全否认上述假设的前提条件,这样,"经济批量"这一做法的存在理由也将消失。

但是,一般人认为"采用了'快速换模(SMED)系统',缩短了更换模具与工具的时间之后,只是方便将所节省的换模时间用于'提高机器的稼动率'"。

总而言之,我们将以上的改善效果用于"作业的改善"当然有效,但是更好的做法是将其改善的效果用于"工序的改善"。例如,"实施小批量生产来消除库存",或是"因为可以快速地切换产品,所以可以更顺畅地'接单生产"，进一步消除成品库存"。我们绝不可以忽略减少库存带来的成本降低。

在此意义上，采用快速换模（SMED）系统，对丰田生产方式而言，确实是决定性的条件。至于快速换模（SMED）系统，需要什么想法与技术，才能大幅地缩短更换模具与工具的时间，则请参考前面章节中的说明。

2. 主作业

主作业是指在有用的作业中，每次有规律地进行重复的作业。它可以分为以下两类：

- 主体作业——加工时，直接进行切削、成型、焊接等作业；
- 辅助作业——加工时，装夹或是卸下产品，操作开关等作业。

然而实际上，只有"主体作业"对于工序而言是增值的作业：

- 加工——直接进行切削、成型、焊接等的作业；
- 检验——将实际与标准进行比较的作业，例如用检具判断产品质量的作业；
- 搬运——变更产品位置的作业；
- 停滞——产品保持静止状态。

而"辅助作业"是协助主体作业的工作。

3. 宽放

宽放是指非规律出现的作业，可分为以下两类：

①与人相关的宽放——与人生理或心理原因相关的宽放；

- 疲劳宽放——为人恢复体力所赋予的宽放；
- 生理宽放——为人员上厕所、喝水、擦汗所给予的宽放。

②与人无关的宽放——与人无关，与作业本身有关的宽放。

- 作业宽放——与作业有关的宽放，例如注入润滑油、清理切削屑；
- 车间宽放——各工作都会发生的宽放，例如等待零件、设备故障等。

因此，我们对于作业进行改善必须思考以上各个项目。

什么是标准作业

1. 丰田生产方式与标准作业

在丰田生产方式中，有这样的说明："在现场的人必须自己写标准作业，为了让其他人能够理解，他自己必须先充分地理解。"

"为了能够彻底地消除浪费，我们研究设备的设置、机械的布局与加工方法的改善，研究自动化，改善工装夹具与工具，研究搬运的方法与半成品的合适数量等。另外，我们要将人的智慧在现场体现出来，例如设置'防错装夹'以防止不良品的出现，以维持高效率的生产。"

所以，支撑这些措施的力量，也只有标准作业表能做到了。"关于标准作业，最重要的事情，是为了实现有效率的生产，我们在考虑各种不同的条件之后，将'物料、机器与操作员'做最有效率的组合。"

丰田汽车公司将这样组合的程序称为"作业组合"，而将此类组合统称为"标准作业"。

"丰田汽车的标准作业表，彻底地贯彻这些原则，同时扮演着丰田生产方式中目视管理的重要角色。"

丰田生产方式的标准作业表，当然会明确地体现标准作业三要素：
①周期时间（节拍时间）；
②作业顺序；
③标准库存量。

- 周期时间或是节拍时间，是必须在"多少分多少秒之内"制造一个产品。该时间是由产品的需求数量，也就是说"必要数"，与一天的工作时间决定的。
- 一天所需要的数量可由一个月的产量除以一个月的工作天数得到。
- "节拍时间"则可由一天的工作时间除以一天所需的生产量得到。

即使节拍时间是通过以上方法计算出来的，操作员之间仍会出现时间的差异。

俗话说"时间是动作的影子",时间的差异大部分是由于错误的动作或是作业顺序造成的,而操作员的训练则必须依靠班长或是组长的经验和技巧来指导。

"对于没有技术的新员工,我总是会说'三天内将他训练成能独立作业的人'。这等于是说,你必须准确地教导他们作业顺序、要点与要领,经由明确的指示,指导他们尽早地不重做工作,不装错零件,不做不必要的动作。"

- "作业顺序"是在时间轴上的作业顺序,例如操作员在作业时,必须依照拿起零件,装夹到机器上,或是从机器上卸下等这样类似的步骤来进行作业。请记住,它并不是物料流动的顺序。
- "标准库存量"是为了让加工能够顺利进行,生产流程中所需要的一定量的半成品,也包括装夹在机器设备中的产品。

一般来说,如果机器的布局是一样的,当人作业的顺序与机器加工的顺序一致时,只需要分别装夹在机器上的产品即可,各工序间不需要库存。

但如果作业的顺序与加工的顺序相反,除了装夹在机器上的产品之外,各工序之间还需要另外一个库存。

由于丰田生产方式要求零件必须能"准时"送达,因此必须严格地设定标准库存量。

2. 标准作业的三个特性

以往,标准作业都是这样制定的:"观测一名或更多的操作员'正在做的作业',消除掉不正常的作业时间,或采用最短时间。"

我认为这样的方法有以下两个问题:

① "时间只是动作的影子",之所以有不同的时间,基本上是因为有"不同的动作",但也有可能是"时间是一致的,动作不相同"。所以,如果只是设定了时间,无法保证"作业的动作也被固定下来"。

② 我们即使从现状观测的时间中,消除了不正常作业的时间,也仅是普通设定的"平均时间",绝对称不上"标准"时间。

那么，什么才是"标准时间"呢？或者什么是其基本的"标准作业"呢？

我们可以从过去（pa）、现在（pr）、未来（fu）三个方面来思考。

（1）过去（Pa）的标准作业（制定标准作业）

"标准时间"并不是从"现状的作业时间"消除了异常时间后的"平均时间"。同样，"标准作业"也不是"现状的平均作业"。"时间只是动作的影子"这句话的另一层意思是，"动作受作业条件影响"。

也就是说，因为有"动作的差异"，所以才有"时间的差异"。然而，造成"动作差异"的原因，则是"作业条件的差异"。

因此，在现状下，我们应尽可能地改善作业条件，因为经过持续改善的作业才是真正的"标准作业"。为此，我们要对各项目展开"4W1H"询问：

① what，什么产品——生产的对象，即生产的是什么产品？

② who，谁——生产的主体，即由谁或哪台机器来作业？

③ how，如何——方法，即以什么方法去做？

④ where，哪里——空间，即放在哪里，如何搬运？

⑤ when，什么时间——多少时间？时机是什么？

我们要重复5次问"why（为什么）、why（为什么）……"彻底地追求目的，从技术上与经济上尽可能地进行改善，这样的结果才能称得上"标准作业"。

这样的做法完全不同于"从现状作业中消除异常的作业，并只是简单地将'平均作业'当成标准作业"。

执着于这一点的，是被丰田生产方式称为"可以赚钱的IE"。

最近拜访丰田车体公司的时候，山口课长对我说："最近公司买了录像机，拍摄了现场的作业，之后召集了操作员本人、改善团队成员与班组长，一起观看拍摄的内容。操作员看过自己的作业之后，提出了许多改善建议。这些建议包括许多好的点子，被立即采用与实施。结果，所提出的改善建议，被现场持续实践的比率非常高。以往由改善团队提出的建议很少被现场认真执行，但现在改善建议是操作员自己提出来的，接受度就高了很多。此外，如果出现任何小问题，都会被立刻提出来，以做进一步的改善。但在以往，即使有任何小的不方便，大部分人都会立即放弃改善计划。"

在我看过录像带之后，我惊讶于"人很少有机会从背后看到自己的动作"。

"很少有机会看到自己的背影"，真是一句有智慧的话，因为"人们的确很少看到自己的背影"，也就是说很少"客观地观察自己的动作"。

丰田生产方式坚持，"现场的人必须自己写下标准作业"。它的意思是说："仅仅是眼睛看作业是没有用的，'将作业写在纸上，可以客观地观察作业'。"

同时，它强调，在这样"客观观察"的基础上，必须从各种角度彻底地改善。

（2）现在（Pr）的标准作业（指导标准作业）

接下来，我们要谈的是根据"标准作业表"仔细地教导与训练新操作员如何作业。指导者最好使用标准作业表来教导新员工，以免出错，这样的方法也远比直接根据自己的经验来教导要有效率得多，而且这在教导要点与要领的时候特别有效。

操作员在反复练习时，也可以重复地看着"标准作业表"，并加以确认，因此可以非常有效率地进行学习。

所以能够达到"丰田生产方式"所主张的"在三天内让操作员可以独立作业"，"标准作业表"功不可没。

（3）未来（Fu）的标准作业（改善标准作业）

大家都了解"检验就是与标准比较"，即将实际的情况与标准比较，以发现异常的状况。

丰田生产方式要求，"要持续地在标准时间内完成作业"，因此，现场的班长、组长有责任让操作员"努力地遵守标准时间"。

如果"作业无法在标准时间内完成"，就必须去确认时间背后的动作，即确认"是否有任何与标准作业不同的动作"。在这样的观点下，"标准作业表"具有重大的意义。

根据"丰田生产方式"的另一种说法，"长期地使用没有持续更新的标准作业表，是现场班组长的耻辱"。因为，在现场，工人必须持续地改善标准作业，这时候，如果有标准作业表，就比较容易研究如何改善。

这就是"改善标准作业表"的另一个作用，也就是出现了"未来的标准作业"，于是"过去、现在、未来的标准作业表"就一直螺旋向上式不断改善。

到现在为止，我们一直概括为"标准作业表"的东西，实际上有以下几种：

- 工序能力表——记载着工序顺序、工序名称、机械设备编号、基本加工时间、更换刀具所需时间、产能。这是进行作业组合时的根据。
- 标准作业组合表——明确标注着操作员在周期时间内必须遵守的作业顺序。
- 作业要领书——在执行作业时需注意的事项，决定了"操作机械、更换刀具、换模作业、加工零件、装配等"的作业顺序，并将此分别标注在各道工序上。
- 作业指导书——这是指导作业的人对操作员正确指导的基础，包含根据每条生产线的产量，分配给一个操作工的工作内容，配合着作业顺序，会对各作业提示安全与质量的注意事项。同时，它也用图片标注一个人作业的机器布局、周期时间、作业顺序、标准库存量，还明确标注检验质量的方法。
- 标准作业表——将作业指导书上的机器布局图展示在A3纸上，明确标记"周期时间、作业顺序、标准库存量、节拍时间、安全与质量确认基准"，并放入透明封套中，展示在流水线或是装配线的现场（对于以上内容的详细说明，请参考日本能率协会编的《丰田的现场管理》）。

从人力到机械的发展

如前所述，人力的发展顺序如下：

- 人用手装夹材料，卸下材料，装卸刀具，切削；
- 将"切削"机械化，但装卸刀具与装夹物料、卸下物料，仍旧是手工作业；

- 将"切削"与"装卸刀具"机械化,只有装夹物料和卸下物料仍旧是手工作业。

到了这个阶段,"机械加工"虽然脱离了人手可以独立地作业,但人仍然无法100%地依靠机器作业,而必须在机器旁边看着作业,这叫作监视机器。

- 但是丰田生产方式在这个阶段中认识到,之所以还是需要监视机器的"加工作业",是因为尚未将"人类的智慧传递到机器上"。于是,它想到了将"检验异常的功能"赋予机器,这样机器便可以完全独立地作业。

然而,一般的工厂在这个阶段中停滞了很长的时间,朝着另外的方向进行机械化。

- 也就是除了"加工作业"以外,工厂也将"装夹物料与卸下物料"作业机械化,也称之为"自动化",却忘记了将人类的智慧传递到机器上,于是有很长一段时间仍然持续着"人必须站在机械旁边"的自动化。

直到下一个阶段,它才发现了需要设置"检验异常的功能(具有人的智能)",终于完成了"真正"的自动化。

如前所述,从人力到机械的发展,包括两个方面:

- 如何将"人手的工作"交付给机器;
- 如何将"人脑的工作"交付给机器。

丰田生产方式的一大特色是在"人手工作业机械化"的初期,就将"人的智慧赋予机器",很早就可以让机器独立作业。

降低工时

丰田生产方式强调,"降低工时"是作业改善的一大目标,但是需要注意的是,它并没有与其他人一样强调要"提高机器的稼动率"。丰田这样做的理由是,"如果人与机器有同样的时间损失,其成本的比例是5∶1,则人的成本比较高"。另外，如前所述，"即使机器的稼动率比较低，优先考虑改善重要的人工工时会比较好，因为这是比较有效地降低成本的方法"。

我们在思考丰田所主张的"降低工时"时，如果无法认清这一点，将会导致非常大的误解。

1. 改善作业的方法

我们现在的作业大部分是"人与机器的组合作业"，因此，"作业的改善"可以通过下列三种方法来进行。

（1）改善人的动作

这是指改善零件的布局与作业的顺序，是根据所谓的"动作分析"而进行的改善。一般来说，根据动作分析的改善可以缩短10%～20%的作业时间。

但是在思考改善"人的动作"时，无论如何，我们都必须面对"零件容器"的问题。一般来说，我们考虑容器的出发点是"便于搬运"与"便于储存"，而不是"便于作业"。

如果我们想要容器"便于作业"，必须满足以下条件：

- 零件整齐地排列着；
- 零件保持一致的方向；
- 让零件持续地出现在操作员手边。

但一般对于容器，我们会优先考虑下列需求：

- 一次可以大量搬运（便于搬运）；
- 可以大量储放（便于储放）。

对于容器，大部分的情况是，我们从未思考过如何让其"便于作业"。但在思考"动作的改善"时，这一点是必须深入研究的问题。○

○ 为什么没有考虑或最后才考虑"便于作业"？我们可以直接想到的原因是，这样的改善无法直接节省看得到的支出，甚至立即会增加支出，但"便于搬运"与"便于储存"可以立即实现节省支出。其实这是应该"治标还是治本"的问题。

（2）改善机器的动作

改善机器效率的方法是提升切削速度，或使用多轴刀具同时[1]切削，以此来缩短切削时间；或使用多头刀架，以缩短更换刀具的时间，从而增加产量；或从以往的刨床立轴加工改成铣床加工，以提高效率等。概括起来，我们可以改善工作方法或采用高性能机器，以提高生产效率。

（3）将人的动作机械化

例如，工厂将以往由人将产品装夹在机械上的工作，改成由机器来装夹与卸下，或者采用自动润滑系统来消除人的动作。

但是丰田生产方式坚决主张，"只有在彻底地改善了人的动作之后，才有必要考虑机械化"。其理由是，"如果只是将目前人的动作机械化，假设投资了10万日元，并且'增加了20%的效率'，也许大家会认为这是个好的改善。但如果我们只需改变零件的布局、改变作业顺序等，也可以得到20%的改善效果的话，那么原来10万日元的投资计划就是浪费"。

当然，许多工艺工程师忽略了他们眼前的"动作浪费"，却认为"所有的事情都要机械化"。

例如，许多工艺工程师会因这样的改善而非常高兴："将零件'投入'进料机而流动，成功地'自动进料'，从而提高了效率"。但这样的作业可被改善成"将前道工序的机器紧密连接到后道工序，让产品直接流过来，就不再需要整列的进料机，即使是手工作业，也能提高效率"。

或者，他们会有这样的想法："为了组装不同车种的零件，就会想到将不同零件的容器放在旋转盘上，只要一按开关，所需的零件就会转到操作员的前方来。"但改善也可以这么进行："重新研究各种零件的使用频率，根据使用频率的高低，重新调整零件的布局，把使用频率高的零件放在正前方，如此一来，就可能轻松作业，从而提高效率。"

我们绝不可以忘记，"在思考机械化之前，要彻底地改善目前作业的动作

---

[1] 同时（并行）切削才能节省周期时间。如果我们采用串联顺序切削的话，无法节省周期时间。

本身"。除此之外，我们"绝不可以混淆了作业改善与设备改善。一开始就想着设备改善，代价一定会非常高昂。

2. 省力化、省人化与少人化

丰田生产方式中有这样的解释："相对于'省力化'，我们使用'省人化'。因为在制造型企业中，'省力化'很容易被误用。例如，堆高机、推土机等主要使用土木建筑业的机械设备的确是'省力化'的，但如果观察汽车制造业，我们的问题是局部的自动化，比如在由好几个动作组成的作业中，只有最后一个投入产品的动作使用自动装夹以便容易作业，而其他的动作仍旧都是手工作业。大野耐一特别强调，这样的'省力化'绝对不可以。如果是'有人字旁的自働化'，非常好。但如果只是为了让自己更轻松之类的改善，则需要相对较大的投资。"

我们可以进一步地阐释为：

"在丰田，我们使用'少人化'的说法。这也许是一种大家不熟悉的说法。当然是大家不常听到的，因'少人化'乃是将'省人化'中'省'字下面的'目'字取消，而发展成'少人化'。'省人化'是减少既有的人，这让人听起来不太舒服。它的意思是将以往需要10人的工作，改善成只需要8人就够了，于是节省了2人。另外，'少人化'是从一开始就规划成根据需求可由5人或3人作业的非定员制生产线。'省人化'可以说是经营者一开始就雇用许多人，之后因为不再需要他们了，所以省去多余的人员，但'少人化'则是从一开始就以最少的人数开展工作。"

"以我们自己公司为例，1950年，我们公司因销售不顺畅而减产，由于要裁员，导致了罢工。在劳资争议结束之后，因碰巧开启了朝鲜战争的特别需求，公司的问题才得以解决。由于刚结束的痛苦经验，在那段时间，我们以最少的人数来增产。有了这样的宝贵经验之后，我们能以比其他公司少20%~30%的人力，确保相同水平的产量。这到底是如何办到的呢？用一句话来说，就是丰田生产方式的结晶，是所有丰田人创意、努力与实践的结果。"

读了这段话之后，好像丰田生产方式主张"为了让工作轻松而'省力化'是不对的"，但如果我们思考以下"省力化"，会认为这并非其本意：

- 因为产品太重，无法用人力来搬运和操作，所以我们用机械设备来操作；
- 长距离搬运重的产品，非常吃力，所以使用机器来搬运；
- 虽然不需要大的力量，但必须以不自然的姿势作业，可能会引发诸如颈椎侧弯等职业病，因此进行机械化。

这些是为了"'作业的质量'所进行的省力化"，因此丰田生产方式并不否定为了"能轻松工作"所进行的机械化。

在此，另外还有一项为了"'作业的数量'所进行的省力化"：

- 虽然不需要大的力量，但手工作业的话则需花较长的时间，所以实行机械化以便缩短作业时间。

"的确也存在因此减少了30%的作业时间，却增加了等待时间，同时也无法减少人数的例子。"一般而言，在这种情况下，生产技术部门会做这样的计算，强调"节省了工时，缩短了30%的时间"。

丰田生产方式想强调的是，不论你如何强调"计算的结果"，并坚持"省力化"，但"如果没有减少人数，则没有意义"。

因此，所谓机械化大都是为了：

- 主体作业（切削、成形等），即"可以增加附加价值的作业"，才可能积极地与"利益"相联结；
- 辅助作业（装夹、卸下产品，操作开关等）等的机械化，但这些作业"并无法直接增加附加价值，只会增加成本"，这样的机械化只可以说是"消极的改善"。

所以，丰田生产方式主张必须优先实施"积极的改善"。

我们主张以下改善目标：

"轻松、良好、迅速、便宜"，如字面含义，轻松是最为优先的。

这是因为"劳动是痛苦的，痛苦的最明显表现是'疲劳'"，而人类本能的欲望是"能够轻松地工作"。

因此，我们不必对可以在更短时间内完成工作有"罪恶感"。我们再看看长期的改善历史，"节省劳力"正是随着人类的进步而展开的。

"从一周工作 6 天缩短到了 5 天""从每周工作 45 小时缩短到了 40 小时"，都是历史的必然；如果每周工作时间能更进一步地"缩短到 35 小时甚至 30 小时"，也会是历史的必然吧。此外，如果打着缩短工时的旗号，实现了"省力化"，但没有达到"少人化"的效果，只是增加了"等待"的时间，则这样的改善是毫无意义的。这样的主张，在任何时代都应该被接受。

为此，我们最好应该理解以下基本观点：

"与其实施'省人化'，从一开始雇用很多人（可以说近乎浪费），然后再逐渐节省，不如一开始就以最少的人数来工作，也就是'少人化'。当产量增加时，我们要以创意来改善而不要通过增加员工来增产，将自己置于极端困窘的状况下，努力地改善，将更有效果⊖。"

但是，如果工厂已经雇用了许多人，但通过改善实现了工作量减少，这时应该主张：让人闲着是损失，但全都生产又造成"过量生产"，导致更多的浪费，应该根据"必要量才是生产量"的想法，从一开始就不制造不必要的产品，随时维持一个以最少的操作员数⊜来工作的体制——这是非常重要的"。

即使在丰田生产方式之下，叉车仍然活跃于现场，被用来搬运重物，而输送带与链条输送机也被积极地运用着。之所以如此，有如下原因：

- 需要高效率的"省力化"；
- 不要在一开始就雇用太多人，之后再进行"省人化"；
- 必须从一开始就以"少人化"应对生产量的变动；
- 计算上的"降低工时"是没有意义的，如果无法实现"省人化"，即无法期待"降低成本"。

⊖ 创造背水一战的环境，在窘迫的临界点上才能激发出大家的潜力。
⊜ "少人化"是无论产量如何变化，都与作业人数维持一个线性的关系。相对地，操作员的工作密度（工作内容／工作时间）是一致的，因此在作业管理方面也会产生容易管理的效果。

3. 集中等待与宽放

任何工厂当然都会认为"等待是浪费",而丰田生产方式更认为,"需要将人与机器彻底分离。如果机器正在自动加工,人在旁边监视,也就是'等待'"。

以冲压机的安全工序为例,丰田生产方式认为,"原来,机器只要'一触开关即可启动',但为了所谓的安全,结果在冲压机作业的时候,操作人员必须两手持续地按着开关,这样的做法被认为是'等待'"。对此,我们应该这样思考,"机器可以一触即动,而安全可以另外想办法"。

另外,我们也认为:

① "要极力地消除'对产品注入切削油,清除切削屑'等作业宽放㊀";

② "疲劳宽放"或因"零件供应的延误""机器故障造成的延误"所引起的"车间宽放㊁",都不可以被包括在正常的"周期时间㊂中"。

而"疲劳宽放",则集中到早上 10 分钟、午餐 1 小时、下午 10 分钟的休息时间。我们对于车间宽放的"零件延误"或者"机器故障",采取将"生产线停线或机器停机"的方式来处理,借此将问题可视化,思考根本的解决方案,防止未来再度出现这种情况。

如此一来,我们就可以将"等待"与"宽放"从标准作业中消除。但是,如果我们只是将它们消除,还是没有意义。如果我们不能将那些"等待与宽放时间"汇总起来,实行"少人化",则无法对"降低成本"做出贡献。

根据这样的观点,丰田生产方式强调,"不要设置成'孤岛'",也就是说,"如果将操作员点状地散布各处,就无法进行'互助'。如果能设法将作业组合成可以互助合作的布局的话,就可以连接起来实现少人化。话说回来,现场如果能实现真正的流动,也不会产生'孤岛'"。

丰田生产方式认为,"人与机器是分离、独立的",所以:

㊀ 上篇第 3 章:作业宽放——与作业有关的"非规律性作业",例如润滑、涂离型剂、清扫切削屑、管理不良品与机械的故障。

㊁ 车间宽放——各工位都会发生的"非规律性作业",例如领取材料、更换制品的容器。

㊂ 计算周期时间时,我们不必将"宽放、非每次循环的作业"时间平均地加到周期时间内。

- 机器布局的顺序需要根据物料的工序流动配置；
- 但人（作业）的流动则完全独立于机器，也就是说"不一定要与'物料的流动顺序'一致，只要根据机器'自动加工时间'的长短，能让操作员的效率最高即可"。

因此，我们需要思考，"同时从物的流动与人的流动两方面综合地比较 V 形、L 形、U 形等生产线的布局，以便让人的动作实现最大的效率"。总之，"可能的话，我们要极力地将操作员集中于内侧，将机器配置于外侧。这样除了可以不让操作员有被孤立的感觉之外，也可能进行互助合作"。

于是，我们"将需要人的作业集中"，从而实现"集中等待与宽放"，从以往需要的 5 名操作员中减少 1 名，实现 4 名操作员的"少人化"，这就是"不要形成孤岛"的最大目的。

这样通过作业改善，产生宽放，再将所有宽放集中进行消除，达到"少人化"，就是丰田生产方式中提高生产力的最重要手法之一。

与此类似的想法是，当在实际作业中存在某些程度的差异时，我们应鼓励相邻的操作员对"装配作业中的串联作业，进行'互助合作'"。这正如在团队竞赛中，有"游泳方式"与"径赛方式"两种接力方式。

"游泳方式"接力，是指无论下一棒参赛者可以游得多快，在上一棒参赛者手触墙壁之前，他都不可以跳水。

而在"径赛方式"接力中，有一个"20 米的接棒区"，如果前一棒的跑者比较快，他可在接棒区的后端交棒；反过来，如果下一棒的跑者较快，则他可以在接棒区的前端接棒，这就是"互助合作"的做法。

在一般的工厂中，在 A、B 操作员之间放着"1 个或几个"产品。

①如果前道工序的 A 操作员较早完成其作业，后道工序的 B 操作员可以用由前道工序传来的多余半成品提早开始作业；

②如果前道工序的 A 操作员延迟完成作业，后道工序的 B 操作员可以使用放在他们之间的半成品开始作业，因此即使 A 操作员落后了，也不会干扰流水作业。

如此一来，"在装配线中的半成品是操作员人数的好几倍，也就是在工序间大都放着缓冲库存"。

如果你指着那些工序间的半成品问道："那些是什么？"

操作员会回答："在组装线里的半成品。"

但是丰田生产方式则认为："在装配线中，没有被操作员加工的半成品都是'库存㊀'。"那些多出来的半成品都是不被允许的。

因此，每一位操作员都被要求"要分别学会前、后道工序的工作"。然后，团队作业是这样进行的："当前道工序的操作员落后时，后道工序的操作员要上来协助，但相反的是，前道工序的操作员一旦提前完成其工作，就会被要求在那里等待"。

看到以上状况后，组长将会重新研究工作分配。这也可以被视为另一种"目视化管理㊁"。

这一点也是丰田生产方式所表现出来的，与"零库存"和"彻底地消除浪费"相关的强烈想法。

4. 采用多机作业

我在 1955 年第一次访问丰田汽车时，感到最吃惊的一件事是"多机作业"。当时他们告诉我，"在机械工厂中虽然有 3500 台机器，但只有 700 名操作员"。也就是说，"一名操作员操作 5 台机器"。

当时，一般工厂的情况是"一名操作员负责一台机器"，有时甚至是"两名以上的操作员负责一台机器"。

而多机作业是，"当一台机器在自动切削时，操作员在另一台机器上卸下或是装夹产品。这是'一名操作员负责多台机器'的方法"。

因为一名操作员负责操作多台机器，"所以当他循着工艺顺序完成工作，回到第一台机器时，'该机器已经完成了加工'"。因此，当"机器的稼动率下降时，你可能会削减一名操作员负责的机器台数，但如此一来，又会发生

㊀ 等于径赛接力赛中的接力棒被放在地上，而未交到下一棒的手中。

㊁ 作业者"等待或是支持"非标准作业的工作都是异常。

'让操作员等待[一]'的情况"。

对于这样的情况，丰田生产方式几乎都认为，"最优先的事项是消除操作员的'等待'，允许降低'机器的稼动率'"。其基本的理由是，"机器设备总有折旧完的时候，之后就几乎是免费使用。但工厂对于员工必须永远支付薪水，且所支付的薪水有逐渐增加的特点"。

除此之外，还有另外的理由：

"对于人与机器设备，当我们比较他们1小时的损失时，一般的比例是'5∶1'"。

最近丰田生产方式强烈地主张"多工序作业"，即"顺着工序的流动所进行的'多机作业'"。相对于此，"如果作业与工序的流动无关，只是操作多台机器的话，则称之为'多机作业'"。

简而言之，所谓的"多机作业"有两种：

- 上下游"垂直"，不同工序机器的多机作业——多工序作业；
- "水平"，相同工序机器的多机作业——多机作业。

如果我们可以沿着工序的流动布局设备，并采用多台机器的多工序作业的话，会有以下两个优点：

①可以使工序流动得更有效率；
②可有效地提升操作员的生产率。

假设净机器加工时间如图6-6所示。

"第一道工序——冲孔，第二道工序——拉伸，第三道工序——弯曲"，各道工序不可避免地在加工时间上有差异。如果我们实施多工序作业，就能非常高效地工作。

事实上，在三英金属公司，冲压作业是这样进行的："那是一系列4台冲压机的生产流程，4名操作员各操作一台冲压机，也是一个流经4道工序的作业流程。但是，各道工序的加工时间并不一致，因此在各道工序之间都有

[一] 丰田生产方式优先处理"物料与信息"的停滞问题，接下来才是"人"的停滞问题，最后才是"机械"的停滞问题。请思考顺序不同之间的差别。

库存。操作员必须从暂存的库存中取出在制品，放上冲压机加工。此时因为'安全工序'的关系，'操作员持续地用两手按着开关'。加工完成之后，操作员将产品放到边上的滑槽中，送到下道工序。"

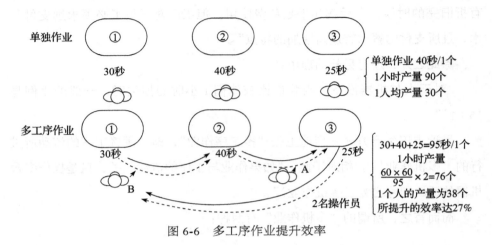

图 6-6　多工序作业提升效率

改善之后的情况是："由 2 名操作员实施多工序作业，依照①→②→③→④工序的顺序操作各机器，除此之外，'也改善了冲压机的安全装夹'，以便能够实施'一触即动'的启动方式。"该公司改善之后获得了以下实际效果：

- 以前的方法——由 4 人作业，每日的产出是 550 件；
- 多工序作业——由 2 人作业，每日的产出是 500 件。

这样做提升了 82% 的生产力。这种方法不只"解决了各工序间加工时间的不平衡问题"，还使"以往操作员必须从库存中取出加工品，而又需要将完成品放入操作员边上的库存中去，这些'取放动作'都消失了。操作员左手将前道工序的半成品从冲压机取出，右手则从模具上取出产品，此时左手可立即将手持的半成品放入下一台冲压机中。这也就消除了"从库存中取出产品，与将产品放入库存中动作的浪费"，而所谓"安全工序，用双手持续按着开关的等待也得以消除了"。这样的改善产生了极大的影响。

综上所述,"多工序作业"在以下两个方面,都可大幅地提升生产率:

- 可以解决工序间加工时间的不平衡问题;
- 可以消除工序间的"暂放库存"。

更进一步,如果能将多工序作业按照"逆着工序流动的顺序进行,也就是实施'逆工序流动'的多工序作业"的话,在某些情况下,会比顺着工序作业时更容易消除暂放的机会。

这时,生产流程中的机器必须足够接近,否则还是会发生暂放库存的情形。有人说,"'逆工序流动'会增加工序间的库存",但这应该不是'流动方向'的问题,而是机器能够多接近的问题"。

因此,"如果实施'多工序作业',每日的产出可能会减少[⊖],但人均生产率一定会提高"。当然,每天的生产量必须满足订单的需求。而工厂只能靠绝对地提高生产率来增加利润,而非简单地增加产量。增加雇用人员,虽然也可以增加产量,但它绝对无法使利润增加。如果必须增加产量,也许加班一小时就够了。如果,以上例子中多出来的2个人,利用另外的4台冲压机来做多工序作业,生产其他产品的话,整个工厂还是可以增加产量的。这样的想法,毫无疑问,绝对可以有效地增加工厂的利润。

总之,我想强调的是垂直的不同工序多机作业,也就是"多工序作业",是非常有效的,但也不可否认水平的多机作业(也就是"多机作业")的必要性。例如,进行"没有工序流动的单独作业",在某机器自动切削的时候,仍然对另一台机器进行装夹与卸下的作业,对降低成本来说,仍是非常有效的方法。

一般,作业可以分为以下类别:

① 从夹具卸下加工完成的产品　　　人的作业时间
② 将卸下的完成品放到桌子上　　　人的作业时间
③ 将下一个产品装夹于夹具上　　　人的作业时间
④ 启动开关　　　　　　　　　　　人的作业时间

⊖ 因为机器的稼动率会降低,机器要停下来等人。

⑤进行自动加工　　　　　　　机器的时间

⑥加工完成，机器等待㊀　　　机器的时间

在以上的作业中，如果"⑤+⑥机器的时间"长于"人的作业时间"，那么就可以增加一名操作员可操作的机器台数。此时也有可能发生的是，"如果机器的产能高，并不需要100%的机器稼动率，就可以供应所需的产品"，那么就会增加⑥的机器等待时间。因此，我们也可以增加一名操作员可操作的机器台数。

相反，如果可以缩短"①、②、③、④"中人的作业时间的话，也能增加一位操作员可操作的机器台数。在此意义上"冲压的'安全工序'在'④用两手按着开关'的时间很长，所以从别处遥控，除了可确保安全之外，也可一触即动，从而能缩短人的作业时间"。

因此，"对于多机作业，'一名操作员所能操作的机器台数'将受到'人的作业时间与机器的作业时间'的比例㊁的影响"。

在这种情况下，

- 多机作业——一定需要"②将卸下的完成品放到桌子上"的作业。
- 多工序作业——作业①从夹具卸下加工完成的产品，同时卸下下一道工序的产品，然后直接进行作业③，即将该产品装夹于下一道工序的作业，于是就可能消除将产品放在桌上的要素作业②。为此，设备的距离要越近越好。

"多工序作业"比"多机作业"好的原因，就在于"消除了暂时放置"。同时，如前面所解释的，多机作业受到"人的作业时间"与"机器的时间"比例很大的影响。

一般来说，与"一人一机作业"比较：

㊀ 人的作业时间比机器的作业时间长，或者不需要机器100%运转时，才会发生。

㊁ 丰田希望人的作业周期时间（CT）等于节拍时间（TT），机器的作业周期时间（CT）是TT的80%。原因如前所述，人的成本比较高。另外让机器等人，也有让人可在机器停止的状况下，接近机器的环境，以确保安全，如果机器仍在运转，而人在边上等的话，是怎样的景象？

- 多机作业——可以有30%～50%的生产率提升；
- 多工序作业——则可以有50%～100%的生产率提升。

因此，我们应当积极地思考如何采用"多工序作业"，如果因故无法采用，也应当采用多机作业，从而可能大幅地提升生产率。所以，根据作业的性质，我们必须积极地思考如何采用"多工序作业"或是"多机作业"。

总而言之，我们应该这样正确地思考："除了应该明确地了解，在多台设备一起工作的情况下，有两种改善方法，一种是'垂直的多机作业，也就是多工序作业'，另一种是'横向的多机作业'，也就是多机作业之外。因为'多工序作业是比较有效率的方法'，所以可能的话，应该积极地考虑采用'多工序作业'。"

多机作业与多工序作业的优缺点比较如表6-3所示。

表6-3 "多机作业"与"多工序作业"的优缺点

区分\项目	优点				缺点		提高生产率
	可利用自动加工时间	各工序时间差异所需要的等待	各工序间所需要的暂存	加速工序间的流动	降低机器的运动率	工序间步行的损失	
多机作业	可利用	可能吸收	需要	普通	降低	会发生	30%～50%
多工序作业	可利用	能大幅吸收	不需要	增速	降低	会发生	50%～100%

5. 有人字旁的自働化（将头脑的工作自働化）

丰田生产方式所强调的两大支柱之一是"有人字旁的自働化"，但我并不这样认为。实际上，丰田生产方式是由以下两点所支撑的：

- 零库存
- 降低工时

我们对此恰当的理解应该是，"有人字旁的自働化"是降低工时的对策之一，且被强调为其中最高层次的手段。

然而，人类是这样发展的，"将'手的工作'移转给工具、机械"，也就是"除了将切削作业（主体作业）机械化之外，更进一步地逐渐将产品的装夹、卸下与操作开关（辅助作业）机械化"。

但是，"如果只有主体作业与辅助作业实现机械化的话，无论程度有多高，顶多只是将'手的工作'机械化，结果顶多只能被称为'机械化'"。

然而，丰田生产方式早在"'仅将主体作业机械化'的阶段，就已经将'人类头脑的工作'，也就是'检验异常的功能'赋予了机械。这样才是名副其实的'自动化'"。

这受到了"丰田佐吉先生所发明的自働织布机，具有'纱断时，能自动停机功能'"创见的影响，从而能够"将人类的智慧赋予机械"。因此，丰田能够完全地"让人与机械分离"，发展出了"多机作业"，对"提升人的生产率"做出了重大贡献。

如果我们更进一步地研究辅助作业的机械化配合的话，就可能让机器完全地独立于人，也就是做到了现在所谓的"有人字旁的自働化"，从而大幅地降低工时。

6. "前自动化"的发展

1969年，佐贺铁工厂的八谷厂长问我："即使机器已经自动化了，为什么我们还要一个人站在边上呢？"

"是啊！为什么呢？"思考过后，我终于明白了，是因为"尚未将'检验异常的功能'，也就是'人的头脑的功能'装备到机器上所致"。

于是，"我们为了检测机械设备与产品的异常，提供了各种检验装置，终于可以成功地做到'无人化运转'了"。

至此，我才终于明白了所听到的丰田生产方式中"有人字旁的自働化"的意义所在。

然而，在"前自动化"中，除了认识到"机械化与自动化"的差别，在于机器与装夹是否配备了"检验异常的功能"之外，我们还应该探讨以下所有作业的自动化：

①主体作业（切削、成形等作业的自动化）；
②辅助作业（装夹、卸下、操作开关等的自动化）；

③配备了检知异常的功能（必须完全涵盖主体作业、辅助作业、作业宽放与车间宽放）；

④作业宽放（加注切削油、清理切削屑等的自动化）；

⑤车间宽放（自动供应材料、堆栈完成品）；

自动化更应该包括下列检验异常的功能，以作为"一个体系化的系统"：

- S 型检知（异常原因的检验，source）
- R 型检知（异常结果的检验，result）

在此意义上，也许我们可以认为"有人字旁的自働化思想"已经被进一步地发展、扩充，从而成为一个所谓的"前自动化"系统。

在可预见的将来，我们一定会发展出迄今尚未说明的"更换模具（也能检验异常）的自动化"！

7. 采用"快速换模（SMED）系统"

对于"快速换模（SMED）系统"，我们本来就应该在"作业的改善"章节中加以说明，因为它可以对"提升人与机器的稼动率"做出重大的贡献。

但是，丰田生产方式对于"快速换模（SMED）系统"，在"工序（流程）改善"效果上的重视，更甚于"提升稼动率"。这是因为：

- 只有实现快速换模，才可能实施小批量生产；
- 可以快速地响应需求的变化。

因此，快速换模在实现"降低成品与工序间库存"方面被认为具有重大的价值。也正因为如此，我才斗胆将"快速换模（SMED）系统"放在"工序改善"的章节中加以解释。

以往，"快速换模（SMED）系统"是"以分钟为单位的换模"，而下一阶段"应该以秒为单位"，也就是要开发"一触即换"的方法，实际上，已经有许多的事例达到了这个水平。

小结

丰田生产方式的两大目标之一是"降低工时",因此丰田从很早就开始研究"人与机器的分离",其终极目标是将人的智慧赋予机器的"自働化"。

生产的结构与丰田生产方式

如果我们以生产的结构为基本方向来思考丰田生产方式的特点,就会得到以下结论。

整体观的特点

①彻底地消除浪费,以便能"降低成本"。

②消除浪费的两大支柱是:"避免过量生产的浪费",也就是"零库存";降低工时,力图实现"少人化"。

③为了能够实现"零库存",采用"小批量与工序平衡、同步(流动)与单件流作业,从而能够实实在在地通过"快速换模(SMED)系统"大幅缩短生产周期。

④需求的本质,是"接单生产",同时,为了能在"零库存"的条件下实现"接单生产",必须立志从根源上进行改善。

⑤彻底坚持"必要量才是生产量"的想法。

工序观的特点

①加工——在有效地活用分工的同时运用 VE 与 VA。

②检验——为了实现不制造不良品的检验,有效地实施"防错"功能。

③搬运——为了消除搬运,尽量采用按工序进行的设备布局。

④停滞——彻底的"零库存",消除下列等待:

- 工序间等待——以工序平衡与同步(流动),从而让工序等待为"零",

或者有效地运用"总库存量管制";
- 批量等待——实施"单件流"作业,从而消除批量等待。为了能够实现"单件流"作业,也需要"改善布局"。

⑤推动"并行作业"系统。

作业观的特点

①准备与收拾作业(如换模作业)——采用"快速换模(SMED)系统"或是"一触即换系统"。
②主作业(主体作业+辅助作业);

- 采用多机作业,特别是"多工序作业";
- 采用"有人字旁的自働化"。

③宽放——实施诸如"消除孤岛"的集中宽放,实现"少人化"。
④因为最终的目的是"降低工时",所以要积极地执行"少人化",而非"省力化"。

在进行了以上分析研究之后,我们发现丰田生产方式就是:

- 将以往许多公司基于"成本主义"的经营理念,改为"非成本主义",并坚持"降低成本才能生存",追求彻底地消除浪费;
- 反省从前美国式的根据预估进行大量生产与大批量生产,并基于日本市场的特性,认清了"接单生产才是需求的本质",同时,在"零库存"的条件下,挑战小批量生产,解决了一个又一个历史难题,从而创造出了新的生产方式。

综上所述,我们可以这么认为,丰田生产方式的关键,在于其实行了"生产的思想革命"。

本章总结

丰田生产方式，追求彻底地消除浪费。

- 从工序的角度来说：
  - 强调过量生产的浪费，也就是强调"零库存"；
  - 基本上是以接单生产为目标，为此，要大幅地缩短生产周期，采用"快速换模（SMED）系统"是最基本的必要条件。
- 从作业的角度来说：
  - 强烈地以"降低工时"为目标，为此改善作业以减少工时；将人的工作转给机器以减少工时。
  - 认为如果能降低成本，即使机器的稼动率不高也没有关系。

第 7 章 | トヨタ生产方式のIE的考察

丰田生产方式的工业工程构成

我们将迄今为止所讨论过的"以工业工程的视角考察的丰田生产方式",做成系统图,如图7-1所示。与此对比的是大野耐一先生所著《丰田生产方式》中所收录的图7-2。

比较这两张图,结构与表现形式有相当大的差异,其原因在于图7-2是丰田生产方式的发展历程,侧重表达"历史上的发展过程"。

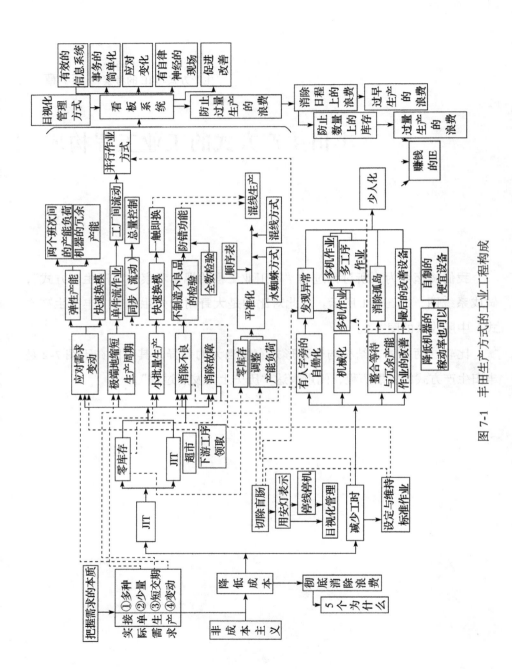

图 7-1 丰田生产方式的工业工程构成

第 7 章 丰田生产方式的工业工程构成 193

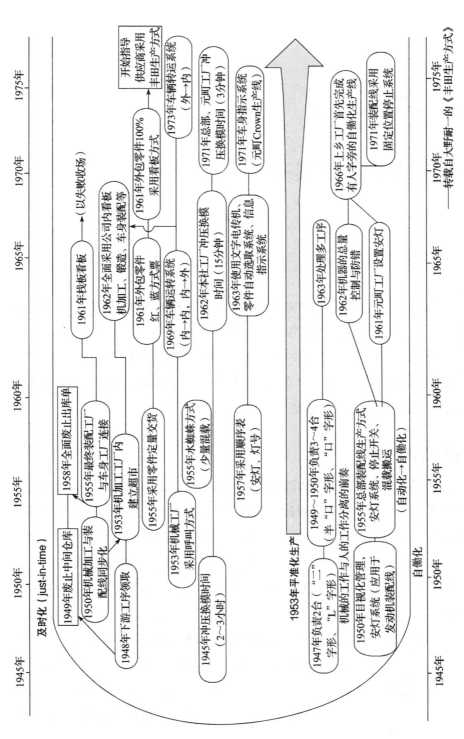

图 7-2 丰田生产方式的发展历程

第8章　トヨタ生产方式のIE的考察

看板系统的部署展开

"看板系统"，其实是为了完全地发挥丰田生产方式的功能而产生的"控制方式"，但"看板系统"也有其独有的功能。

大野耐一先生在《丰田生产方式》中清楚地写道："丰田生产方式是'制造方式'，而看板系统则是其'实现手段'。"他同时强调，绝对不可以把丰田生产方式简单地理解为看板系统。

与看板系统的相遇

1960年左右，我为了其他的事情去丰田汽车工业的现场，在机械部的办公室偶遇当时担任厂长的大野耐一先生，他说："我想请你听听我的想法。"在机械部经理的办公桌边，我第一次听到"我想实施看板系统"。

这是我第一次与"看板系统"的相遇。他继续问道："你认为如何？"

我回答说："这相当有趣啊！我成长于铁路公司，我想它很像铁路公司所使用的'路牌（tablet）系统'。当火车行驶于单线的区间时，每个区间都有一块有着特殊配置孔洞的'路牌'。这块'路牌'由司机交给车站的站长。这位站长则将此'路牌'安装于相对应区间的把手上后，此路段才能开放给此火车。而下一路段的'路牌'则由站长交给司机。这样一来，就能绝对地贯彻'在一个区间上只有一列火车在运行'的做法。看板的做法正如同'路牌'的运作。我想它是一种非常好的方法，我建议你应该认真地运用和实施它。"

在我正要告辞的时候，他突然说："其实是因为现场的人总是想要'过量生产'，我实在无计可施，才想出这样的办法。"这句话至今仍然萦绕在我的脑海里，即使到现在，我也一直认为，看板系统的真正意义，正是大野耐一先生所说的最后这句话。

订购点方式与生产方式的展开

订购点与库存的关系

如果是重复性生产，则我们会采取"订购点"（ordering point system）的管理手法，如表 8-1 所示。

$@$——每日的消耗量；

P——供给零件的生产周期；

a——最低库存量；

Q——供给零件的每次制造批量。

订购点，必须放在库存被消耗的地方，由下列公式来决定：

$$O \cdot P = @ \times P + a$$

上面所提到的各个要素具有以下特点：

①每日的消耗量——$@$。

这是由需求来决定的，最好能够均衡化。

②供给零件的生产周期——P。

这个周期时间不只是零件的加工时间，还包括停滞时间与运输时间。如果是从较远的供货商工厂来供给的话，运输时间是一个必须考虑的重要因素。加工的方式也会因下述不同的条件而有很大的变化，例如：

- 加工批量的大小如何？
- 工序间有多少库存？工序间同步（流动）的程度如何？
- 工序间的搬运批量有多大？是否实施了单件流作业？
- 需要多少搬运时间？

表 8-1 O.P. 订购点法的展开

阶段	生产方式的内容	每日的消耗量 @[1]	供给的生产周期 P[2]	@×P	最低库存量 a	订购点 @×P+a	一次供给的批量数 Q	最大库存量 Q+a	容器数量 50 个/容器 n[3]
①	普通的方法	100	15	1 500	500	2 000	5 000	5 500	110
②	因改善了工序等待（同期化，而缩短了生产周期）	100	12	1 200	500	1 700	5 000	5 500	110
③	因换模的改善，缩小了供给批量（也缩短了生产周期）	100	6	600	500	1 100	1 000	1 500	30
④	因改善了批量等待，缩短了生产周期（单件流）	100	3	300	500	800	1 000	1 500	30
⑤	研究了生产不稳定的原因，降低了最低库存量	100	3	300	200	500	1 000	1 200	24
⑥	进一步地改善换模，再缩小供给批量	100	2	200	200	400	400	600	12
⑦	废除最低库存量	100	1	100	0	100	200	200	4

① 为了让人容易了解，每日的消耗量都设定为 100 个。
② 根据供给批量书，生产周期当然会跟着变化，但搬运时间与工序等待时间并不一定会与批量数等比例地减少，所以根据实际的情况推测，设定数值。
③ 假设一个容器的容量是 50 个。

③ 最低库存量——α。

这是为了应对生产中的波动而保留的缓冲库存，也就是说：

- 万一零件的消耗有变动，消耗变小时还不是问题，当消耗变大时，为了防止零件缺货，企业需要准备缓冲库存；
- 当供给侧出现异常时，例如操作员请假、机械故障或出现不良品等，最低库存量就成为防止供给延误的缓冲库存。

④ 供给零件的每次制造批量——Q。

这个数量主要是由"更换模具所需时间"的大小所决定。更换模具的时间越长，就越会采用大批量，若是相反，就会采用小批量。

如果企业采取了大批量的话，将会减少订购的次数；反之，如果企业采用小批量，将会增加订购的次数。

该生产批量的大小，将会对库存的大小产生极大的影响。

我们再从另一方面来思考，因为"制造批量 $Q \geq$ 订购点"，所以如果能缩短生产周期（P）与减少最低库存量（α），则可能降低供给批量（Q）的下限。

下面说明各种情况下的订购点、最大库存量与容器数量的关系。请参考表 8-1 与图 8-1 ～图 8-7。

1. 阶段①

这是以一般方式进行生产管理的状况。这种情况如下：

- 订购点…………2000 个
- 最大库存量……5500 个
- 容器数量………110 个

2. 阶段②

在阶段①中，我们研究并进行了某些程度的工序间同步（流动）改善，因此生产周期缩短为 12 天，情况如下：

- 订购点…………1700 个

- 最大库存量……5500 个
- 容器数量………110 个

也就是说，只有订购点下降了，而最大库存量与容器数量仍与阶段①一样。

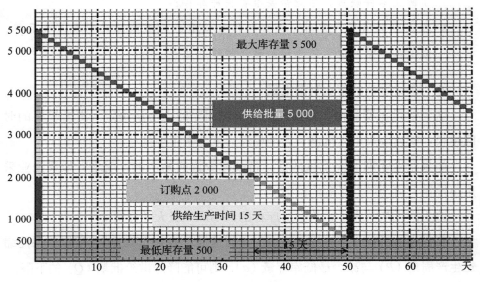

图 8-1　阶段①

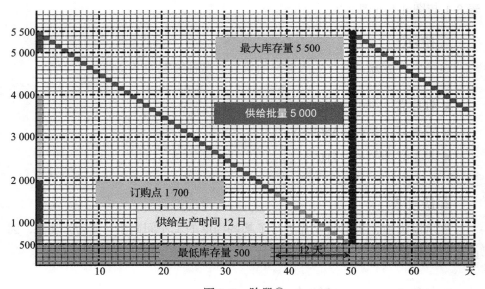

图 8-2　阶段②

3. 阶段③

在这种情况下，因为我们改善了换模，所以单次的供给量降低到了1/5，可以进行小批量生产，供给的生产周期也得以缩短。

- 订购点…………1100个
- 最大库存量……1500个
- 容器的数量……30个

如前所述，因为我们改善了换模，所以得以减少单次的供给批量，库存量受到显著的影响。订购点虽然可以有某些程度的降低，但影响不大。

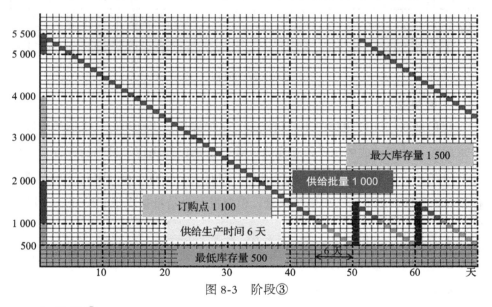

图8-3　阶段③

4. 阶段④

我们改善了布局，并且采用了单件流作业，从而降低了批量等待，因此大大地缩短了生产周期，降低了订购点。

- 订购点…………800个
- 最大库存量……1500个
- 容器的数量……30个

虽然我们降低了订购点，但最大库存量并无变化。

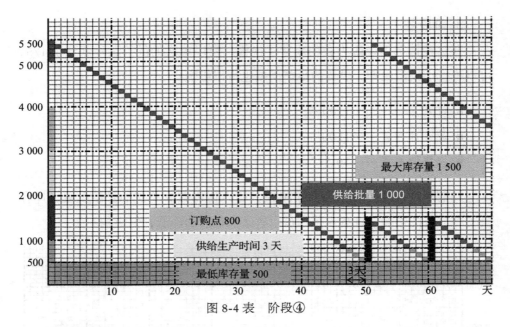

图 8-4 表　阶段④

5. 阶段⑤

我们解决了生产主体的不稳定问题，诸如操作员出勤率低、机器故障以及需求层面变动所造成的生产不稳定等。我们虽然已经决定了最小的库存量，但是在研究了目前种种情况之后，发现并不需要这么多的库存。因此，我们要降低到目前管理状态下的必要最少数量，但每批的供给批量仍旧和阶段④一样。

- 订购点…………500 个
- 最大库存量……1200 个
- 容器的数量……24 个

6. 阶段⑥

我们再更进一步地改善换模，大幅地缩短了换模的时间，也大幅地减少了供给批量，因此大幅地降低了最大库存量。

除此之外，我们因为实施了小批量生产而缩短了生产周期，所以相对应地也降低了触发订购点的数值。

- 订购点…………400 个
- 最大库存量……600 个

- 容器的数量……12个

在这种情况下，我们有可能更进一步地降低供给的批量数，但是由于不可能小于订购点，所以已经被压低到极限了。

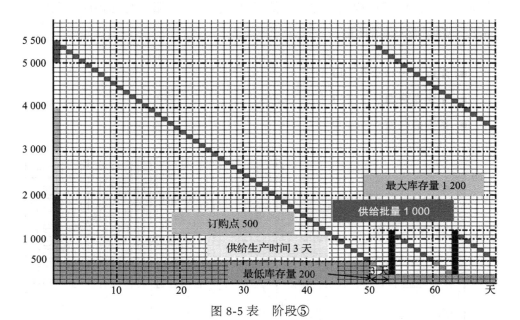

图 8-5 表　阶段⑤

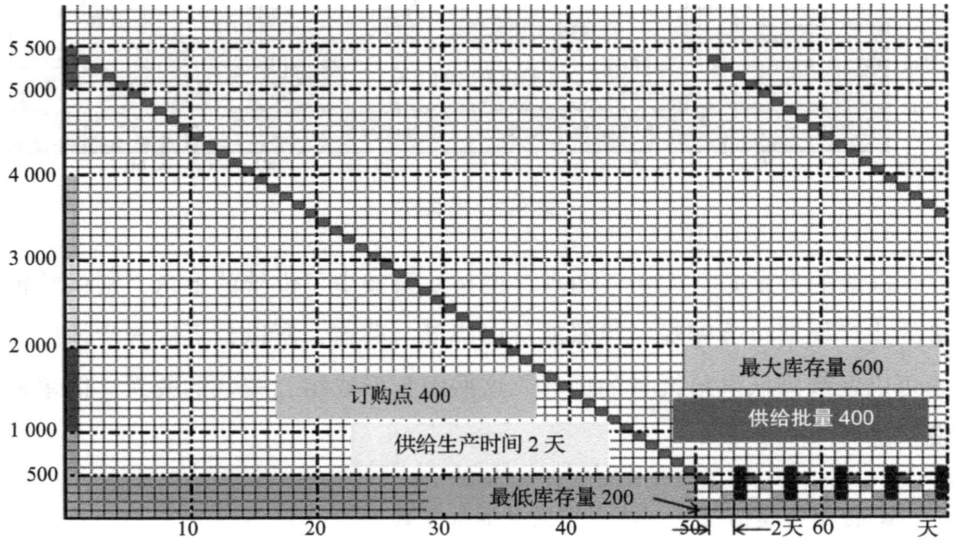

图 8-6　阶段⑥

7. 阶段⑦

我们要完全废除最低库存量（α），如果生产不稳定，就让生产线与机器停下来，彻底解决问题，防止再次发生。结果，我们大幅地减少了机器故障与不良产品，降低了订购点，进而降低了供给批量的下限。与此相应，我们可更进一步地降低供给批量。

- 订购点…………100 个
- 最大库存量……200 个
- 容器的数量……4 个

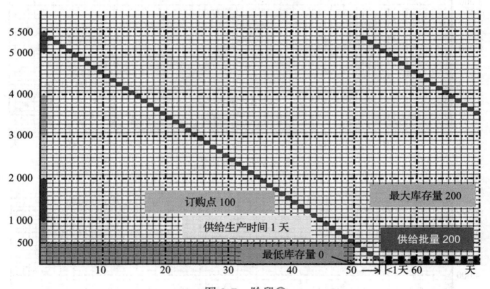

图 8-7　阶段⑦

供给的批量必须大于订购点，但是如果减少了供给的批量，则供给批量的生产周期也会变短，当然就可以降低订购点，所以，更进一步地就形成可以继续降低供给批量的循环，这些因素形成相互关联的关系。简单地说就是：

- 由于换模的改善，减少了供给的批量数；
- 缩短了生产周期；

- 降低了订购点；
- 同时可以进一步降低供给批量的下限。

于是，改善换模就成为"引爆上述连锁反应的导火索"。

当然除了降低最低库存量之外，如果我们可以同时减少供给的批量[⊖]，则对降低库存量具有非常大的影响。

但是，实施小批量生产时会产生增加搬运次数的问题，对此，我们必须适当地思考改善工厂的布局。

然而，大多数人都这样认为，缩短生产周期具有降低最大库存量的作用。

但实际上，缩短生产周期对于降低订购点具有直接的作用，但对降低最大库存量没有影响。

然而，它对决定供给批量的下限具有一定的意义，可以将供给批量降低至订购点，也就是说，间接地降低了最大库存量的下限值。

因此，我们必须正确地认识到，对降低最大库存量产生直接作用的是以下二者：

- 改善了换模所需要的时间，从而能够减少供给的批量大小；
- 降低了应对生产不稳定的最低库存量。

消耗量变动的影响

为了让前述说明更容易被理解，我们一直将"每日的消耗量（@）"看作固定的，但这个数字实际上是变动的。对于"每日的消耗量（@）"，我们必须考虑以下两种情况。

1. 在达到订购点之前的变动

（1）消耗量增加时

在这种情况下，实际库存将比预期提早到达订购点。所以，如果这种情况持续下去的话，将会缩短前一个订购点与下一个订购点之间的时间。虽然

⊖ 参考阶段⑦。

最低库存量（α）具有缓冲的功能，但是其缓冲能力的大小受（α）量的多少影响。一般来说，如果需求量增加在30%以内，我们可以用增加订购次数的方式来应对。如果需求量增加的幅度更高，则，我们必须以加班或是其他方式来增加产能。

（2）消耗量减少时

在这种情况下，实际库存将比预期晚到达订购点。如果这种情况持续下去的话，到达下一次订购点的时间将会比较长。然而，库存也会因此而存在较长的时间，由于这部分的库存增加了，所以最低库存量（α）的缓冲作用也就不需要了。

此时的问题是产能过剩，以及如何合理运用少人化之后多出来的工时。

2. 过了订购点之后的变动

在到达订购点之前出现的消耗变动的问题，还不算严重，但是过了订购点之后，消耗量的变动将会产生很大的影响。

（1）如果消耗量增加

这是在订单已经发出之后才发生的变动，如果生产周期可以缩短，也许就没有问题。但是，如果是一般正常的生产周期或是延误的话，就可能引起一连串"多米诺骨牌"效应。此时，如果有较高的最低库存量（α），也许它可以缓冲和吸收这种变动。但是，根据之前的解释，增加最低库存量（α），将会扩大长期库存，从而导致浪费。

此时，如果订购点低的话，因为消耗量增加所影响的周期时间本来就很短⊖，我们有较强的应对能力，相对容易处理这类影响。从这个角度来看，缩短生产周期可以说是一个应对生产变动最有效的措施。

（2）如果消耗量减少

此时库存时间虽然会变长，但是如果能缩短生产周期时间，降低订购点（库存量）的话，就不会产生大的损失。

但是，如前所述，若我们希望降低最大库存量的话，则降低以下两项才

⊖ 可在较短的生产周期内补充库存。

是有效的：

①供给零件的每次制造批量——Q；

②最低库存量——α。

对于最低库存量（α），我们需要有以下思路：

- 防止因为人员缺勤或机器故障所造成的供给能力下降；
- 防止因为出现质量不良所造成的供给能力下降。

另外，我们还有一个思路：

- 对于以上所述，因为供给侧的能力降低，因而把需求侧的生产线停线，以彻底地防止供给侧不稳定异常再次发生，需要考虑供给侧与需求侧两方面的解决方案。

对于减少单次供给的批量数，我们需要采取以下方案：

- 采用"快速换模（SMED）系统"，大幅地缩短换模时间，使得实施"小批量生产"成为可能；
- 因为采用了小批量生产、工序平衡、同步（流动）、单件流作业，所以能够大幅缩短生产周期，进而可以降低订购点，更进一步地降低供给批量的下限。

如果我们只是缩短了生产周期，顶多只是降低了订购点，降低了供给批量的下限，所以我们必须进行积极的改善，缩短换模时间。如果我们不这样做，就有可能出现诸如降低稼动率与延误交货的问题。从这个意义上来说，为了能够近乎"零库存"生产，我们无论如何都要采用"快速换模（SMED）系统"，这才是最根本的对策。

丰田生产方式的目的是将库存减为最少（到达阶段⑦的情况），并维持这种生产方式，所以主要采用了"看板"的"目视化管理方式"。

超市与看板系统

据说,看板系统来自超市对于我们的启示。

那么,"超市方式"有什么特点呢?

①顾客可以直接选择,取得自己想要的商品;

②顾客自己将商品拿到收银台,减少了超市的工作量;

③只补充被卖掉的数量,不是根据预估[^1]补充,因此减少了不需要的库存;

④由于②、③的理由,可以降低价格,从而扩大销售,提升利润。

看板系统主要采用了上述超市特点中的第三点,这也是其最大的特点。

它虽然只补充被卖掉的商品,但是,它是否可以保证今天被卖掉的东西,明天也一定会被卖掉呢?

它顶多能表示,今天东西比较畅销,再次卖出的可能性很大。

结果就是,它以只制造能卖出的东西为努力方向,希望能消除商品的库存。

那么,"出去跑客户,先获得订单,然后请他们确认购买",也许会是比较好的方法。但是,这种"跑客户先取得订单"的方法需要花费许多成本,替代方案是"近似的接单生产方式",即超市方式。这正是"接单到交货时间(D):生产周期时间(P)"的对应问题。

这么一来,我们按照"只补充顾客购买的产品"的做法,回溯至上游工序,在"(顾客)→一级供应商→二级供应商→三级供应商"的供应链上,形成上游工序只补充下游工序消耗的产品的连锁反应。基于此,形成一个拉动的"领取方式",也可以说是理所当然的了。

所以,我们在生产管理方式的"推式与拉式"上不应该做过多细节上的讨论,而应该理清其原理性的生产思路,然后,自然而然就会想到我们必须采用拉式的领取方式。这样的话,我们将能够更好地理解丰田生产方式。

如前面所述的 Celica 生产方式的例子,如果能让顾客接受相当长的交货

[^1]: 根据"被卖掉的物品"补充与根据"预估"补充之间的差异,在于"根据"的时效性(准确度)。

周期时间，那么就可以利用那段时间进行生产、运输与销售，这是最理想的状态。但是，在任何一个国家中，每个人都希望能在短时间内满足欲望，所以，替代方案就是类似于超市方式的"近似接单生产方式"。

看板与看板系统

一般人常将"看板"与"看板系统"混为一谈。

看板的功能

在实施一般的流程管理时，以下三张工单票据发挥了流程管理的主要功能：

①物料标签——表示该产品是什么物品；

②生产任务单——表示"什么产品，什么时间，要生产多少"；

③物料流转单——指示这个产品应该从什么地方搬到什么地方。

丰田生产方式所用的看板如图8-8所示，其功能完全和上述用于一般流程管理的三张工单票据一样，并无特殊之处，也就是具有以下功能：

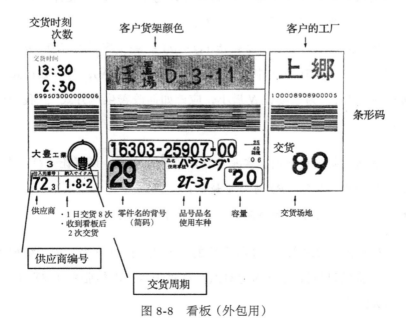

图 8-8　看板（外包用）

- 生产指示看板——物料标签＋生产任务单；
- 领取看板——物料标签＋物料流转单。

但是，因为汽车要进行重复性生产，所以具有下列"看板系统"的特点：

- 可以重复地使用看板；
- 通过限制看板的张数，限制流程中流动的产品数量，从而可以排除过量生产的浪费，达到最低限度的库存。

如果我们考虑看板本身，因为它仍然维持着生产任务单的功能，所以对于单次而不是重复性的生产，若它的功能只是作业安排或搬运安排的话，那么仍然可以发挥该功能。但是，由于它只需要单次生产，所以在生产完成之后，必须将看板从现场回收。

看板的张数

如何设定看板的张数呢？ 在运用看板系统时，这是一个非常重要的课题。

看板的数量对应于在之前"订购点方式与生产方式的展开"中所说明的"容器的数量"，所以我们可以这样计算：

$$看板张数（N）= 最大库存量（Q+\alpha）\div 一个容器的容量（n）$$

但是，在丰田生产方式中，如何决定看板张数（N），并非如此重要。真正重要的问题是，"为了要让 N 最小，应该如何改善生产方式"。我们要做到以下几点：

- 彻底地缩短换模时间，实施非常小批量的生产，以便让"Q"最小；
- 供应的生产周期（P）可降至最低；
- 消除为了缓冲生产不稳定的"最低库存量（α）"。

从而降低订购点（O.P.），同时降低 Q 的下限值。这样一来，由于缩短了换模时间，所以我们可以降低 Q 的绝对值。这对于将"看板张数（N）"降到最小值具有重大的意义。

从这个意义上来说，我们需要充分理解"订购点方式与生产方式的展开中，由①→⑦"的改善过程。

另外，因为供应的批量必须大于订购点，所以降低订购点就可以降低每次供应批量（Q）的下限值，而该"订购点"又会受到生产周期（P）很大的影响。

我们以前曾讨论过的订购到交货的周期时间（D）与生产周期（P）的关系，在这种场合也可以适用，也就是说：

- 订购到交货的周期时间（D）——装配工序能在多长时间内消化多少量的需求？
- 生产周期（P）——必须将下述所有时间的总和看作"生产周期时间⊖"。
    - 从取下"领取看板"开始，到送到上游工序所需的时间；
    - 将"领取看板"与"生产看板"交换之后，到开始加工为止的时间；
    - 生产供应批量所需的时间；
    - 加工批量的停滞时间；
    - 将加工完成的产品搬运到下游工序的时间。

如果是小批量生产，那么看板与产品的搬运时间，与加工时间相比，大多占了比较高的比率。因此，准备一些适当的方案，特别是针对非自制件（外包加工），显得更为重要。

关于这一点，丰田汽车的做法是将自家工厂与其供应商都集中在丰田市附近，这也是其一大优势。此外，较短的换模时间可以使其迅速地应对变化；大幅缩短生产周期可以使其快速获取变化的确切信息，从而迅速地应对各种状况。在这个意义上，看板张数就需要越少越好。

实际上，我们在设定看板张数时，也必须考虑以下条件：

- 一个容器的物料存放数（容量）；
- 根据搬运间隔时间的长短，搬运批量会是多少；
- 单独搬运，或是混合搬运。

⊖ 从取下"领取看板"到该"领取看板"随着产品回来的时间。

看板的流转方式

为了让成品的库存最少,丰田生产方式坚持以"接单生产"为目标。因此,我们由下游工序开始逐次地到上游工序领取物料,也就是采用了"领取方式"。看板的流转方式如图8-9所示。

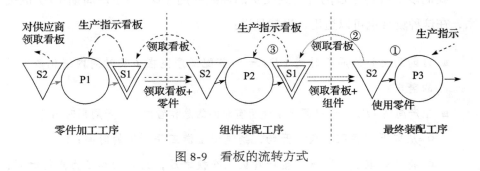

图8-9 看板的流转方式

①开始[注]使用装配线(P3)边上的零件(S2)时,取出"领取看板",放在指定的地方。

②操作员拿着这张"领取看板"去上游工序(P2)的成品存放地(S1)领取其成品,将上游工序(P2)的成品容器上的"生产看板"取出,放在指定的地方,将"领取看板"插在该容器上,搬到装配线(P3)。

③工序(P2)从成品存放地(S1)的容器中取出的"生产看板",对该流程(P2)而言,扮演着"生产任务单"的角色,上游工序(P2)根据该看板指示,开始对从其上游工序(P1)送来且存放在存放地(S2)的"半成品[注]"加工;在上游工序的存放地(S1)领取上游工序(P1)的零件成品时,要取下上游工序(P1)的"生产看板",挂上下游工序(P2)的"领取看板"。

④也就是从下游工序逐级地回溯到上游工序,进行下游工序的"领取看板"与上游工序的"生产看板"交换操作。

○ 使用一箱的第1个零件时,即取出"领取看板",这样可以提前开始信息传递,对大容量的零件影响更大。在消耗该箱零件时,各工序已并行地进入生产周期。

○ 该半成品已经放在上游工序的入口,上游工序随时可以对其加工。其数量由上游工序的半成品领取看板的数量而定,当然越少越好。

如果这样进行，只要对最终的装配线做出变更计划，就能自动将该变更简单、高效地传递到上游工序中。

即使是接单生产，当需求变化时，我们只需要向最终工序做出指示，就可以简单明了地、逐级地向上游工序传递信息，具有大幅简化工作的效果。

这样做还可以防止分别对各工序做指示时，由于指示时间的延误或是预估生产所造成的不必要库存。

丰田生产方式不只是对成品，而且对于各工序间的库存也以最少库存为目标，所以要求小批量生产，"一天内，多次交货，多次搬运"。

- 将一天的交货时间分成多次，公示出来，让大家都看到；
- 因为并不是先放进仓库再配送到装配线，所以需要详细、明确指定各个交货地点；
- 限定了交货地点的存放地面积，使得没有办法放进超量的库存。

这种做法，比起一般流程管理所使用的"生产任务单、作业流转单"，对于"开始生产时间、物料存放场所"有着更详细的说明。

我们通过看板的流动，规范了产品的流动，同时也依靠看板张数规范了流程中产品数量的范围。总之，"看板必须与实物一起流动"这一规则也就成为最根本的重要条件。

从这个意义上来说，我们必须正确地理解为什么大家非常关心"看板遗失"的事情。

在加工多种零件的情况下，上游工序必须依照看板回来的顺序加工，这对于保持最低库存而言，是极为重要的事情。

然而，当看板回到上游工序时，在以下不同的情况下，订购点与供给生产批量有不同的关系。

1. 订购点与供给批量一致（见图 8-10）

当（一张）看板回来时，因为已经是订购点了，所以我们必须立刻生产。

特别地，丰田生产方式消除了所谓的最低库存量（a），如果不是没有停滞地立刻开始生产的话，装配线就有可能缺料停线。

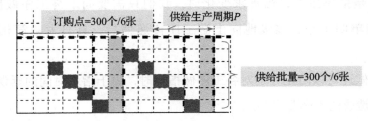

图 8-10　订购点与供给批量一致的情况（容器容量 = 50 个）

2. 供给批量比订购点多（见图 8-11）

例如，一个容器的容量是 50 个，

- 订购点——300 个——6 张看板的数量
- 供给批量——400 个——8 张看板的数量，于是：
  - 上游工序累积了 1 张看板时，下游工序有 "8 − 1 = 7" 张看板，也就是有 $50 \times 7 = 350$ 个库存，因为比订购点 300 个还多，所以前道工序不必生产；
  - 当上游工序累积了 2 张看板时，下游工序有 "8 − 2 = 6" 张看板，也就是有 $50 \times 6 = 300$ 个库存，因为正好只有 "订购点的 300 个"，所以工厂必须立即开始生产；
  - 当上游工序累积了 3 张看板时，下游工序有 "8 − 3 = 5" 张看板，也就是有 $50 \times 5 = 250$ 个库存，比 "订购点的 300 个" 要少。一般来说，因为延误了开始生产的时间，可能会导致下游工序的装配线缺料，所以工厂会以紧急订单来处理。

依照以上看板设置方式，我们根据前面的工序累积了几张看板，就可以间接知道订购点的情况，从而可以知道开始生产的日期范围。因此，我们就有必要将上游工序可以累积看板的数量明确标注出来。

在上面的例子中，我们可以写成 "1，8，2"，意思是 "一天交货 8 次，可以累积[○]的看板数量是 2"。

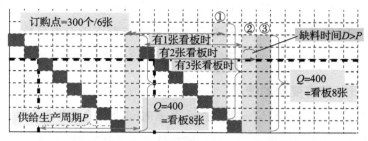

上游工序"累积了1张看板"就开始生产（Q=400）的话，生产结束时，装配还将有1张看板，这样就增加了整体的流动数（8→9）（提早生产）；上游工序"累积了2张看板"就开始生产（Q=400）的话，生产结束时，装配的库存将刚好用完；上游工序"累积了3张看板"就开始生产（Q=400）的话，如果仍然是与以往的生产周期生产，结束时，装配已经缺料了（延误生产）；实际运用看板时，适当地思考订购点（O.P.）与供给量（Q）之间的关系，是非常重要的问题。

图 8-11　供给批量比订购点多的情况（容器容量 = 500 个）

该供给批量（Q）比订购点多，原因可能是：

- 目前没有采用"快速换模（SMED）系统"，所以换模时间长，不得不以较大的批量生产；
- 从供应商处运输货物，很可能会出现塞车或是其他不稳定的因素。

这种方式可以被认为在某种程度上替代了"换模时间或 O.P. 方式中所设定的'最低库存量'缓冲生产不稳定的功能"。

看板系统的调整功能

据说，看板系统具有调整的功能。这到底是怎么一回事呢？

1. 每日负荷没有变动的情况

在这种情况下，我们只需要对车型、交期、数量进行调整，所以正好适用看板系统中的做法，只需要对最终的装配线发布生产指示，再通过看板的运作，可以自动且容易地向上游工序传递生产信息。但是，这仅仅是可以简

○ 这是用于丰田与供应商之间的领取看板，实际上丰田的用法是"一天交货 8 次，订购后（供应商拿回看板之后），隔 2 次交货。

单、迅速地传达信息而已，生产方式如果不能采用快速换模或单件流，进而大幅地缩短生产周期，就完全没有意义。对于这里所谓的"看板系统具有微调整功能"的观点，我们必须从看板系统本身与存在于看板系统背后的丰田生产方式两方面来理解，如果只是流于表面，将会产生误解。

2. 每日负荷有变动的情况

虽然每个月的负荷相同，但是在小范围时间段内的负荷有变动的情况下，"订购点方式"中的负荷增加时，我们增加订购点的触发频率，在一定程度上仍然能够应付处理。同样，看板系统也具有这种功能，"增加看板循环的次数即可应付处理，而不需要改变看板的张数"。但是，局部的负荷增加，可能会导致等待或是库存增加现象的出现。一般，"订购点方式"中"最低库存量（α）"具有吸收这类变动的功能，然而看板系统并没有这个"最低库存量（α）"，所以乍看之下是不起缓冲作用。虽然看板系统没有具体的"最低库存量（α）"，但各工序间加工完成的零件，作为最低库存量的替代品，实际上发挥着缓冲的作用。

然而，如果该增加量较大的话，仅仅靠这些工序间加工完成零件的缓冲功能，是无法应付处理的，这时，"均衡化生产"就成为重要的条件。

另外，每个月的负荷超出预定，或者是下个月的产量比上个月高时，我们除了采取加班或是临时增加人员的措施之外，也要增加看板的张数。

相反，当负荷降低时，从一定程度上来说，我们只降低看板的循环次数，不调整看板的张数也是可以的。但是，我们对于这种情况下所造成的产能富裕，必须考虑适当的应对方案。而在负荷大幅降低的情况下，我们需要思考是否减少看板张数。

根据经验，我们在负荷增减 10% ～ 30% 的状况下，不必调整看板张数也可以应付处理，但是仍然会因工厂性质的不同而异，需要视实际的情况而定。当然，更重要的是为了不要让这样的变动发生，以彻底地思考均衡化生产。

看板系统的改善功能

如图 8-12 所示，看板可以促进改善，原因在于以下两点：

- 出现机器故障或是产品质量缺陷时，看板的流转就停止了，这可以将异常可视化出来，进而可以促进改善；
- 通过逐次减少看板张数从而减少库存，消除了缓冲生产不稳定的库存，所以突显了能力不足的工序或是异常发生的工序，让我们容易发现改善的重点。然后，我们通过集中改善最弱的地方，可以有效地提升整体效率。

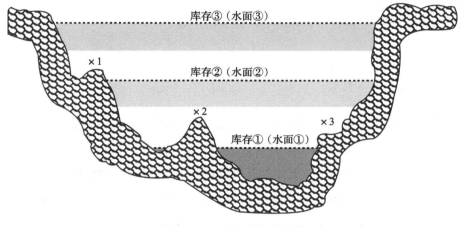

图 8-12　看板的改善机制

水池中代表库存的水位下降了，一开始我们会看到水底最高的突出物 ×1。消除了这个突出物之后，更进一步地降低水位，我们可以看到第二个突出物 ×2，再消除它，再降低水位，可以消除突出物 ×3。这样，我们可以将整个底部整平。

不过，这只是减少看板数量，进而减少库存的表面现象，还有其更深一层的含义。也就是我们必须理解，减少看板时，如果结果只是减少了看板，则毫无意义，改善了"即使减少库存，也能生产"的生产方式本身，才是其真正的意义所在。

小结

对于看板系统，我们必须清晰地理解下列观点：

①看板与看板系统，顶多只是运用手段而已，其本质是彻底地改善生产

方式。

②对通过看板张数的设定来规范所有产品的流动数量，从而将库存限定在下限值与通过对看板张数的管理确实地进行目视化管理的优点，需要有正面的评价。

③对于事务处理的简化也非常有效，同时赋予现场自我应变的能力，只需要给最终工序生产指示，就可以有机且迅速地传达信息。

④看板系统基本上仅适用于具有重复生产特性的工厂。但是，这种重复生产的特性在下述情况下，未必会产生大的问题：

- 时间上的不稳定；
- 数量上的不稳定。

但我们必须说的是，对于个别生产的单个订单，或者不知道以后何时会再有的订单，看板系统就不适合⊖了。

另外，在生产特性上，若零件具有共通工序的话，则看板系统更适用。

对于看板系统，如果我们仅仅是想利用看板系统的特性，也许明天开始就可以采用。但是，我们必须先理解：如果不真正改善生产方式本身，仅仅模仿看板系统，或是减少看板张数的话，就会发生等待或者延误交期等重大损失。

本章总结

对于看板系统，我们需要明白地区分与理解下列两点：
①它让丰田生产方式有更好功能的效果；
②看板系统本身所具有的功能。

⊖ 这里指只对最终工序发出生产指示，就可以有机且迅速地传达信息的做法。对非重复性生产的订单，我们可以使用一次性看板，对最上游的工序发出生产指示，其他规则并无差异。

トヨタ生产方式のIE的考察 | 第9章

丰田生产方式的解释说明

本章将对丰田生产方式的相关问题进一步加以说明。

关于丰田生产方式的说明

在丰田生产方式中有下列说明。

消除七大浪费

丰田生产方式主张消除以下"七大浪费":

①过量生产的浪费;

②等待的浪费;

③搬运的浪费;

④过度加工的浪费;

⑤库存的浪费;

⑥动作的浪费;

⑦制造不良品的浪费。

以上列举了七大浪费,接下来我们将其与"生产的结构"对比,并加以说明(见图9-1)。

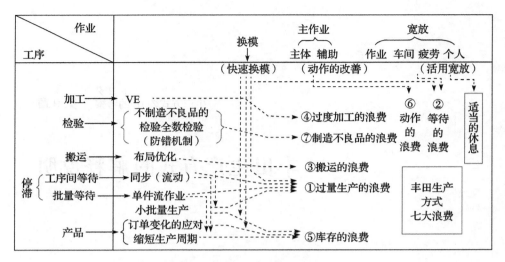

图 9-1 丰田生产方式的七大浪费

1. 工序

- 加工——与其提升切削速度，不如先研究"价值工程（VE）、价值分析（VA）"的改善，例如，为什么要制造这个产品？为什么要用这样的加工方法？

　　[④过度加工的浪费]

- 检验——不是"发现不良品的检验"，而是要能够彻底地"不制造不良品的检验"。所以，我们不是要进行抽样检验，而是要进行不花费工时的全数检验。因此，我们需要采用"源头管理、自主检验、顺次点检"。此外，"防错功能"具有很大的作用。

　　[⑦制造不良品的浪费]

- 搬运——由于搬运绝对不是增加附加价值的行为，所以首先必须要"改善布局"，以便能够不搬运，然后才考虑搬运手段的优化。

　　[③搬运的浪费]

- 停滞——一般来说，库存被视为具有"缓冲生产不稳定"的功能，从而被认为是有用的，但这是很明显的浪费。库存本身，加上在库存上的其他浪费，将是非常大的负担。因此，我们必须改善生产不稳定的情况，以便消除库存。

另外,在允许库存存在的理由中,常常被提到的一点是"换模时间过长",但如果采用了"快速换模",这个理由就不成立了。

如果实施了工序间的工序平衡与同步(流动),就可以减少或消除工序间等待。如果更进一步地实施"单件流作业",就可以消除批量等待。

但在这种情况下,工序间的搬运次数将会增加,所以,其前提是"布局改善"。

这样就可以实现丰田生产方式改善的第一目标——消除过量生产的浪费。

[①过量生产的浪费]

- 产品的库存——产品的库存受到交货周期时间(D)与生产周期时间(P)之间关系的影响。

如果生产周期时间比交货周期时间长得多的话,我们就不得不采用"预估生产",这样就会产生许多产品库存。

但是,如果我们实施"接单生产",交货时间又无法延长,就必须大幅地缩短生产周期时间。因此,我们需要采取"工序平衡、同步(流动)、单件流作业"或者是"小批量生产"的做法。此外,我们一定要采用"快速换模"。"快速换模"在迅速应对需求变化方面也可以在很大程度上发挥作用,降低产品库存。

[⑤库存的浪费]

2. 作业

- 作业前的准备与作业后的收拾清理作业(可以看作广义的换模作业)——如果换模作业时间长,就会降低人与机器的稼动率。如果我们为了提高稼动率,不得不实行大批量生产,就会导致不必要的库存。同时,换模的改善也可以大幅地消除不必要的等待。

[①过量生产的浪费]

[②等待的浪费]

[⑤库存的浪费]

- 主作业——彻底地改善操作员的动作,设定更有效率的标准作业。在标准作业中,我们常常只看到表面的"时间",但是"时间是动作的影子",要想改善时间必须先改善其动作本身。轻率地考虑如何进行设备改善是不合适的,作业改善要先于设备改善,否则可能会产生机械化作业的浪费。

另外,在许多情况下,只考虑零件箱的搬运便利性与储存的便利性,是不够的,我们应该思考零件箱作为方便加工的道具的特点,例如:
- 可以明确地区分,便于整顿;
- 一致的正反面;
- 可以单个地流动到手边。

为了得到更好的改善效果,我们也需要研究下列"移动式零件箱":
- 回转式零件箱,只将必要的零件移动到最近的位置;
- 必要的零件,在必要的时候,只有一个在靠近手边的位置。

重点在于,我们要彻底地改善,以实现"必要的零件,在必要的时候,只有一个送到手边"。

[⑥动作的浪费]

- 宽放——如果要实现工序平衡和同步(流动),或者操作员的负荷与产能的平衡,就需要改善设备的配置和作业的组合,这样才能消除等待。在这种情况下,相对于改善"机器的稼动率",我们必须优先改善"人的等待"。

[②等待的浪费]

综上所述,我们应该思考如何彻底地消除浪费。

看板的规则

关于看板的规则,有以下要点:
①下游工序只根据被投出的看板,到上游工序领取;

②上游工序只根据被投出的看板（对应的数量与顺序）开始生产；

③没有看板时，不能搬运，也不能生产；

④看板一定要附在实物上；

⑤必须是 100% 良品；

⑥持续地减少看板的张数。

大野耐一在《丰田生产方式》中明确地写道："在丰田生产方式中，看板系统顶多只是其运用的手段之一。"然而实际上，由于二者经常被一起使用，很多时候都没有被明确区分。

上述"看板的规则"也将二者混为一谈。为了能够更清晰地区分，我们将进行以下说明：

①下游工序只根据被投出的看板，到上游工序领取——作为"领取指令"或者是"搬运信息"。这个流程要得以顺利操作，必须满足以下两个前提条件：

- 只根据被投出的看板去领取；
- 下游工序到上游工序去领取。

也就是说，如果没有被取走看板就去领取的话，将会产生没有必要的库存。这种做法是错误的。

另外，丰田生产方式不是预估生产，而是以接单生产为努力方向，即"只生产卖掉的东西"，那么，由下游工序去拉动就是理所当然的了。

这一点应该不是"看板的规则"，而是"丰田生产方式的规则"。

②上游工序只根据被投出的看板（对应的数量与顺序）生产——"生产信息"。

生产必须与看板连动，通过看板数量，限定产品整体的流动数量，这样可以防止过量生产的浪费。同时，由于工序间的库存被限制在最小量，如果不根据被投出的顺序生产，而是想要适量地累积看板的话，就有可能导致缺料停线的严重问题。这一点也是丰田生产方式的规则。为了能够实现目视化管理，我们规定了看板运用方法。如果工序间有很多的库存，就未必需要这个看板规则。

③没有看板时，不能搬运，也不能生产——防止过量生产与过量搬运。

由于是利用看板来防止过量生产，所以，如果我们不能遵守这个规则，就可能让丰田生产方式从根本上瓦解。

从这个意义上来说，这个规则可以说是在推行丰田生产方式"零库存"生产时，最重要的"看板系统的规则"。

④看板一定要附在实物上，作为必需物料的证明。

如果看板与实物分离开，整个制度就会完全无法运行。因此，这也是重要的"看板系统的规则"。

⑤必须是100%良品——为了杜绝不良品，这是让产生不良品的工序负责人感受痛苦的方法。

如果看板的张数太多，他们就不会感受到痛苦。这种做法源于遵循丰田生产方式持续地将库存缩减至下限的做法，然后，仅仅设定相对应的"看板张数"。因此，这个规则不是"看板的规则"，而是"丰田生产方式的规则"。

⑥持续地减少看板的张数——这是"问题可视化"的工具、"看板管理"的工具。

采用了看板之后，我们就可以管理要做什么或者不做什么，从而可以将库存控制在适当的数量。从这个意义上来说，我们可以将其称为"看板系统的规则"。但是，通过减少看板的张数而让问题暴露出来的做法，则可以说是对看板的应用。也就是说，我们通过生产方式中的降低库存，积极地进行改善活动。从持续改善的角度来看，这一点也可以被认为是"丰田生产方式的规则"。

上面的说明区分了"看板系统"与"丰田生产方式"，但在实际运用过程中，我们常常将二者混为一谈。当想要更进一步地改善时，如果我们不能将这二者明确地区分理解，则很有可能会采用错误的策略，或者改善措施仅仅流于表面。因此，我们对于二者的区别需要特别注意。

对供应商的展开

过去，曾有人大力批判丰田生产方式是"恶魔的方式"。持这种想法的人只了解到丰田生产方式的表面，认为丰田生产方式最重要的想法是"及时生产"。及时生产是为了让库存最小化，"需要的东西，在需要的时间，只领取需要的量"。在这种做法下，对于零件供应商或是材料供应商而言，他们并不知道"什么时间需要什么东西，需要多少数量"，所以不得不准备大量的库存来应对客户的需要。如果真是这样的话，那么丰田生产方式就是名副其实的"恶魔的方式"了。

实际上，丰田的做法是预告"月度生产计划"，且均衡化地从供应商处领取产品。由于丰田要求进行批量非常小的多次交货，同时存在不得不进行的改变，所以为了能够应对这样的情况，供应商必须改善其生产方式。对此，丰田花了20年，首先在自家公司实践，然后让供应商工厂的人来实地观察，同时派遣人员到供应商工厂，进行实地培训与改善。花了近10年，丰田与全部供应商工厂才正式开始系统性地实施丰田生产方式。其结果是，供应商工厂自身也在改善中取得了良好的结果，大幅地提升了效益。如果是这样，"丰田生产方式是恶魔的方式"这一说法，完全是不符合现实的。

总而言之，那不是丰田生产方式本身的问题，而是丰田生产方式向外部展开时，具体的做法出了问题。

但大多数人都是囫囵吞枣，只看到了局部的丰田生产方式。我经常看到这样的强辩，认为"将自家公司做不好的任务[○]，直接委托给供应商，然后对于需要的东西，在需要的时间，只领取必要的数量，这就是丰田生产方式"。这完全是不对的，我们需要慎重对待这样的说法。

丰田生产方式与 MRP 系统

最近，美国的企业盛行采用最新的 MRP（material requirement planning）管理方法，日本也有很多企业采用该方法。

○ 丰田会因：①自己忙不过来；②供应商比自己专业，将工作外包出去，但要采取与供应商平等的立场，以双方均能获利为前提。如果因为理由①外包，供应商无法获利，那么丰田还可以协助；如果因为理由②外包，那么丰田更需要与供应商协调方案。坚强的供应商才能撑得起强大的中心工厂，反过来说，羸弱的供应商只能跟羸弱的中心工厂在一起取暖。培养"强强团队"，需要开诚布公的沟通。

根据说明，MRP 的目标是，"有效地运用包括人、物、金钱等有限的资源"。这么说来，这几乎与其他所有管理方法所提出的目标完全一样。

如果说其特征，可能是活用计算机，从各种条件的组合中，找出最适合条件的管理，这不也正是其最大的优点吗？

然而，最近在美国与日本，常有人将 MRP 与丰田生产方式进行对比讨论："这两种方法是对立的吗？"

我未曾深入地研究 MRP，且只读过部分著作与说明，肯定不能说是已经理解其本质。

但是，不得不承认，MRP 系统是将以往片段式的生产管理方式，用计算机来处理，找出迄今不可能找出的最优条件的管理方式。这的确是相当革新的方法。

虽然我并不认为 MRP 对于基本生产方式的改善没有积极改善的意图，但是，对于它是否像丰田生产方式一样，对下列"管理方式及其本质"的改善具有强烈的意识，我持怀疑的态度：

- 大幅地缩短换模时间；
- 彻底地进行小批量生产；
- 从零件加工开始到装配工序，进行全面的"单件流作业"；
- 以接单生产为方向，采用由下游工序去拉动领取的方法。

所以，丰田生产方式与 MRP 系统不在一个维度上，不能相提并论。

企业以丰田生产方式等为基础，进行"系统本质与生产方式的革新"之后，不是更能适用 MRP 系统的方法吗？二者不是具有相辅相成的关系吗？

如果换模时间长，只要加大批量就可以了。但是，这样做会增加库存，所以我们需要找出两者的折中点。进而，我们提出了"经济批量"的想法，使其成为"经济性计算"的一个题目。但"换模时间长"这一根本问题，是可以通过"快速换模（SMED）系统"的创新做法得以解决的。或者，将所谓的"统计性质量管理方式"作为基本的想法，是一个卓越的理念。但在实际操作层面上,我们则沉溺于"推断统计学"的方法,从而无法彻底地达到"零缺陷"的水平。

所以我由衷地期待,必须慎重地考虑,是否过度依赖计算机,而疏忽了本来该做的"生产方式的革新"。

◯ 本章总结

对于丰田生产方式的运用与理解,人们有几个误解的地方。如果人们能对丰田生产方式有正确的理解,就可以避免那些误解。

第 10 章 | トヨタ生产方式の IE 的考察

丰田生产方式的展望

让我们试想一下，丰田生产方式今后可能会如何发展。

一想到丰田生产方式，我们就会想到其未来发展的方向，还将会是持续地坚持"降低成本"，以及为了实现成本降低所必需的"彻底消除浪费"。

向准时生产（just-on-time）发展

"just-in-time"仅仅是"及时、来得及"的意思，但如果是要表达"刚好，赶得上时间"，需要用的是"just-on-time"。然而，丰田生产方式与用词并没有关系，其本质就是以"刚好，赶得上时间"为目标，换句话说，是以"消除库存"为目标。

这又受到交货周期时间（D）与生产周期时间（P）之间关系的影响。如果交货周期时间（D）比较长的话，订单确定之后再开始生产也来得及，也就不会产生库存了。

另外，如果交货周期时间（D）比较短，需要根据预估来生产，那么为了提高需求预测的准确率，我们不仅会加大市场调查的力度，还会想办法提前确定订单。

汽车行业以及家用电器等一般商品行业，都会采取下列措施：

- 了解已经购买的商品寿命，努力取得对产品的更新换代版的预约；

- 向初次取得驾照或正在学习驾驶的人推销汽车；
- 调查房屋建造执照的申请，推销家电；
- 根据结婚申请与订婚的信息，推销家电。

除此之外，我想还有很多种方法，它们的重点都是根据与实际需求有关的早期信息，争取到更长的交货周期时间（D）。

接下来，就是"希望大幅地缩短生产周期时间（P）"。对此，我们必须采取下列措施：

- 彻底地进行小批量生产。
- 缩短换模时间。这样一来，除了可以小批量生产之外，还可以提升应对变化的能力；
- 所有工序实施工序平衡、同步（流动）与单件流作业，希望在非常短的时间内生产出来产品。

从"快速换模"发展到"一触换模"

丰田生产方式一直在强调"过量生产的浪费"，同时，强调客户的需求是"多种、少量"。因此，为了应对需求，企业无论如何都必须采用"小批量生产"。这样一来，采用"快速换模"就成为了绝对必要的条件，只有这样才能迅速应对需求的变化。

快速换模本身，就成为丰田生产方式的中枢条件。换模所需的时间越短，就越有利。

所以一般来说，以"分钟"来计算的"快速换模"，就会被要求改善到以"秒"来计算的"一触换模"。这大致包括以下几种方法。

自动切换的方法

我们采用之前在"快速换模"中讨论过的"最小公倍数"方法，会非常有效。

- 在使用传送带搬运产品时，由于产品的大小不同，所以在更换产品时，需要改变传送带的宽度。在这种情况下，我们可以将单侧的传送带用弹簧拉着，中间夹着"四阶楔形垫片"，在这些楔形间隔垫片上装上磁铁，让各垫片可以上下移动并固定，这样就可以将传送带的宽度在几种产品宽度之间迅速变换。

- 冲压机有不同的可动模冲程（一般是上模），每次换模时都要调整限位开关的位置，再观察实际作业，继续调整好几次，才能最终确定正确的位置。在这种情况下，我们可以先将所需要的5个位置装上限位开关，再分别装上通电所需的开关，这时只对要用的限位开关通电，就等于切换了限位开关，就可以完全取消反反复复的调整作业，实现"一触换模"。

- 虽然洗衣机的外形相同，但是：
  ○ 标准型与豪华型，在转角处的不同，在于是否要装上装饰品。这反映在外壳上的差别，就是有组装用孔与没有组装用孔的区别。
  ○ 另外，根据左侧用与右侧用的区别，孔的位置也不一样。以前更换产品时，都是将整个模具换掉。

　　在这种情况下，我们可以进行的改善是，将所有的功能全部装进一个模具中，在冲床活塞与模具之间，插入"冲头"，就可开孔，取出"冲头"，活塞就会空打而不会冲孔。这样一来，就能实现下面的情况：

  ➢ 可以按标准型∶豪华型＝2∶1的比例连续生产。
  ➢ 更换孔的位置时，也可以使用开关切换，从而可以实现"一触换模"。

这样操作的话，8种产品都可以实现"一触换模"。

我们需要做的是，调查分析模具的通用部分与差异部分，制作"最小公倍数（最大通用部分）"的模具，只对其差异部分做简单的切换。这就是所谓的"一触换模"。

不必切换的方法

有这么一句话，"最快的切换方式是'不必切换'"。确实是这样，但怎样才做得到呢？最有效的方法应该是"配套方式"。

- 包装洗衣机时，包装材料中有四种起缓冲作用的泡沫塑料。以前的做法是按四种产品分别换模，可以做的改善方案是：将 A、B、C、D 四种产品的必要模具全部配置到另一个更大的模具中，实现一次成型就可以得到一组配套的产品，这样就消除了以前的换模作业。
- 以注塑机生产电视机的把手，有"A、B 两种把手"，由于二者使用不同的树脂原料，所以以前都要停机，更换模具与原材料。这里做的改善方案是，在同一模具中以垂直设置的方式分别生产 A、B 两种产品，只需要调整树脂原料的注射通路，就可以同时生产不同的产品，这样不需要拆装模具，就可以消除换模作业（见图 10-1）。

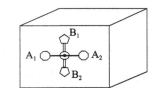

中央是可以调整通路的阀门，此时，树脂的通路是A_1与A_2。

图 10-1　把手的"零换模"方式

- 在冲压模具中，将用于同一车型 A、B 两种零件的模具配套地设计在一起，连续成型之后，在最终工序切断，这样也就不需要换模了。

以上方法也可以用于锻造、铸造的模具，找出如下共通点，将不同的模具巧妙地组合在一起，就有可能"配套生产"，从而完全不需要换模。

- 同一产品的不同零件，或者是类似产品的零件；
- 使用同一种材料的零件。

我们抛弃"一定要换模"的想法，开始思考"是否有不必换模也可以生产多种零件的方法"，就很有可能意外地发现很多不必切换的方法。

另外，如果真的不得不换模的话，我们也应该积极地研究这个问题，开发只要按个开关即可自动切换的方法。

发展全面流动的作业方式

在丰田生产方式中，"过量生产的浪费"是最重要的改善对象，含有以下两个意义：

- 消除成品库存；
- 消除在制品库存。

为了消除成品库存，交货周期时间（D）与生产周期时间（P）的关系就成了最重要的影响因素。为了能够缩短生产周期时间（P），我们必须采取下列措施：

- 小批量生产。
- 消除工序间等待。为了消除工序间等待与批量等待，必须采用工序平衡、同步（流动）与单件流作业。

相较而言，福特生产方式只是在装配工序中实施同步（流动）与单件流的作业方式，而丰田生产方式的装配工序则与其上游的机加工、喷涂工序直接连接，采用工序平衡、同步（流动）与单件流作业方式。通过与上游工序直接连接，丰田生产方式大幅地缩短了生产周期时间，从而实现了在按订单生产时，能够快速交货，甚至能够非常迅速地应对订单的变动。

未来，我们可以更进一步地将上游的钣金、冲压、焊接、锻造等工序串联在一起，进行工序平衡、同步（流动）与单件流作业，再将这些与机加工、喷涂、装配工序串联在一起，组成全面流动的作业方式。

"并行作业"，可以说是这种做法的早期雏形。

- 在钻孔、攻牙作业之后，配置小型的喷涂箱，进行该零件的喷涂作业，接着就流向下游的装配。这样就不需要再像以前那样将零件送到涂装车间去；
- 在零件的加工工序中，设置非常小规模的电镀装置，在产品的流动中进行电镀处理，然后直接流到下游的装配中；
- 在焊接工序边上，配置利用液压驱动的简易冲压机，由焊接操作员操作该零件的冲压作业，然后直接将其产品装到车身上。

所谓的"并行作业"，就是超越"锻造就要在锻造车间，喷涂就要在涂装车间，电镀就要在电镀车间"的常识而形成的无边界形态，纯粹地、忠实地根据该产品的工艺流程安排工序，而不是根据"传统锻造或冲压这样工艺专业化"的流动方法安排工序。未来丰田生产方式思考的课题一定是"向更上游的工序扩展单件流作业的方式"。

在这样的情况下，我们需要明白的是，工厂并不是要各台设备都拥有高速性能，而是要能够实现"整体的同步（流动）"。这样工厂可能会需要比现在还要慢的低速设备。

混流生产的发展

丰田生产方式强调"小批量生产"，而最极端的小批量生产就是混流生产。混流生产在下面两个方面有重要的意义：

- 最低的产品库存；
- "均衡化"上游工序的负荷。

这样的混流生产，并不仅仅在装配线上实行，也应该在上游的机加工、冲压、焊接、锻造、铸造等地方实行。现在与装配工序串联在一起的"涂装线"已经实行，今后的课题是要扩大到涂装以外的机加工及其他的上游工序中。

另外一个问题，混流生产在现阶段主要针对日产量比较固定，生产的比例组合变化不大，而且大部分时间都能重复生产的产品。我认为，混流生产将来必定可以被应用在生产的比例有很大变化的产品上。

到时候，我们将会遇到需要采用"不必切换的方法"以及如何均衡化生产的问题。同时，为了不制造不良品，我们必须考虑采用"防错功能"。

看板系统的发展

随着以上生产方式的发展，看板系统也将有下面的发展：

- 适用于各工序间的看板张数会显著地减少；
- 大幅地缩短生产周期时间，同时，如果能使得全面流动的作业方式扩展到上游工序，就不必"拿着领取看板到相邻上游工序领取物料"，而可能是"拿着看板到多道工序之前的上游工序领取物料"⊖。

当装配线或是下游工序消耗容器内的零件时，上游工序正在生产对应必要数量的零件。如果零件流动（生产）的周期时间足够短，我们就不一定非要拿着看板到前一道上游工序领取物料。

如果实现如前所述的做法，就可以大幅地减少"看板张数"，当然也就可以明显地减少"在制品库存"。

彻底地降低工时

丰田生产方式强调首先应该进行作业改善，之后再进行设备改善。即使花了很少的钱实现了设备改善，提升了 20% 的效率，但是如果能只靠作业的改善提升 20% 的效率的话，那么投资于机器的费用，即使再少，也都是浪费。

首先要将"彻底消除动作本身的浪费"当作改善的第一优先事项；接着就是将人的作业机械化；更进一步，将人的智慧赋予机器，也就是在机器上安装检验异常的装置，以进行有人字旁的"自働化"，积极地将人的工作持续地转移给机器。这也可以说是采用了"前自动化"。

接着，异常的检验与对应的处理也由机器来实行，从而进步到完全自动化的阶段。

这么一来，就有了下列逐步提高的改善顺序：

①改善人的动作以降低工时；

②整合宽放，更进一步地降低工时；

③将人的工作转移给机器，降低人的工时；

④将检验异常的功能赋予机器，降低人的工时；

⊖ 领取一定是到相邻的上游工序处。但若生产周期时间远小于交货周期时间的话，我们就可以将领取看板兼作生产看板，投到多道工序之前的上游工序，只要其生产周期时间远小于交货周期时间即可。从降低库存的角度来看，这是一种好方法，但如果从现场管理的角度来看，丰田汽车并不赞成这种方法。

⑤将检验异常与应对异常的功能也赋予机器,降低人的工时。

但是,无论是在哪个阶段中,都必须能降低成本。因此,我们必须要激发员工的创意,以便能以低成本进行机械化或是自働化。

多机作业的发展

如前所述,多机作业具有下面两种类型:

- 多机作业(同种设备横向的多机作业);
- 多工序作业(不同种设备纵向的多机作业)。

多工序作业拥有提高效率的良好效果,应该被采用。为了能够让一个人尽可能地负责多工序,需要进行人的作业改善,积极地将人的作业转移给机器。

在这种情况下,人与机器的单位时间成本比是 5∶1,即使牺牲机器的稼动率,也要考虑如何最大限度地减少人的等待。

从这个角度出发,"整合宽放"就成了重要的问题,需要尽全力去实施"少人化"。

此时,不要忘记在上述想法的基础上,理解"要将机器独立于人"。

在多机作业的基础上,我们也要反思"机器的稼动率是否一定要高",必须考虑如何便宜地制作具有独特性能的机器设备。

我们可以考虑的是,虽然用的是专用机,但经过简单的切换,就可以转换成下一个产品的"共享专用机㊀"。

杜绝故障与不良品

对于机器的故障,我们要能迅速地检验异常、停止机器,彻底地分析根本原因,寻找解决方案,杜绝再次出现同样的故障。

对于不良品,我们"不要检出不良品的检验",而是要采用"不制造不良品的检验",以"零不良品"为目标。

㊀ 通用机的专用化,也就是具有专用机能的通用机。

所谓"防错"功能，并不是在作业失误时，下游工序无法装上工装夹具的功能，而应该是，在该工序中就"无法制造不良品"的功能。

对于高速冲压机，在滑槽上累积了 100 个之后，检验最初的一个与最后的一个，这绝对不是全数检验的方法。无论如何，我们必须开发能适用于高速冲压机的高速全数检验装置，同时，该装置也要具备不制造不良品的检验功能。

提高产能的弹性

丰田生产方式对需求变动的原则是，尽最大可能不增加人员。

对于一个月中的需求变动，我们可以研究实施混流生产，以均衡化生产。如果混流生产还无法吸收波动量，我们就将人员限制在最低需求时所需的人数；在需求增加时，就以加班或是请间接人员（办公室）支持，补充人手的不足。

但是，如果在相当长的时间内需求超出产能，那么在某些时间内，我们就不得不请供应商工厂支持，或者是雇用临时工。

在这种情况下，我们必须改善作业，让作业更容易，以便新的操作员在三天内能够承担一个人的工作。这样一来，在需求增加时，减少一个人负责的机器台数，提高机器的稼动率，就可以提高每天的产量。这也意味着，我们平时要保持机器稼动率的宽放。

我们可以应对需求增加，但真正的问题是需求降低（减产）。我们虽然可以采用下列措施，但今后必须考虑更加有效的方法：

- 需求降低时，一定要减少对应的人数；
- 增加一人要负责的机器台数；
- 考虑如何有效地活用减下来的人员，例如做平日无法实施的机器设备保养或者换模练习，制作改善所需的工装夹具等；
- 这样以后，如果还是没有工作，则建议"让他们闲着比较好"。

这时，如果有可能，让"机器前自动化"，在需求高的时候延长无人运转的时间，在需求低的时候缩短无人运转的时间，从而可以有效地运用工时。

这是最有效的方法。

包含供应商的综合发展

汽车工业是综合工业，如果仅仅进行中心工厂的改善，无论如何都会遇到瓶颈。

因此，我们今后必须强化对供应商工厂的指导，以改善其本质，以企业集团全供应链为对象，努力地渗透丰田生产方式，以实现中心工厂与供应商工厂的综合性发展。

◎ 本章总结

实际上，丰田生产方式的未来展望是更彻底地追求之前就已确定的方式，高度地追求消除浪费，但我们可以想象，它会发展出更新、更具飞跃性的方法。

第 11 章 | トヨタ 生産方式の IE の考察

丰田生产方式的导入与推行

导入丰田生产方式时,企业应该怎么做,以什么样的顺序进行比较好呢?一般的企业,想要导入、推行丰田生产方式时,应该怎样做呢?

创建彻底消除浪费的企业文化

丰田生产方式的经营基础,并不是在材料费用高涨、薪资上涨时,为了确保利润就提高售价的"成本主义",而是认为"售价是由消费者决定的",如果不彻底地消除浪费,降低成本,就无法生存的"非成本主义"。

为了能够彻底地消除浪费,相对于传统的生产方式,丰田生产方式有了革命性的改变。

其最大的特征是否定了以轻率的预测为基础的预估生产与大批量生产,而是在"零库存"的严格条件下,以按订单生产为努力方向,进行小批量生产。

推行丰田生产方式,就等于推行"思想革命"。

第一,在工序层面,消除那些所谓的为了缓冲生产的不稳定而存在的,被当作"必要之恶",甚至是"有用"的库存,换句话说,就是强烈地要求消除过量生产的浪费。我们需要正确理解的是,必须彻底消除的绝对不仅是生产过多,还包括排产计划上的过量生产,即时间上生产过早。

因此,我们除了思考传统上工序层面的不稳定因素,从根本上让机器故障或是不良不再发生之外，也要研究以下需要库存的各种理由：

- 生产周期时间（P）比交货周期时间（D）长。这时，我们就需要将工序连接起来，采用工序平衡、同步（流动）与单件流作业，以便能大幅地缩短生产周期。
- 换模时间太长。这时我们需要采用"快速换模"，大幅地缩短换模时间，然后可以小批量生产。这样不仅可以降低库存，还可以迅速地应对订单的变化。

不要容忍不稳定的状态，不能有治标不治本的逃避态度，而要对根本原因进行彻底分析，予以解决。

第二，在作业层面上，以降低成本为前提，彻底地减少工时；另外，不一定要维持机器的高稼动率，只要能减少工时，机器稼动率低也没关系。机器稼动率低，会促进工厂采用多机作业与多工序作业。

也就是说，尽可能地实施"少人化"是非常重要的，之后就成为"有人字旁的自働化"，进而发展成"前自动化"。

另外，对于机器故障或是不良，并非简单地只追求应急措施，而应该从根本上予以解决，以便在将来能够彻底地杜绝类似情况的再次发生。当出现机器故障或者不良时，管理层如果没有"将机器或者生产线停下来"的强烈决心，就无法推行丰田生产方式。需要明确的是，以前为了缓冲这些故障或是不良对生产的影响，库存被放任地存在着，但是丰田生产方式认为，过量生产就是浪费，要消除这些库存。

总而言之，从管理层到现场的操作员，对于以上两点都要有明确的认识。

参观实施丰田生产方式工厂的现场，是非常有帮助的；阅读大野耐一先生的《丰田生产方式》，理解丰田生产方式的根本理念，以及我的著作《工厂改善的原点志向》及本书，系统地理解丰田生产方式的理念与应对它的方法，或者更进一步地根据日本能率协会编写的《丰田的现场管理》，学习实操的方法，都会有很大的帮助。

总之，丰田生产方式是打破传统的常识，进行彻底的改革，如果只是简单地想要模仿表面的做法，就会遇到各种难题。只有正确地理解，加上管理层绝不妥协的决心以及勇于实践，才是成功的关键。

生产方式的改善

除了要充分理解丰田生产方式的方法之外，正确地认识方法背后的思想，也非常重要，若非如此，则可能误用这些方法。

采用缓冲库存的方式

丰田生产方式认为过量生产是浪费，它以"零库存"为目标。

但在实际的生产活动中，库存对生产不稳定具有缓冲功能。当出现机器故障、产品不良、交期变更等异常时，库存能够缓解上述因素的影响。因此，骤然实施变革的话，可能会引起生产现场的诸多混乱。那些异常是由生产层面的异常所造成的，但是现场管理者和操作员精神上的不安全感，也会对那些异常产生推波助澜的作用。

在转型的初期，企业采用"缓冲库存"不失为一种高明的方法。

① 封存目前的库存，标示为缓冲库存；

② 不使用上述缓冲库存，上游的零件工序或是供应商工厂，尝试直接将需要的零件小批量地供应到装配线；

③ 只有在出现产品不良或者机器故障等生产异常的时候，才从缓冲库存中借用，借用的部分在第二天归还。

这么一来，即使出现了异常，还有缓冲库存的存在，大家也可以安心。

"应有的库存"，是在当前管理水平下能发挥缓冲功能的库存。对于它的量，我们需要定出明确的数字。

前面提到的 A 电气公司，在洗脸台的生产线试行了两个月的这种"缓冲库存"的方式，其结果是：

- 零件有 60 个，但其中的 40%，也就是 24 个缓冲库存，完全没有被用到，所以全部被废除；

- 剩下的 36 个，平均只用了 1/3；
- 其中的一个零件，由于"镜子的装配失误"而破损，结果零件供应不及时，使得装配线停线两次。

研究其发生的原因，该公司发现是由于熟练操作员休假，该作业由顶替者负责，结果发生了破损。然后，该公司调查了实际的作业情况，开发出了新的工作方式，使得操作员即使不是熟练工，也能简单且正确地嵌入该"凸轮式嵌入器"。之后，镜子破损的事情就再也没有发生过。

这样的做法，使得库存被控制在较低水平，将目前隐藏在库存阴影之下的现场问题点暴露出来，从而得到迅速的改善。

从这个例子中，我们可以知道，采用"缓冲库存"的方式将零件供应与装配线串联起来，一旦发生某种程度的异常，就可能导致停线。如果事前没有获得管理层的认可，现场人员就会担心可能发生的严重后果，从而不愿意踏出第一步。

经过了两个月的试运行，事实表明，以现在的管理水平，真正所需的库存只要"这么多"就好了。现场的管理人员、操作员都能安心面对，而不会对此产生任何排斥。

这种"缓冲库存"的方式，可以说是从现状转型到丰田生产方式的过渡阶段，是最容易、最没有副作用且可顺利进行的方法。

从现状转型到丰田生产方式的初期，我们推荐采用这种方法。

推行快速换模

丰田生产方式强调消除过量生产的浪费。为了消除成品库存，一定要小批量生产，这已经成为它极为重要的条件。因此，企业一定要采用"快速换模"，以便能大幅地缩短换模时间。更进一步，企业必须延伸到"一触换模与不必切换"的方式。

同时，"快速换模"对于丰田生产方式以"接单生产为努力方向"，构建迅速应对订单变化的能力，也是非常重要的。如果企业无法大幅地缩短换模时间，就不可能转型成丰田生产方式。这样的说法绝非言过其实。

到先进的工厂实地参观快速换模，具有非常重要的意义。为什么这么说呢？因为快速换模的首要条件，是要有"一定可以快速换模"的信念。

在一般工厂里，即使你告诉现场的人"以前 2 小时的换模时间，可以缩短到 6 分钟"，他们根据惯有的常识，会从心底不以为然，且 99% 的人都不会相信。不了解快速换模实际情况的人甚至会认为，如果要如此大幅地缩短换模时间，一定需要采用高科技的设备或是需要大规模的投资。

所以，如果能实地参观"快速换模"，看到其设备，他们就会感叹："什么？只要这么简单，就可以实现缩短换模时间！"一旦理解了真实情况，意识就会发生改变。

接着，在自己的工厂中，至少制作两套配备了快速换模装置的模具，实际演练给大家看，让现场的所有操作员都能够接受，这也是非常有效的方法。

在推行丰田生产方式的过程中，隐藏着的核心问题就是"大幅缩短换模时间"。可以说，采用快速换模，就是通往丰田生产方式的第一道关卡。

大幅地缩短生产周期

丰田生产方式是以"零库存"为目标，同时也以"接单生产"为努力方向，所以必须以短的交付周期来应对。因此，大幅地缩短生产周期就成了重要的课题。

为了大幅地缩短生产周期，企业必须实施以下各项措施：

- 实施小批量生产；
- 在装配或是机加工、冲压、锻造、铸造等各工序上，实施工序平衡、同步（流动）与单件流作业；
- 更进一步地，连接各工厂，采用综合的全面流动作业方式。

以前，一提到流动生产，大家都认为只可能用于装配线上，但实际上它可以用于机加工、冲压与其他所有的工序上，重点就是：

- 各工序间要平衡、同步（流动）；
- 单件流作业的副作用是增加搬运次数，所以首先要研究如何改善布局，以便能不用搬运。之后，企业再考虑在不得不搬运时，怎样搬运得更方便，例如采用输送带等。

这样的布局改善，可以期待得到以下"一石三鸟"的效果：
①可以减少工序间的搬运工时数；
②工序间实行了单件流作业，可以消除工序间的等待，也可以减少手工作业的工时数；
③缩短生产周期，降低成品库存。

T铁工厂改善了冲压车间的布局，采用了单件流作业，得到了以下结果：

- 在三个月内，生产效率提高了两倍；
- 生产周期缩短，零延误交期；
- 将工厂的占用面积减少了一半。

在上例中，改善布局是最基本的项目，虽然丰田生产方式强调流动，但其前提条件，一定是要实施布局的改善。然后，在其基础上实施工序平衡、同步（流动）、单件流作业。

此时，非常适合实施将零件的通用工序或类似工序成组化，拙著《机械配置的改善技法》（日刊工业新闻社发行）中的"根据搬运难度系数的设备布局决定法则"对此非常有帮助。

展开整合的一贯化作业

以前，大家认为只有装配工序可以适用流动生产，但最近机加工、冲压等的零件加工工序也逐渐适用流动生产。然而，机加工车间与装配车间串联起来，实行工序平衡、同步（流动）与单件流作业，或者涂装车间与装配车间串联起来，实行流动生产，这种打破各工厂车间的框架、实施整合的全面流动作业的做法并不多见。

如果整合全面流动作业，就可以实现生产周期的大幅缩短，这对于以接单生产为努力方向的做法，是极为有利的条件。同时，这可以大幅地降低搬运与等待所发生的工时，对提升生产效率有很大的贡献。当然，企业为此需要实施"布局的改善"，如果存在"通用工序系列"的话，则更为方便。

但是，如上所述，以工厂车间为单位将数个工厂车间串联起来，整合全面流动作业，会相当困难。不过，企业可以以主要产品为试点，打破以往的工厂界限的概念，简单地根据该产品的工艺流程来安排，例如，将机加工－喷涂－零件装配全面整合成流动作业。这对于一般的工厂来说，不也有很大的实现的可能性吗？

这样一来，研究在可能的范围内，增加全面流动作业生产线的数量，然后逐步推广整体的全面流动作业，是极为妥当的。

总之，打破以前工厂车间框架的束缚，不再是喷涂就在涂装车间，冲压就在冲压车间作业。单纯地研究产品本身的工艺流程，实施全面流动作业，这是长期以来生产管理的盲点，如果能够对于这一点进行意识革命，就可能发现许多简单可行且效果明显的项目，请务必对此采取行动。

推行分割生产方式

在一般的工厂中，生产计划是以"月"为单位来决定的，需求有调整时，得等到下个月才能调整，或者是以"特急件"来插单，这经常会引起现场的混乱。

企业需要做的是，将生产计划中的剩余产能计划或材料计划以"月"为单位进行，实际的生产计划以"旬、周"为单位进行，实施分割生产。例如，月产3万台时，每旬各生产1万台。

这样一来，即使需求变化了，企业只需要在次旬调整就可以了，不需要经常进行"特急件"的插单，从而可以显著地防止生产现场的混乱。

对于销售方而言，由于其可在次旬立即生产，所以也不需要过多的安全库存，从而可以大幅地压缩库存。

但是，因为不得不进行小批量生产，工厂必须采用"快速换模（SMED）

系统"。为了改善交货周期时间（D）与生产周期时间（P）的关系，大幅缩短生产周期时间是非常有效的做法。为此，采用小批量生产与工序平衡、同步（流动）、单件流作业具有非常重大的意义。

开展混流生产

丰田生产方式强烈地主张"均衡化生产"，有以下两个目的：

- 均衡化上游工序的负荷；
- 可以减少成品库存。

所谓"均衡化上游工序的负荷"，以前的说法是"产能负荷调整"，这一点并不是什么特别的想法。

但是，如果我们将它与小批量生产相结合，则同时可以满足零库存与产能负荷调整，也就是以混流生产的形式来实现，这一点则与以前大为不同。

如果我们实行这样的"混流生产"，并行地生产多种产品，则就可能大幅地降低成品库存。另外，一般批量生产的时候，从 A 产品切换到 B 产品时，会产生一定的切换损失，这一点在混流生产中会得到大幅改善。

与此同时，因为切换次数显著增加，所以企业必须采用快速切换或是不必切换的方式。除此之外，由于多种产品紧接着装配、加工，所以需要保证不出现不良品或者缺料以及作业错误等问题，这就需要考虑"防错功能"等。

最近，许多工厂试行"混流生产"，多数都是在实施前顾虑重重，在实际试行之后，出乎意料地发现没有发生什么大问题，而且感叹效果惊人。这就是所谓的"知难行易"。

我们如果是以"接单生产"为努力方向，"混流生产"是非常有效的方法，所以我期待更多的公司务必挑战采用该方法。

推行多机作业

降低工时有以下三个措施：

①改善动作降低工时；

②整合冗余产能实现少人化；

③将人的工作转化给机器以降低工时。

关于"将人的工作转化给机器"，只有先将"人与机器的工作明确地分离[⊖]"，才能实行"多机作业"。也就是说，A机器在自动切削的时候，操作员将B机器的产品取出、装夹、启动。接着，在B机器自动切削的时候，操作员将A机器的产品取出、装夹、启动，这样形成多机作业。

在进行这样的多机作业时，企业必须充分理解以下两点：

①机器因为折旧完了，是可能"免费"使用的，但人员必须永远被支付薪资，并且薪资会逐渐增加；

②如果以单位时间的成本来计算，人与机器的比例是5:1，人的损失明显大很多。

因此，企业需要确立这样的想法，"机器的稼动率即使低一点也没关系，需要优先考虑消除人的等待"。

如果只着眼于机器稼动率的高低，就不可能采用多机作业。对于此，企业必须彻底地从降低成本的角度来思考。

如前所述，多机作业有以下两种类型：

①多机作业——横向的多机；

②多工序作业——纵向的多机。

其内容如下：

- 多机作业——机器A与B，没有工序上的前后关系时。
  - 取下A机器加工完的产品，放在工作台上；
  - 将下一个零件放到A的模具中；
  - 按下在A机器旁的按钮，启动B机器；
  - 取下B机器加工完的产品，放在工作台上；
  - 将下一个零件放到B的模具中；

⊖ 机器可以完全脱离人而自动作业，不需要人在边上伺候，因此才可以降低工时。

- 按下在 B 机器旁的按钮，启动 A 机器。

这样做会有以下两个优点：

- 在 A 机器自动加工时，操作员可在 B 机器上进行卸料、装夹、启动作业，因为交互作业的关系，所以在机械自动加工的时间里，操作员并没有等待，而是在进行有效工作；
- 对于如冲压的"安全工序"，没有必要持续地按着按钮，可以在远离冲压机的地方以"一触即动"的方法启动。这样做除了可以有效地活用"按着不动"的时间以外，还可以确保安全。

结果，人的生产效率一般可以提升 30%～50%。

对于多机作业，我们要根据机器的自动加工时间有多长，卸料、装夹、启动等操作时间有多短，决定要操作多少台机器。但其必要条件，是在自动加工的终点，机器要有自动停机的功能。

- 多工序作业——机器 A 与 B 是以工序顺序关系连接的。
  - 单手从 A 机器取出加工完的产品，另一只手将零件放进 A 机器的模具中；
  - 将在 A 机器旁的按钮开关按下，启动 B 机器；
  - 单手从 B 机器取出加工完的产品后，另一只手将拿着的 A 机器加工完的产品直接放进 B 机器的模具中。

这样做的话，可以省略"多机作业"时第一道工序和第四道工序中"放在工作台上"的动作。

一般而言，人的生产效率可以提升 50%～100%。

此外，这个时候，一开始是以 A→B→C 的顺序作业，但到了最终工序之后，即使按 C→B→A 的逆顺序作业，有时也会很顺手。

另外，单个产品各工序的加工时间各有差异，多工序作业时，能够缓和生产线加工时间的波动，因而也得到了很高的评价。

还有一大优点，就是实施"多工序作业"时，对于需求的变动，只要增减作业员操作的工序数，就可以轻松地应对。

推行前自动化

将人的工作转移给机器时，并非只能转移手的动作，如果连头脑的动作也转移给机器，就是所谓的"有人字旁的自働化"。

将其发展成系统、体系，即可称为"前自动化"。如果我们能采用"前自动化"，就可以大幅地减少工时。这是为什么呢？在前自动化中，若处于正常状态，机器边上并不需要人，一旦出现异常，机器会传递信息，只要那个时候人员到机器边上去处理异常就好了。

在出现异常时，我们的目标是在未来不再发生类似的问题，所以需要将发生的问题予以彻底解决。这样会逐渐降低异常出现的频率，而且会减轻异常状态的程度，从而逐渐地减少工时。

同时，如果我们采用了这样的"前自动化"，对于需求的变动，可以用增减无人运转的时间来应对，特别是在需求减少时，只需要把机器停下来而已，不会有什么大损失。

挑战零不良品

之所以会出现质量不良，是因为作业本身有浪费，并将混乱带入生产之中所致。

我们必须挑战"零不良品"，实施以下各项措施：

- 将"检出不良品的检验"改成"不制造不良品的检验"；要认识到抽样检验只不过是检验手段的优化，只有全数检验才是质量保证的最高手段。
- 根据以上观点，采用以下有效果的质量管理方式：
  - 源头检验；
  - 自主检验；

○ 顺次点检。
- 为了满足以上所有条件，研究实施"防错"是极为重要的。

在推行丰田生产方式时，我们对"零不良品"的挑战应尽早实施，而且永远不会嫌早。

推行看板系统

如前所述，

- 丰田生产方式是"制造的方式"；
- 看板系统是"运用的手段"。

所以，如果我们只实施了作为"运用的手段"的"看板系统"，是无法实现彻底改善的。因此，我们必须先彻底地改善生产方式本身，再实行看板系统，才是正确的顺序。

如果工厂也强调过量生产的浪费，以接单生产为努力方向的话，那么使用看板的"领取方式"就是顺理成章的做法。

"看板系统"只适用于重复生产的情况，对于单次生产并不适用。如果我们只将看板的功能限定在提供实物信息、作业指示信息、物料搬运信息的话，在单次生产中还是可以使用看板系统的。

然而，看板最大的作用在于使企业通过看板的张数，限制全部产品的流动数量，也就是限制库存。它可以被重复使用的目的，则在于可以简化流程手续。

当然，只利用看板系统的想法也并非不可行。例如，相对于丰田生产方式利用 20 张看板就可以运行，如果我们制作了 100 张看板来运行，看板系统仍然是可以适用的。之后，我们逐渐减少看板张数，也可以得到以下结果：

- 即使是现在的管理水平，将库存减到一定程度也可以运行；

- 继续减少看板张数，可以突显瓶颈工序，促使尽早地开始改善；
- "看板系统"也被用作"目视管理"的一环，防止产生超过设定张数的库存。

实际上，S 钢笔工业进行了以下改善：

- 将工厂现在的库存压缩到 1/4；
- 将销售公司的库存降低到 1/2；
- 从工厂出货到销售公司时，每一箱都附着一张看板；
- 从销售公司出货到售货店时，附着的看板被送回工厂，工厂则只生产被卖掉的部分。

通过以上改善，S 钢笔工业建构了体制，决定"不生产卖不出去的产品"。半年之后，它可以将全部的库存压缩到原来的 2/5。在这种情况下，工厂还能保证积极响应销售公司的临时变动，这样才能实现压缩销售公司的库存。之后，它才开始了新的方式。当时，工厂已经在一定程度上完成了"快速换模"，同时采用"单件流作业"，使得生产周期缩短，这些都对看板系统的成功有着极大的贡献。

在采用快速换模之前，即使看板张数很多，工厂也可以使用看板系统。只是这样做的话，改善效果将十分有限。

如此看来，采用看板系统是为了能够迅速地应对需求变化，为此必须采用快速换模。同时，我们必须理解，采用小批量生产与工序平衡、同步（流动）、单件流作业，除了可以大幅缩短生产周期外，也是推行看板系统的有利条件。

丰田生产方式与看板系统的导入计划

我认为，导入丰田生产方式与看板系统的顺序，可以按照图 11-1 所示的做法。这张图是以一般的工厂来设计的，在实际应用过程中，根据各工厂的管理水平与实际情况，需要适当地延长，或者因为已经实行了一部分，也可以从中间着手。但是，对于各个项目实施的顺序，我认为按照图 11-1 中的步骤进行就可以了。

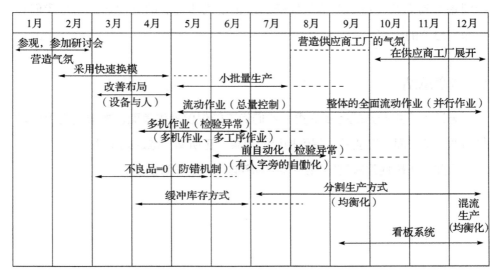

图 11-1　导入丰田生产方式与看板系统的计划

对于已经试行或实行了丰田生产方式的工厂，我建议务必使用图 11-1 做一次反省。

小结

我想，对于丰田生产方式与看板系统，不能只模仿表面所看到的方法，只有理解了潜藏在方法背后的"真正意义"，才可能正确地推行。

我们还需要坚持的态度是，这些并不是各自独立的方法，在理解了各种方法之间的联系之后，才可以开始实施。

如果我们不这样做，片段地导入丰田生产方式或是看板系统，不仅无法看到预期的成果，而且因为副作用会产生"中毒症状"，使得生产混乱，进而可能得到相反的效果。

丰田生产方式经过了 20 多年的时间（该书写于 20 世纪 80 年代），才达到了目前的阶段。当然，这并不是说学习丰田的工厂，也需要花上 20 多年的时间。但特别重要也常常需要花很多时间的事情是，管理层的明确认识与持续地坚持到最后的热情。而我认为，比什么都重要的是全工厂的理解与接受，特别是得到现场人员的理解与接受，这正是成功与否的关键点，也是我们必须深刻思考的一点。

本章总结

无论丰田生产方式有多优秀，我们绝不能仅仅模仿表面。如果我们仅仅是急切地模仿表面，可能只会得到相反的效果，正所谓"欲速则不达"。

因此，正确地理解与按照正确的顺序推行，是非常重要的。

トヨタ生产方式のIE的考察 | 第 12 章

丰田生产方式的总结

丰田生产方式是经过反复摸索和试错，沿着下列路径发展而来的。

非成本主义

首先，我们认为经营的基本理念是"非成本主义"。

如果生产者图简单省事，秉承的理念是"成本 + 利润 = 售价"，这是不行的。之所以不行，是因为售价最终是由市场决定的。

必须是：

$$售价 - 成本 = 利润$$

利润的来源只有降低成本，因此，除了彻底消除浪费之外，别无他法。这是对所有事物的基本理念。

消除浪费的第一支柱是"零库存"

接着，我们要思考"消除什么浪费"，自然就想到了以往被认为是"必要之恶"、成为管理盲点的"库存"。我们思考"为什么需要库存"，进而下定决心，这就是必须消除的大浪费。"just-in-time"的理念就此萌芽。

被认为是极有效率的美国式大批量生产方式，实际上只会产生大量的产品库存。所以，我们需要对这种生产方式持怀疑态度，进而发展出接单生产的理念。因此，我们需要：

- 小批量生产；
- 大幅地缩短生产周期。

推行流动作业

为了缩短生产周期时间，我们发现采用福特生产方式中装配线的"流动生产"非常有效，由此开始思考："为什么在装配线以外，不能也用流动生产呢？"结果是，机加工或冲压等上游工序也成功地采用了流动生产。我们更进一步地思考，"如果能将上游工序与装配线串联在一起不是更有效吗？"于是，工厂开始向着"整合全面流动作业"的方向发展。

缩短换模时间

接单生产的特色是"多种少量"。基于此，"缩短换模时间"是绝对的必要条件，我们要为实现快速换模而努力改善。

为了能完全接单生产，工厂还需要更大幅度地缩短换模时间。我提出了"快速换模（SMED）系统"理论，丰田采用之后有了重大的突破。结果是，批量终于可以逐渐变小，应对需求变化的弹性逐渐提升，"快速换模（SMED）系统"也成为"零库存"的有力武器。

消除故障与不良品

库存存在的主要原因之一，是缓冲故障与缺陷所导致的生产不稳定。然后，我们开始思考如何将其从根本上消除，确保不会再次发生，就采取了"出现异常时，将机器或生产线停下来"的激进且坚定的措施，并将这一消息迅速地传达出去，让每个人都知道。这也就是作为"目视化管理"工具的"安灯"方式。

调整产能负荷与零库存的融合

如果只是强调消除库存，需求的变动就会直接波及生产现场，导致频繁的等待或是作业时间延长。这是因为，库存还拥有缓冲需求变动的功能，因而具有其存在的价值。以前，大家都认为如果消除了库存，就不可能有效率地吸收需求的变动。但是，对于这看似对立的二者——库存的存在与负荷的变动，丰田从更高的层次来思考与调和，结果就出现了基于"均衡化"思想的"混流生产"。

展开整合的连贯化流动作业

我们将前面"推行流动作业"中所说的"流动作业"更进一步发展的话，就跨越了以前被工厂车间的墙壁所隔断的工序框架，进而实现"整合的全面流动作业"。

这个概念的初步应用是"并行作业"方式，今后这个想法将被持续地发展。

消除浪费的第二支柱是"减少工时"

接着，为了降低成本，我们要考虑到的"彻底消除浪费"的行动，是减少工时。

为此，我们要实行下列三种措施：

①改善人的动作；
②集中（整合）宽放；
③将人的动作转移给机械。

同时我们要了解，仅仅实行"省力化"是不行的，如果不能做到"少人化"，是不会有降低成本的实际效果的。

我们更进一步地思考，即使已经将人手的工作转移给了机器，为了能够让机器完全独立于人，必须让机器在切削完之后可以自动停止。只有采用了这样的设置之后，接下来我们才能够考虑采用所谓的"多机作业"。

从降低成本的角度来考虑，这一方法是由单位时间内人的损失远远比机器大得多这一理念所推演而来的。

向有人字旁的自働化发展

接着，工厂将手工作业的"装夹、卸料、启动"转移给机器，即使如此，人仍然需要站在机器的边上，这又是为什么呢？

如果只是将人手的动作转移给机器，这只是机械化，仅仅这样是不够的。更进一步，我们必须将人头脑的动作也转移给机器，也就是将检验异常的功能设置到机器上，当出现异常时机器会自动停止，实现所谓的"有人字旁的自働化"。到此为止，我们可以称其为"前自动化"。

维持与发展标准作业

就像这样，工厂要逐渐改善作业，并且在各阶段制定标准作业，然后将实际作业与标准作业进行比较。除了可以维持现有水平之外，工厂可以更进一步将"标准作业"以可见的形式做成"标准作业指导书"。如此，工厂可以持续地改善，进一步地完善标准作业。

推行看板系统

如上所述，工厂虽然已经完成了基本的"生产方式"转型，但仍然需要维持其水平。可以作为目视化管理方式的看板系统，正是有效地维持"生产方式"的逆止阀。

与此同时，工厂拥有了"现场中心主义"的自律神经，可以应对变化，同时也建构了非常简单的管理系统。

另外，工厂通过减少看板张数暴露问题，并进而实施有效改善的手段，可以发挥极大的作用。

工厂要调整看板张数，提升生产方式的水平，再有效地发挥看板系统的功能，以维持其水平。这种逐渐提高生产方式精度的做法，就如同在平面上涂上红漆，再与基准平面摩擦之后，将红漆被磨掉的地方（也就是凸起的地方）用刮刀削掉，进而逐渐提高整个平面的精度。

※　　　※　　　※

我们只有这样正确地理解丰田生产方式与其发展的过程，以及丰田生产方式与看板系统的关系，正确地认识隐藏在方法背后的意义，才能有效地推行丰田生产方式。

下篇汇总

丰田生产方式在以下方面具有突出的特点：

①**追求经营的本质**。它认为"非成本主义"才是其最基本的理念，除了"降低成本"之外，企业别无生存之道，必须彻底地消除浪费。

②**追求生产的本质**。它认识到接单生产才是需要的本质，从以前的大批量生产中进行蜕变，针对接单生产的"多种、少量、短交期、需求变动"的特点，抛弃以往依托库存的逃避策略，研究彻底地消除过量生产的浪费，正视在根源上存在的各种问题，实行其根本的改善。

③**挑战"降低成本"的最大要素——"减少工时"**。除了很早就认识到"将机器独立于人"之外，它也对"彻底减少工时"采取了行动，那就是以"少人化"为最终目的付诸实践。

④发展成"非常革新的生产方式"的同时，想出了"看板系统"这一极有力且简单的方式，也是具有高度弹性的"管制方法"。二者相结合，产生了极为优秀的成果。

⑤这样，丰田根据迄今无人想过的全新思想来思考，将以前所采用的简单省事、妥协、缓慢的方式，改变成追求本质、彻底打破并超越以往常识的方式。我们确实可以将其视为一大飞跃与伟大的事业。

后　　记

在思考的方法中，有一种是"辩证法"

现在有"正"的意见，也有相对于它的"反"的意见。"正"与"反"对立，无论结果怎样，我们都无法得出结论。在这种情况下，我们一般会在二者之间选择妥协。

但是，如果我们包容二者的"矛盾对立"，从更高的层面来思考，就有可能解除矛盾对立点，得到更高一层的想法，让二者都满意地"合"在一起。这种想法，被称为"辩证法的发展"。

例如，在丰田生产方式中，

- 为了减少库存，要求1天交货4次，这是提出了"正"的意见。但这会立刻招致"反"的意见，即如果这么做的话，货车的容积率会变小，这很让人为难。

    "正"——要求1天交货4次。

    "反"——货车的容积率会变小。

    如果二者在同一层面上讨论，始终都是"矛盾对立的"，不会得出结论。最后，二者可能会相互"妥协"，达成1天交货2次的协议，以此实现交货次数与容积率各达成一半的妥协。

    但是，如果我们能从更高的层面来思考，就会有"合"的想法，抛弃二者的对立点，采用两者的优点。例如，在A、B、C、D四家公司循环，每家公司装载1/4出货量，采用混载运输的方式。

如果能够做到这一点，我们就可以既不损及货车的容积率，又可以实现1天交货4次，同时还可以减少双方的库存。

　　这是因为，我们潜意识里认为A公司的产品必须由A公司的货车来运输。如果能够超越这一想法，我们就可能从更高的层次出发，想出混载、多频次交货的全新方式，这也就是"合"的想法。

- 另外，因为换模时间长，所以采用批量较大的做法，可以减少名义上的加工工时[⊖]，这是"正"的意见。与此相对，"反"的意见是，如果这样做，就会增加库存的损失。

　　一般来说，这一正一反的意见可能会陷入僵局，无法得到任何解决方案。二者也有可能相互妥协，转而思考折中点，以设定经济批量，但是所谓的"经济批量"顶多只是妥协后的措施，无法从根本上解决问题。

　　如果我们能够思考"潜意识中的约束条件"，就会发现潜意识中存在"换模时间无法轻易地大幅缩短"的想法。如果我们能够实现快速换模，将以前4小时的换模时间缩短到3分钟，那么二者的对立点就会从根本上烟消云散，出现漂亮的"合"的高层次解决方案。

　　丰田生产方式在很多工厂都体现出辩证思考方式的痕迹。从这样的角度来看丰田生产方式，我们才能对它有更好的理解。

丰田生产方式的最大特点

①认为企业只有靠降低成本才能获得利润，以彻底消除浪费为努力方向。
②认识到需求的本质并非预估生产，而是接单生产。
②为了"彻底消除浪费"，需要从以下方面着手：
1）在工序层面
虽然传统上库存都被认为是"必要之恶"，甚至是以"必要"为重点来被看待，但库存之恶毕竟还是"恶"。

⊖　名义上的加工时间 =（加工时间 + 换模时间）÷ 加工个数。

其一大特点，就是彻底地击溃将库存视为必要的观点，彻底消除库存或过量生产的浪费。

2）在作业层面

它认识到，作业是由人与机器这两个要素进行的，一般来说，人的成本比机器的成本高。所以，降低工时正是降低成本非常有效的手段。我们由此得出结论，机器的稼动率不是非高不可，这也是另一大特点。

例如，我们在讨论库存与机器稼动率对立的时候，最重要的是看在降低成本方面谁更有效。

目前，在大多数情况下，大家都只讨论怎样提升机器稼动率，但真正需要了解的是，提升稼动率仅仅是降低成本的一个手段而已，需要与"降低工时"一起来思考，哪一种方法对降低成本更有效。这也是丰田生产方式的另一大特点。

丰田生产方式是要从干毛巾中进一步拧出水

这正是"彻底消除浪费"的意义。丰田生产方式常常提到所有对工序的进展没有贡献的事情都是浪费，也就是说，无法增加附加价值的事情都是浪费。

对于能够被一眼就看得出来的浪费，大家会非常高兴地去消除它们。但是，不被大家认为是浪费的"浪费"往往堆积如山。其中有两种：一种是已经注意到是浪费，但是没有办法消除的；另一种是虽然是浪费，但没有被注意到。

丰田生产方式是追求彻底地消除这两种浪费的方法。

例如，很多人认为库存虽然是浪费，但具有缓冲各种生产异常的作用，所以是实用性很高的"必要之恶"。如果我们将其改成，通过改善消除库存存在背后的各种生产异常本身，则具有极大的意义。

另外，很多人认为在安全上必须要有所谓冲压的"安全工序"，即用两只手一直按着开关，只用一只手或者是手离开了开关，冲压机自动停机，才能确保安全作业。如果我们将这个想法改成，冲压机是可以"一触即动"的机器，双手一直按着开关不是等待吗？为了安全，应该有其他的方法吧？此时，我们就可能想到使用遥控开关，在人手无法触及机器的远处，一触启动。在冲压机自动加工时，员工操作另一台冲压机。这样做可以提高两倍的生产效率。

或者，有人对于"冲压机拉伸加工时，必须对整个板材涂油"的作业，问道："为什么还要对会成为废料的部分涂油呢？"企业的回答是："那是出于设备构造的原因，不得不全面涂油。"——这就是以为"没有办法"而没有加以思考的体现。但是，如果我们在上下模具喷上油雾的话，就可以不再对会成为废料的部分涂油了。对于以往认为是"没有办法"，从而在不知不觉中失去了问题意识的事情，我们需要重新回归原点，彻底地追求问题的意义并加以改善。这样的做法，在丰田生产方式中随处可见。

从这个意义上来说，我们应该以下列思路来正确理解丰田生产方式：

- 中心是"彻底消除浪费"；
- 外层是"丰田生产方式"；
- 最外层则包围着"看板系统"。

研究"丰田生产方式"时，你会遇到"快速换模（SMED）系统"

①为了能够实行小批量生产，必须要能够快速换模；
②为了能够应对需求的变化，也必须能够快速换模。

如果我们说快速换模处于丰田生产方式的核心位置，也不为过。

本书曾经做出了说明，对于换模改善的实践与观察，我得到的结果引出了"令人兴奋的概念"，并结合了随后在丰田汽车的经验：将1000t冲压机的换模时间从4小时缩短到1.5小时，后又被严格要求缩短到3分钟以内，触发了我对"快速换模（SMED）系统"的思考。快速换模（SMED）系统，可以被定义为以"理念和技术"为支撑的"科学方法"。

但是，很多人错误地坚持，只要彻底进行预防保养，自然而然就可以实现快速换模。另外，认同"学习曲线"的人则认为，丰田汽车将3小时的换模时间缩短到 3 分钟，要花 30 年时间。假定换模练习与培训的次数约为 340 000 次，这与根据学习曲线公式计算的结果是相符的。

当接到关于"快速换模"的演讲邀请时，如果我只是空口白话，"1 小时的换模时间，可以缩短到 3 分钟"，大家肯定不会相信。因此，我一般都建议先给我 1 小时进行准备，然后到现场去。

- 选定作业相对简单的 100t 以下的小型冲压机和两套模具；
- 查看模具高度，将较低的模具垫高，统一高度；
- 查看模具宽度，找到模具中心线，在后面设置限位块；
- 查看模具锁紧部位，使用垫块，让二者的锁紧高度一致；
- 使两名操作员并行作业；
- 用叉车先将下一套模具送到冲压机边上预备，用另一台叉车将换下的模具立即运走。

这样做绝对可以在 3 分钟内完成换模。换模时间从曾经的 1 小时一下子被缩短到了 2 分 26 秒。

这样的例子已有数百个之多，从这样的例子中我们可以明确地知道，快速换模绝对不仅仅是学习曲线要解决的问题，而是理念创新与技术改善的结果。

"快速换模（SMED）系统"在日本的许多企业中被使用，在美国与瑞士也取得了许多显著的成果。这些让提出该创新提案的我感到无限喜悦。

即使如此，每篇涉及应用"快速换模（SMED）系统"的文章都完全没有提及创新提案者的名字，这让我稍感不满，我认为这样的做法是没有礼貌的。丰田汽车的前副社长大野耐一，在演讲或文章中，一定会说"日本能率协会的前成员新乡重夫先生所提出的'快速换模'……"以此来介绍创新提案者的名字。我对此公平的处事态度，由衷地表示敬意。

生产方式的延长线

丰田生产方式，除了是生产管理方式之外，可以说与一般的生产管理方式全然不同。这也许可以被描述成我在《回归工厂改善的初衷》中所讨论的生产方式的延长线。但是，其随处可见的、飞跃的理念发展，与随之而来的特殊方法，应该被认为是另一大特点。

也许正因为如此，如果企业只是囫囵吞枣地模仿丰田生产方式所表现在外的特征性方法，那么很可能存在不适用的"必然性"。

例如，丰田生产方式的一个特征是"混流生产（异种、混合、单件流方式）"。在无法满足其前提条件的时候，企业错误地以为丰田生产方式就是实行混流生产，若草率采用该生产方式的话，就会出现连续形成不良品与降低生产率等危险的事情，这是需要特别警惕的地方。

当然，其前提条件是首先采用"快速换模（SMED）系统"，然后采用"缓冲库存方式""分割生产方式"，之后再逐渐地进行"混流生产"，这才是应该遵循的、较为稳妥的实施步骤。重要的是，如果企业这么做能对"降低成本"有效果，就没有必要采取激进的手法。

还有，如果企业认为"丰田生产方式就是看板系统"，从而急切地在尚未优化生产方式本身时，就采用"看板系统"，那么，它不仅无法得到期望的结果，还有可能引起各方面的混乱。

非常重要的是，企业需要正确地理解丰田生产方式的理念、将理念具体化的方法以及各方法之间的关联性，结合自己企业的实际情况与能力，逐步改善。

大家必须明白，理解丰田生产方式的理念与方法以及各方法之间的关联性，是非常重要的。也正因为如此，我衷心期待本书能完成其先驱向导的职责。

希望本书的发行，能对企业的发展稍尽绵薄之力。

精益思想丛书

ISBN	书名	作者
978-7-111-49467-6	改变世界的机器：精益生产之道	詹姆斯 P. 沃麦克 等
978-7-111-51071-0	精益思想（白金版）	詹姆斯 P. 沃麦克 等
978-7-111-54695-5	精益服务解决方案：公司与顾客共创价值与财富（白金版）	詹姆斯 P. 沃麦克 等
7-111-20316-X	精益之道	约翰·德鲁 等
978-7-111-55756-2	六西格玛管理法：世界顶级企业追求卓越之道（原书第2版）	彼得 S. 潘迪 等
978-7-111-51070-3	金矿：精益管理 挖掘利润（珍藏版）	迈克尔·伯乐 等
978-7-111-51073-4	金矿Ⅱ：精益管理者的成长（珍藏版）	迈克尔·伯乐 等
978-7-111-50340-8	金矿Ⅲ：精益领导者的软实力	迈克尔·伯乐 等
978-7-111-51269-1	丰田生产的会计思维	田中正知
978-7-111-52372-7	丰田模式：精益制造的14项管理原则（珍藏版）	杰弗瑞·莱克
978-7-111-54563-3	学习型管理：培养领导团队的A3管理方法（珍藏版）	约翰·舒克 等
978-7-111-55404-2	学习观察：通过价值流图创造价值、消除浪费（珍藏版）	迈克·鲁斯 等
978-7-111-54395-4	现场改善：低成本管理方法的常识（原书第2版）（珍藏版）	今井正明
978-7-111-55938-2	改善（珍藏版）	今井正明
978-7-111-54933-8	大野耐一的现场管理（白金版）	大野耐一
978-7-111-53100-5	丰田模式（实践手册篇）：实施丰田4P的实践指南	杰弗瑞·莱克 等
978-7-111-53034-3	丰田人才精益模式	杰弗瑞·莱克 等
978-7-111-52808-1	丰田文化：复制丰田DNA的核心关键（珍藏版）	杰弗瑞·莱克 等
978-7-111-53172-2	精益工具箱（原书第4版）	约翰·比切诺 等
978-7-111-32490-4	丰田套路：转变我们对领导力与管理的认知	迈克·鲁斯
978-7-111-58573-2	精益医院：世界最佳医院管理实践（原书第3版）	马克·格雷班
978-7-111-46607-9	精益医疗实践：用价值流创建患者期待的服务体验	朱迪·沃思 等

推荐阅读

金矿：精益管理 挖掘利润（珍藏版）

作者：[法] 弗雷迪·伯乐 迈克·伯乐 ISBN：978-7-111-51070-3

本书最值得称道之处是采用了小说的形式，让人读来非常轻松有趣，以至书中提及的操作方法，使人读后忍不住想动手一试

《金矿》描述一家濒临破产的企业如何转亏为盈。这家企业既拥有技术优势，又拥有市场优势，但它却陷入了财务困境。危难之际，经验丰富的精益专家帮助企业建立起一套有竞争力的生产运作系统，通过不断地改善，消除浪费，大幅度提高了生产效率和质量，库存很快转变为流动资金。

金矿 II：精益管理者的成长（珍藏版）

作者：[法] 迈克·伯乐 弗雷迪·伯乐 ISBN：978-7-111-51073-4

在这本《金矿》续集中，作者用一个生动的故事阐述精益实践中最具挑战的一项工作：如何让管理层和团队一起学习，不断进步

本书以小说形式讲述主人公由"追求短期效益、注重精益工具应用"到逐渐明白"精益是学习改善，不断进步"的故事。与前一本书相比，本书更侧重于人的问题，体会公司总裁、工厂经理、班组长、操作员工以及公司里各个不同层级与部门的人们，在公司通过实施精益变革进行自救的过程中，在传统与精益的两种不同管理方式下，经受的煎熬与成长。这个过程教育读者，精益远不止是一些方法、工具的应用，更是观念和管理方式的彻底转变。

金矿 III：精益领导者的软实力

作者：[法] 迈克·伯乐 弗雷迪·伯乐 ISBN：978-7-111-50340-8

本书揭示了如何持续精益的秘密：那就是培养员工执行精益工具和方法，并在这个过程中打造企业的可持续竞争优势——持续改善的企业文化

今天，越来越多的企业已经开始认识并努力地实施精益，这几乎成为一种趋势。不过大多数实践者只看到它严格关注流程以及制造高质量产品和服务的硬实力，少有人理解到精益的软实力。本书如同一场及时雨，为我们带来了精辟的解说。

彼得·德鲁克全集

序号	书名	序号	书名
1	工业人的未来 The Future of Industrial Man	21 ☆	迈向经济新纪元 Toward the Next Economics and Other Essays
2	公司的概念 Concept of the Corporation	22 ☆	时代变局中的管理者 The Changing World of the Executive
3	新社会 The New Society：The Anatomy of Industrial Order	23	最后的完美世界 The Last of All Possible Worlds
4	管理的实践 The Practice of Management	24	行善的诱惑 The Temptation to Do Good
5	已经发生的未来 Landmarks of Tomorrow：A Report on the New "Post-Modern" World	25	创新与企业家精神 Innovation and Entrepreneurship
6	为成果而管理 Managing for Results	26	管理前沿 The Frontiers of Management
7	卓有成效的管理者 The Effective Executive	27	管理新现实 The New Realities
8 ☆	不连续的时代 The Age of Discontinuity	28	非营利组织的管理 Managing the Non-Profit Organization
9 ☆	面向未来的管理者 Preparing Tomorrow's Business Leaders Today	29	管理未来 Managing for the Future
10 ☆	技术与管理 Technology, Management and Society	30	生态愿景 The Ecological Vision
11 ☆	人与商业 Men, Ideas, and Politics	31 ☆	知识社会 Post-Capitalist Society
12	管理：使命、责任、实践（实践篇）	32	巨变时代的管理 Managing in a Time of Great Change
13	管理：使命、责任、实践（使命篇）	33	德鲁克看中国与日本：德鲁克对话"日本商业圣手"中内功 Drucker on Asia
14	管理：使命、责任、实践（责任篇）Management: Tasks, Responsibilities, Practices	34	德鲁克论管理 Peter Drucker on the Profession of Management
15	养老金革命 The Pension Fund Revolution	35	21世纪的管理挑战 Management Challenges for the 21st Century
16	人与绩效：德鲁克论管理精华 People and Performance	36	德鲁克管理思想精要 The Essential Drucker
17 ☆	认识管理 An Introductory View of Management	37	下一个社会的管理 Managing in the Next Society
18	德鲁克经典管理案例解析（纪念版）Management Cases(Revised Edition)	38	功能社会：德鲁克自选集 A Functioning Society
19	旁观者：管理大师德鲁克回忆录 Adventures of a Bystander	39 ☆	德鲁克演讲实录 The Drucker Lectures
20	动荡时代的管理 Managing in Turbulent Times	40	管理（原书修订版）Management (Revised Edition)
注：序号有标记的书是新增引进翻译出版的作品		41	卓有成效管理者的实践（纪念版）The Effective Executive in Action